rororo computer
Herausgegeben von Ludwig Moos

Java ist eine streng objektorientierte Programmiersprache mit vertrauter Nähe zu C++. Mit ihr lassen sich plattformübergreifende Anwendungen entwickeln, die auf Rechnern jeder Art, vom Spielecomputer bis zur Großanlage, laufen.

Durch seinen spektakulären Einsatz im Internet hat sich Java rasch verbreitet und ist auf dem besten Weg zu einer Standardsprache. Mit dieser Einführung lassen sich Aufbau und Anwendung ohne Vorkenntnisse erlernen. Anhand praxisnaher Beispiele läßt sich die Arbeit mit Klassen und Objekten einüben, so daß jeder in kurzer Zeit Java-Programme erstellen kann. Die Beispiele sind so gewählt, daß sie mit den gängigsten Entwicklungsumgebungen nachvollzogen werden können.

Helmut Erlenkötter arbeitet als DV-Berater und führt Seminare über Projektmanagement, Datenbanken und Programmierung im Bereich der Erwachsenenausbildung durch. Volker Reher entwickelt als Systemplaner auf Windows basierende Anwenderlösungen und hält in der Erwachsenenausbildung Seminare über Client-Server-Applikationen und Anwendungsentwicklung.

In der Reihe rororo computer haben beide außerdem veröffentlicht: *Programmiersprache C (8166), C für Windows (9234), Objektorientiertes Programmieren in C++ (9282), Windows 3.1 (9230), Windows 95 (9801)* und *Windows NT (9864).*

Helmut Erlenkötter
Volker Reher

Java

HTML, Scripts, Applets und Anwendungen

Grundkurs
Computerpraxis

rororo

Originalausgabe
Veröffentlicht im
Rowohlt Taschenbuch Verlag GmbH,
Reinbek bei Hamburg, Mai 1997

Umschlaggestaltung Walter Werner
Grafiken Helmut Erlenkötter/Volker Reher
Satz Stone Serif und Stone Sans PostScript
QuarkXPress 3.31 bei UNDER/COVER, Esgrus
Druck und Bindung Clausen & Bosse, Leck
Printed in Germany
1990-ISBN 3 499 19872 X

Inhalt

Editorial 10

1 Einführung 11

1.1 Was ist Java? 11
1.2 WWW 12
1.3 HTML 13
1.4 Wie funktioniert Java? 15
1.4.1 JIT-Compiler 17
1.4.2 Application 18
1.4.3 Applet 18
1.5 Weitere Informationen zu Java 18

2 Einfache Klassen 20

2.1 Wie erstelle ich ein Java-Programm? 20
2.1.1 JDK 20
2.1.2 J++ 22
2.2 Mit Java können Sie rechnen 24
2.3 Welche Datentypen kennt Java? 28
Aufgaben 32
2.4 Eine weitere Funktion 32
2.5 Rückgabewerte 34
Aufgabe 35
2.6 Die if-Anweisung 36
2.6.1 Vergleichsoperatoren 37
2.6.2 Logische Operatoren 39
2.6.3 Aufgabe 40
2.7 Klassen, Instanzen und Objekte 43
Aufgabe 49

2.8 Die for-Schleife 49
2.9 Der Ablauf eines Java-Programms 53
2.10 Zusammenfassung 54
2.11 Aufgaben 55

3 Weitere Kontrollstrukturen 57

3.1 while-Schleife 57
3.2 do-Schleife 60
3.3 switch-Anweisung 62
3.4 break und continue 65
3.5 Zusammenfassung 70
3.6 Aufgaben 71

4 Felder und Zeichenketten 73

4.1 Felder 73
4.2 Zeichenketten 78
4.2.1 String 78
4.2.2 StringBuffer 82
4.3 Zusammenfassung 83
4.4 Aufgabe 83

5 Vererbung 85

5.1 Eine Klasse erweitern 86
5.2 Eine Methode überschreiben 88
5.3 Statische Datenfelder 91
5.4 Statische Methoden 94
5.5 Der Konstruktor 97
5.6 Zusammenfassung 99
5.7 Aufgabe 100

6 Pakete 101

6.1 Packages 101
6.2 Java Packages 102

7 Applets fürs WWW 106

7.1 Ein Miniaturapplet 106
7.2 Einsatz im WWW 108

7.2.1 Die HTML-Marke APPLET 109
7.2.2 Web-Browser 110
7.2.3 Web-Server 111
7.3 Zusammenfassung 113
7.4 Aufgaben 113

8 Ein HTML-Exkurs 114

8.1 Grundbegriffe 114
8.2 Hyperlinks 118
8.2.1 Verknüpfungen innerhalb des Textes 118
8.2.2 Links zu anderen Seiten 120
8.2.3 Electronic Mail 124
8.3 Formatierungen 125
8.3.1 Absätze formatieren 126
8.3.2 Zeichen formatieren 134
8.3.3 Trennlinien 138
8.4 Bilder 139
8.4.1 Größe und Ausrichtung 140
8.4.2 Hintergrund 140
8.4.3 Bilder als Hyperlink 141
8.4.4 Bildformate und Multimedia 141
8.5 Tabellen 143
8.6 Sensitive Bilder 146
8.7 Ausblick 147

9 Klassen dokumentieren 149

9.1 Der Kommentar /** 149
9.2 Javadoc benutzen 152
9.3 Zusammenfassung 155
9.4 Aufgabe 156

10 Skripte und Applets 157

10.1 CGI-Script, JavaScript oder VBScript 157
10.1.1 CGI-Script 157
10.1.2 JavaScript und VBScript 159
10.2 Der Aufbau von JavaScript 160
10.3 Skripte als Appletmotor 163

10.3.1 Ein Ampel-Applet 163
10.3.2 Die HTML-Seite 166
10.3.3 Das Ergebnis 167
10.4 Zusammenfassung 168
10.5 Aufgabe 168

11 Die Kommandozentrale 169

11.1 Informationen bereitstellen 169
11.2 Parameter übergeben 172
11.3 Eigenschaften initialisieren 176
11.4 Start und Stop 177
11.5 Das Ende eines Applets 180
11.6 Zusammenfassung 180
11.7 Aufgaben 181

12 Ereignisse verarbeiten 182

12.1 Das Konzept 182
12.1.1 Ereignisse 182
12.1.2 Ereignishandler 183
12.2 Der Fokus wechselt 184
12.3 Die Maus wird benutzt 186
12.3.1 Die Maus kommt und geht 186
12.3.2 Malen mit der Maus 188
12.4 Tasten werden gedrückt 200
12.5 Zusammenfassung 202
12.6 Aufgaben 203

13 Multithreading 204

13.1 Threads und Prozesse 204
13.2 Ein Kaleidoskop 205
13.3 Threads pausieren 211
13.4 Anzeige stabilisieren 212
13.5 Synchronisierung 213
13.6 Bildanimationen 215
13.7 Hintergrundmusik 226
13.8 Zusammenfassung 227
13.9 Aufgaben 228

14 Das Package AWT 229

14.1 Kontrollelemente 229
14.1.1 Kontrollelemente erzeugen 229
14.1.2 Ereignisse behandeln 235
14.2 Layoutvarianten 240
14.3 Panel 247
14.4 Fenster 249
14.5 Menüs 252
14.5.1 Menüs erzeugen 252
14.5.2 Befehle verarbeiten 254
14.6 Appletanwendungen 257
14.7 Zusammenfassung 263
14.8 Aufgaben 264

15 Anhang 265

15.1 Reservierte Wörter 265
15.2 Datentypen 266
15.3 Operatoren und Rangfolge 266
15.4 Namenskonventionen 268
15.5 Java-API-Hierarchie 270
15.6 Lösungen zu den Aufgaben 280
15.7 Glossar 306
15.8 ANSI-Zeichensatztabelle 311
15.9 Literaturverzeichnis 312
15.10 Sachwortregister 313

Editorial

Das Zusammenleben der Menschen wird immer stärker von informationsverarbeitenden Maschinen geprägt. Die meisten von uns werden direkt oder indirekt mit Computern zu tun haben. Eine besondere Rolle spielt dabei der millionenfach verbreitete Personal Computer (PC). Schüler, Studenten und Angehörige aller Berufsgruppen spielen oder arbeiten schon heute mit diesem Gerät.

Der Einsatz des persönlichen Computers wird weniger von der Fähigkeit des Benutzers bestimmt, das Gerät in seiner Technizität (Hardware) zu verstehen, als vielmehr davon, es mit Hilfe der Computerprogramme (Software) zu bedienen.

Der «Grundkurs Computerpraxis» erklärt Informationsverarbeitung sehr konkret und auf einfache Weise. Dabei steht das, was den Computer im eigentlichen Sinne funktionieren läßt, im Vordergrund: die Software. Sie umfaßt

- Betriebssysteme,
- Anwenderprogramme,
- Programmiersprachen.

Ausgewählt werden Programme, die sich hunderttausendfach bewährt und einen Standard gesetzt haben, der Gefahr des Veraltens also nur in geringem Maße unterliegen.

Im «Grundkurs Computerpraxis» wird das praktische Computerwissen übersichtlich gegliedert, auf das Wesentliche begrenzt und mit Grafiken, Beispielen und Übungen optimal zugänglich gemacht.

Dem «Grundkurs Computerpraxis» liegt ein didaktisches Konzept zugrunde, das von Dipl.-Hdl. Rudolf Hambusch, Referatsleiter im Landesinstitut für Schule und Weiterbildung Soest, entwickelt wurde. Es will das Computerwissen für jedermann verständlich machen. Die Autoren sind erfahrene Berufspädagogen, Praktiker oder Mitarbeiter in Weiterbildungsprojekten.

1 Einführung

Um zu verstehen, was sich hinter der Programmiersprache Java verbirgt, sollten wir uns ansehen, wie sie sich entwickelt hat. Außerdem werfen wir einen Blick auf weitere Begriffe, die im Zusammenhang mit Java immer wieder auftauchen.

1.1 Was ist Java?

Java ist eine einfache, objektorientierte Programmiersprache (zu Objektorientierung siehe Kapitel 2.7). Viele ihrer Fähigkeiten und einen großen Teil der Syntax hat sie von C++ geerbt. Im Gegensatz zu C und C++ ist sie jedoch nicht darauf ausgelegt, möglichst kompakte und extrem leistungsfähige Programme zu generieren, sondern soll den Programmierer vor allem dabei unterstützen, zuverlässige und fehlerfreie Programme zu schreiben. Daher sind auch einige der Fähigkeiten von C++ nicht übernommen worden, die zwar mächtig, aber auch fehlerträchtig sind. Auch bei anderen Sprachen wurden Anleihen gemacht, die das Ziel hatten, Java einfacher erlernbar und robuster zu gestalten.
Java wurde ab 1990 bei der Firma Sun Microsystems entwickelt. Ursprünglich sollte die Sprache der Steuerung von Geräten der Haushaltselektronik dienen. Ihren Durchbruch erlebte sie, als die Firma Netscape Anfang 1995 bekanntgab, daß ihr Navigator 2.0 Java-Programme in Web-Seiten ausführen kann. Der Navigator ist ein sogenannter Browser. Browser dienen dazu, im WWW zu navigieren. Ein Beispiel für ein solches Programm zeigt die nächste Abbildung.
Im dargestellten Programm soll der Benutzer ein Wort erraten, indem er einzelne Buchstaben eingibt. Ist ein Buchstabe richtig geraten, wird er an allen Positionen, an denen er vorkommt, angezeigt. Wenn nicht, wird Schritt für Schritt ein Galgen aufgebaut. Hat man das Wort erraten, tanzt das kleine Männchen vor Freude hin und her.

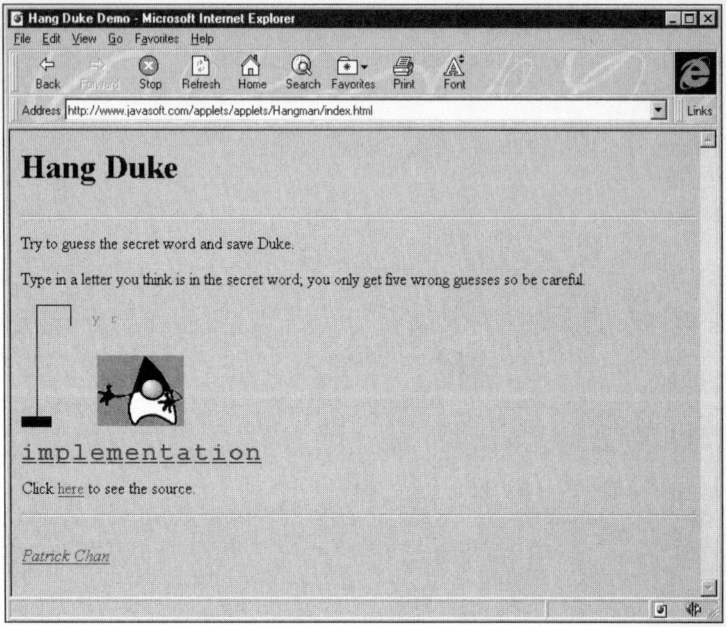

Was ist denn nun so besonders an diesem Programm? Schließlich konnte man es schon vor zwanzig Jahren auf den allerersten Personalcomputern finden.

Der Clou an diesem Programm ist die Art und Weise, in der es geladen und ausgeführt wird. Bevor wir den Vorgang erläutern, werfen wir noch einen Blick auf einige Begriffe und Techniken, die in diesem Zusammenhang eine Rolle spielen.

1.2 WWW

Das WWW (World Wide Web) ist ein grafikorientierter Dienst im Internet. Über das WWW, oder kurz das *Web*, kann man Informationen zu allen erdenklichen Themen bekommen. Dabei werden die Informationen auf Servern in Form von abrufbaren Seiten bereitgehalten.

Finanziert wird das Ganze durch Hochschulen, Regierungsstellen, Industrieunternehmen oder durch Werbung auf den Seiten. Eine weitere Finanzierungsmöglichkeit besteht darin, sich die Informationen und

Dienstleistungen vom Kunden direkt bezahlen zu lassen. Zu diesem Zweck kann man den Zugriff auf die entsprechenden Seiten mit User-ID und Paßwort schützen.

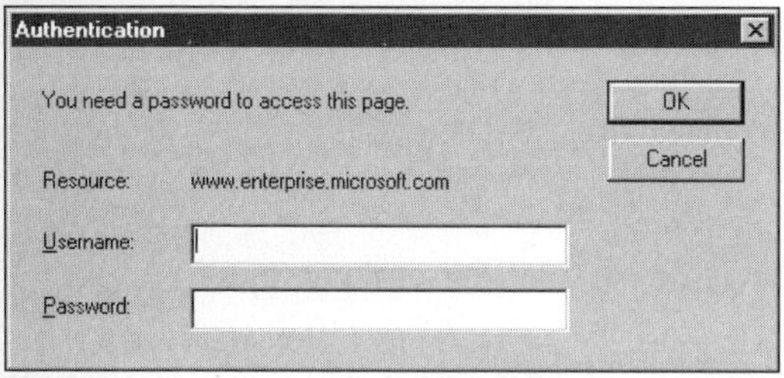

Ursprünglich wurde das Web konzipiert, um den Austausch von Dokumenten zwischen Wissenschaftlern zu vereinfachen. Diese Dokumente sollten über das Internet sekundenschnell von einer Stelle der Welt an eine andere transportiert werden. Eine Schwierigkeit bestand darin, wie man Dokumente auf alle erdenklichen Rechner in einer möglichst einheitlichen Form übertragen konnte. Die Lösung des Problems bilden Dokumente im sogenannten HTML-Format (Hypertext Markup Language).

1.3 HTML

HTML-Dokumente kann man mit jeder beliebigen Textverarbeitung erstellen. Die zu übertragenden Texte enthalten dabei zusätzlich HTML-Kommandos, die Angaben zur Formatierung des Textes enthal-

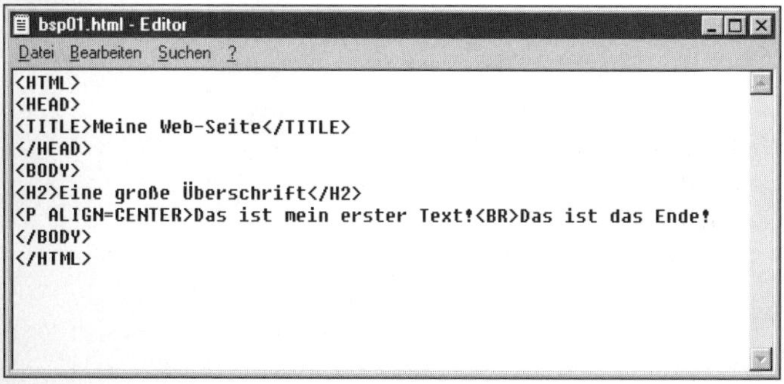


```
<HTML>
<HEAD>
<TITLE>Meine Web-Seite</TITLE>
</HEAD>
<BODY>
<H2>Eine große Überschrift</H2>
<P ALIGN=CENTER>Das ist mein erster Text!<BR>Das ist das Ende!
</BODY>
</HTML>
```

ten. Damit man einen solchen HTML-Text betrachten kann, benötigt man einen sogenannten Browser. Das ist ein Programm, das HTML versteht und in einer entsprechend aufbereiteten Form auf den Bildschirm bringt. Neben den Texten können beispielsweise auch Bilder angezeigt werden.

Die folgenden Abbildungen zeigen, wie unterschiedliche Browser dieses HTML-Dokument darstellen.

Der Microsoft Internet Explorer:

Netscape Navigator:

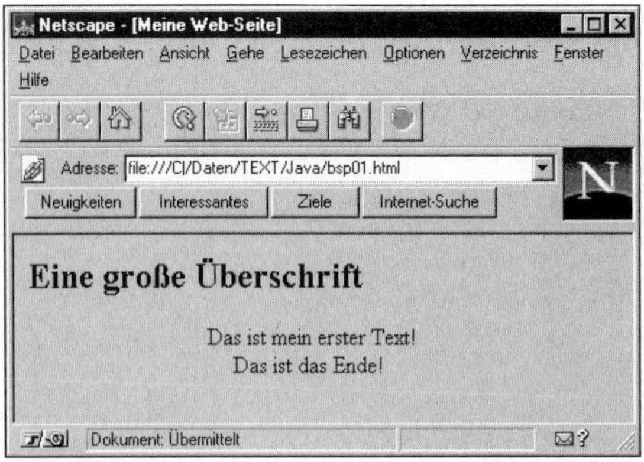

Sun Hotjava:

Das Besondere dieser drei Browser ist, daß sie in der Lage sind, Java-Programme auszuführen. Im HTML-Dokument kann das beispielsweise so aussehen:

```
...
<APPLET CODE="HalloWelt.class"
              WIDTH=250
              HEIGTH=100>
</APPLET>
...
```

Das hier aufgeführte Programm wird über das Netz geladen und dann von den Browsern ausgeführt.
Eine ausführliche Beschreibung zu HTML finden Sie im Kapitel 8.

1.4 Wie funktioniert Java?

Das Besondere an Java ist, daß das geladene Programm nicht selber lauffähig ist, sondern von einem speziellen Programm interpretiert werden muß.
Sehen wir uns dazu in der folgenden Abbildung die Schritte an, die zur Erstellung und Ausführung eines Programms nötig sind.

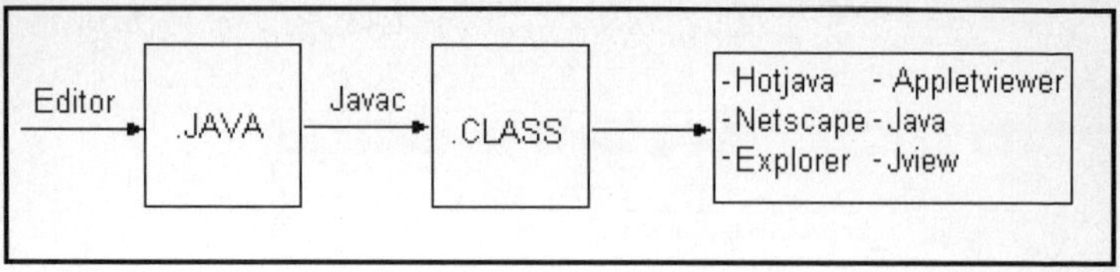

Es beginnt damit, daß man mit einem beliebigen Editor ein Java-Programm schreibt.

```
class Zaehlen
{
  public static void main(String[] args)
   throws java.io.IOException
  {
    int count = 0;
    while (System.in.read() != -1)
    count++;
    System.out.println("Eingabe hat " + count +
                       " Zeichen.");
  }
}
```

Dieses Programm wird dann von einem Compiler, z. B. Javac, in eine Datei mit der Endung *CLASS* umgewandelt. Diese Datei enthält jetzt den sogenannten Byte Code. Das Besondere an diesem Byte Code ist, daß er nicht auf einer tatsächlich existierenden Maschine laufen kann, sondern für eine sogenannte «virtuelle Maschine» erzeugt wurde. Das bedeutet, daß man diesen Byte Code nur durch ein spezielles Programm, die sogenannte *Java Virtual Machine* (JVM), ausführen lassen kann. Das Bild auf der nächsten Seite zeigt den Byte Code für ein kleines Java-Programm.

In Programmen wie zum Beispiel Hotjava, Navigator und Internet Explorer sind JVM integriert. Und somit können diese Browser Java-Programme ausführen. Andere Werkzeuge, wie z. B. Java oder Jview, können ebenfalls benutzt werden, um Java Byte Code zu interpretieren.

Wozu nun der ganze Umstand? Warum compiliert man die Programme nicht wie gehabt für die jeweilige Plattform (UNIX, Windows etc.)?

Ganz einfach! Man möchte erreichen, daß nur noch ein einziges Java-

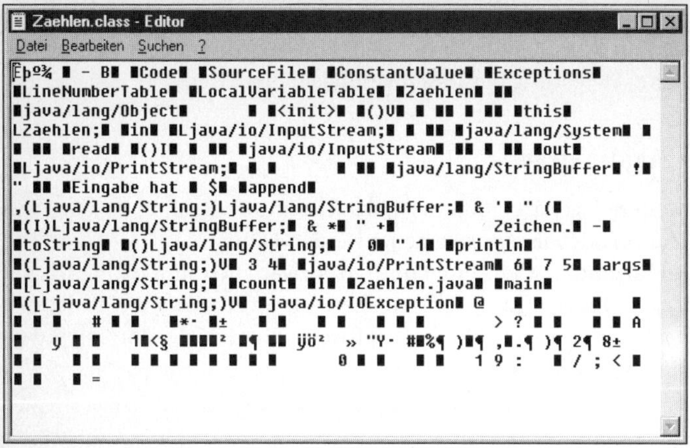

Programm für alle erdenklichen Rechner und Betriebssysteme benötigt wird. Das kann funktionieren, da der Byte Code immer identisch ist und die Browser auf der jeweiligen Plattform diesen Byte Code ausführen. Es scheint, als hätte man mit Java endlich ein Mittel gefunden, Programme nicht mehr an die verschiedensten Hard- und Softwareumgebungen anpassen zu müssen. Diese Plattformunabhängigkeit ist einer der größten Vorteile von Java.

Der Byte Code ist außerdem sehr kompakt. Dadurch verringert man besonders die Ladezeiten über ein Netz.

Ein zweiter gewichtiger Vorteil liegt darin, daß die JVM (Java Virtual Machine) überprüfen kann, ob das Programm verbotene Zugriffe ausführen möchte. Sollte das der Fall sein, kann die JVM das verhindern, da sie ja den Code interpretiert und erst dann ausführt, wenn alle Prüfungen erfolgreich waren. Diese Fähigkeit ist natürlich dann besonders wichtig, wenn man über das Internet Programme lädt, von denen man nicht sicher sagen kann, ob sie nicht versuchen, Schaden anzurichten.

1.4.1 JIT-Compiler

Das Akronym JIT-Compiler steht für Just-In-Time-Compiler. Dahinter verbirgt sich eine Technik, bei der der Byte Code nicht mehr interpretiert wird, sondern bei seinem ersten Aufruf zur Laufzeit compiliert wird. Für den Benutzer ändert sich nichts; er wird weiterhin seinen Browser oder Appletviewer starten. Nur daß diese den Byte Code nicht mehr nur interpretieren, sondern auch direkt compilieren. Auf diese Weise kann man die Plattformunabhängigkeit bewahren und gleichzeitig eine Steigerung der Geschwindigkeit erreichen.

1.4.2 Application

Eine weitere Eigenart von Java ist, daß ein Java-Programm entweder als *Application* oder als *Applet* erzeugt werden kann.
Eine Application ist ein Programm, das zwar auch durch einen Interpreter ausgeführt wird, ansonsten aber eine eigenständige Anwendung ist. Das Programm Java.EXE beispielsweise dient dazu, eine solche Application auszuführen.

> Dieses Buch ist übrigens so aufgeteilt, daß wir in den ersten Kapiteln nur Applications erstellen und erst im zweiten Teil die Erweiterungen für die Applets kennenlernen werden. Eine Ausnahme bildet das Kapitel 14.6, in dem ein Programm vorgestellt wird, das sowohl als Applet als auch als Application benutzt werden kann.

1.4.3 Applet

Ein Applet wird meist in einen Browser geladen und dort ausgeführt. Die Idee, die hinter den Applets steckt, ist, daß man auf Web-Seiten nicht nur statische Texte oder Bilder anzeigen möchte, sondern auch Animationen sehen oder dem Benutzer einen richtigen Dialog ermöglichen will.
Mit einem Browser wie z. B. dem Internet Explorer kann man ein Applet ausführen (siehe Kapitel 7).
Application und Applet sind beides Java-Programme. Sie unterscheiden sich jedoch in einigen Details voneinander. Welche das im einzelnen sind, erfahren Sie im weiteren Verlauf des Buches.

1.5 Weitere Informationen zu Java

Neben der stetig wachsenden Zahl von Büchern zum Thema Java ist speziell das WWW eine riesige Fundgrube für neue Entwicklungen. Ganz besonders gilt das natürlich für die «Heimat» von Java bei Sun.

Unter der Adresse *http://java.sun.com* finden Sie immer die aktuellsten Informationen zu diesem Thema.

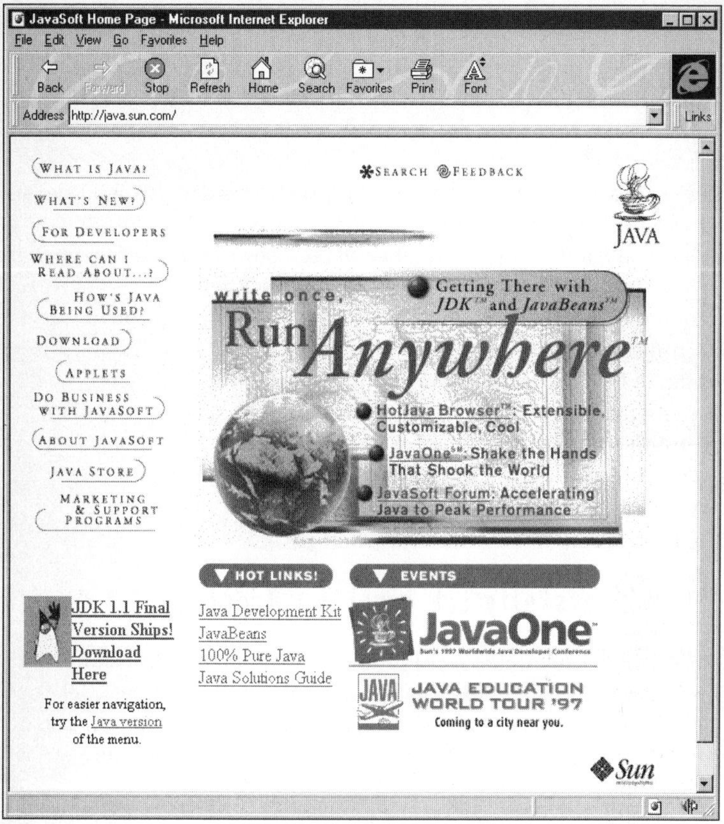

Außerdem können Sie sich das JDK von hier kostenlos (abgesehen von der Telefonrechnung) auf Ihren Rechner herunterladen.

2 Einfache Klassen

Dieses Kapitel beschäftigt sich ausführlich mit den Grundlagen der Programmiersprache Java.

Wie Sie in Kapitel 1 bereits gesehen haben, kann ein Java-Programm als eigenständiges Programm – eine sogenannte Application – entwickelt werden oder als Applet. Im letzteren Fall läuft es dann nicht wie ein konventionelles Programm ab, sondern innerhalb eines Browsers oder anderen Programms, das Applets ausführen kann.

Bis einschließlich Kapitel 6 werden wir nur Applications erstellen; Applets folgen dann ab Kapitel 7. Sie sollten die ersten Kapitel jedoch auf jeden Fall durcharbeiten, da sie die Grundlage auch für das Erstellen von Applets sind.

2.1 Wie erstelle ich ein Java-Programm?

Inzwischen gibt es eine recht große Zahl von Java-Entwicklungssystemen. Bei der Beschreibung haben wir uns beispielhaft auf zwei Tools beschränkt. Als erstes haben wir das Java Developers Kit (JDK 1.1) der Firma Sun Microsystems benutzt. Das zweite Werkzeug, mit dem wir Java-Programme erstellt haben, ist J++ von Microsoft. An dieser Stelle soll erwähnt werden, daß es eine ganze Reihe weiterer Produkte in diesem Bereich gibt, und da es sich hier um eine relativ junge Sprache handelt, werden mit Sicherheit noch weitere Entwicklungssysteme erscheinen (und vielleicht auch wieder verschwinden).

2.1.1 JDK

Um mit dem JDK eine Application zu erstellen, gehen Sie in folgenden Schritten vor:

1) Erzeugen Sie mit einem beliebigen Editor ein Java-Programm.

```
public class MeinErstes
{
    ...
```

In unserem Beispiel wird das Programm unter dem Namen *MeinErstes.java* gespeichert. Beachten Sie, daß der Name der Datei dem Namen der Klasse (class) entsprechen soll und daß die Endung Java lautet!

2) Compilieren Sie das Programm mit dem Java-Compiler Javac.

```
C:\JDK\java\bin>javac MeinErstes.java
```

Der Compiler erzeugt aus dem Java-Programm *MeinErstes.java* eine Datei mit der Endung *class*. Diese Datei enthält den Java-Byte-Code.

```
C:\JDK\java\bin>dir *.class
Datenträger in Laufwerk C: ist Windows NT
Datenträgernummer: F435-1402

Verzeichnis von C:\JDK\java\bin

17.01.97  22:18                    794 MeinErstes.class
               1 Datei(en)            794 Bytes
                            337.995.264 Bytes frei
```

3a) Im letzten Schritt wird dann die Application mit dem Interpreter Java ausgeführt.

```
C:\JDK\java\bin>java MeinErstes
```

Das Beispielprogramm liefert dann die folgende Ausgabe.

```
Mit 'print' und 'println' kann man schreiben
und rechnen:
6 * 7 =         42
```

Das Schreiben und Compilieren von Application und Applet erfolgt gleich, sie unterscheiden sich nur in der Ausführung.

3b) Haben Sie keine Application, sondern ein Applet erstellt, legen sie an dieser Stelle eine HTML-Datei an. In diese HTML-Datei fügen Sie die entsprechenden Befehle zum Ausführen des Applets ein.

```
<HTML>
<HEAD>
<TITLE> Ein einfaches Programm </TITLE>
</HEAD>
<BODY>
<APPLET CODE="Applet01.class" WIDTH=200 HEIGHT=50>
</APPLET>
</BODY>
</HTML>
```

Wenn Sie jetzt einen Browser wie Netscape Navigator 3.0 oder den Internet Explorer 3.0 von Microsoft benutzen, um diese Datei zu öffnen, können Sie das Ergebnis auf dem Bildschirm bewundern.
Das JDK bietet hier als Werkzeug auch noch das Programm Appletviewer an.

Ausführliche Informationen, wie man Applets erstellt und ausführt, finden Sie ab Kapitel 7.

2.1.2 J++

Die Arbeitsschritte in J++ sind grundsätzlich die gleichen wie beim JDK. Der Unterschied liegt darin, daß man die einzelnen Schritte aus einer einzigen Entwicklungsumgebung heraus machen kann.

1) Öffnen Sie mit *Text File* aus dem Menü *File/New* eine leeres Blatt. Schreiben Sie hier Ihr Programm.

```
public class HalloWelt
{
   ...
```

2) Speichern Sie das Programm mit der Endung *Java* (im Beispiel: *HalloWelt.java*).
   Beachten Sie, daß der Name der Datei dem Namen der Klasse entsprechen soll und daß die Endung *Java* lautet!
3) Mit *Build/Compile HalloWelt.java* compilieren Sie das Programm. Da J++ ein Projekt benötigt, um das Programm zu übersetzen, beantworten Sie die folgende Frage, ob ein Projekt angelegt werden soll, mit *Ja*.

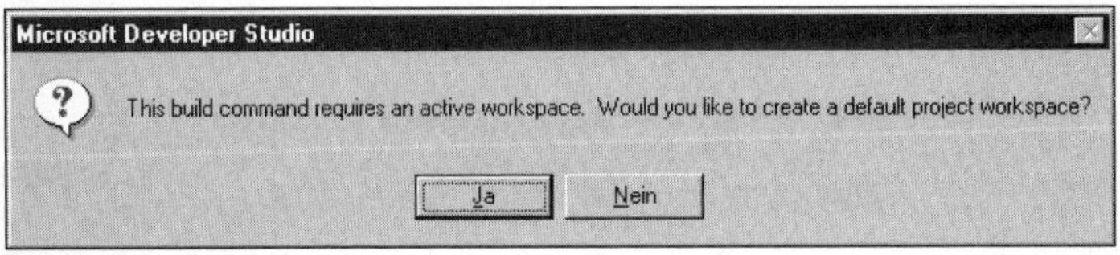

4) Im nächsten Schritt führen Sie das Programm mit *Build/Execute* aus.
5) Als letztes muß J++ noch wissen, ob es sich bei dem Programm um eine Application oder ein Applet handelt. Wählen Sie im folgenden Dialog die gewünschte Ausführungsart.

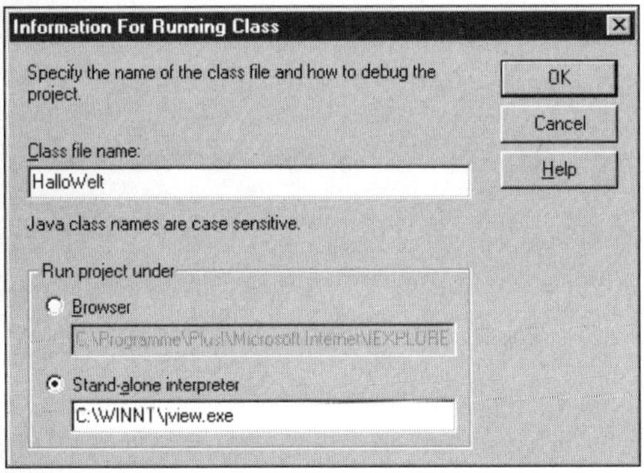

Jetzt startet das Programm.

Um das compilierte Programm direkt von der Kommandozeile aufzurufen, können Sie es mit Jview starten.

```
C:\MSDEV\projects\HelloWorld>jview HalloWelt
Microsoft (R) Command-line Loader for Java (tm) Version
1.00.6211
Copyright (C) Microsoft Corp 1996. All rights reserved.
Hallllo!
```

Weitere Details zur Bedienung der Entwicklungsumgebung entnehmen Sie bitte den jeweiligen Dokumentationen.

2.2 Mit Java können Sie rechnen

Wenden wir uns jetzt unserem ersten Java-Programm zu. Wenn Sie das Beispiel ausprobieren wollen, geben Sie das Programm mit dem Editor Ihres Entwicklungssystems ein. (Beachten Sie die Groß- und Kleinschreibung!)

```
class MeinErstes                                    //(1)
{                                                   //(2)
  public static void main(String args[])            //(3)
  {                                                 //(4)
    System.out.                                     //(5)
      print("\nMit 'print' und 'println' kann");    //(6)
    System.out.                                     //(7)
      println(" man schreiben\nund rechnen:");      //(8)
    System.out.                                     //(9)
      println("6 * 7 = \t" + 6 * 7);               //(10)
  }                                                //(11)
}                                                  //(12)
```

Im weiteren Verlauf des Buches werden wir die Programme immer in dieser Form darstellen und beschreiben. Alles, was innerhalb einer Zeile hinter doppelten Schrägstrichen (//) steht, wird von Java als Kommentar betrachtet. Wir werden diese Kommentare benutzen, um mit einer Nummer auf einzelne Zeilen innerhalb der Listings verweisen zu können.

Speichern Sie es unter *MeinErstes.java,* und compilieren Sie es anschließend. Starten Sie das Programm! Auf DOS-Ebene lautet der Befehl dazu *java MeinErstes* (für JDK)

jview MeinErstes (für J++)

Die Ausgabe des Programms sieht dann wie folgt aus:

```
Mit 'print' und 'println' kann man schreiben
und rechnen:
6 * 7 =         42
```

An unserem ersten Programm können wir bereits viele Eigenschaften der Programmiersprache Java erläutern:

(1) Java-Programme bestehen aus Klassen. Jede Klassendefinition wird mit dem Schlüsselwort *class* eingeleitet. Dahinter folgt der Name der Klasse. In unserem Beispiel ist das *MeinErstes*. Falls Ihnen der Begriff *Klasse* noch nichts sagt: In Kapitel 2.7 werden wir die Hintergründe genauer erläutern.

(2)+(12) Die Definition einer Klasse beginnt mit einer geöffneten geschweiften Klammer ({) und endet mit einer geschlossenen geschweiften Klammer (}). Die Klammern dienen zur Bildung eines Blocks von Anweisungen.

(3) Damit eine Application starten kann, muß sie mindestens eine Funktion enthalten, und der Name der Funktion muß *main* lauten.
Die Wörter public, static und void müssen hier in dieser Reihenfolge erscheinen. Ihre Bedeutung werden wir an gegebener Stelle ausführlicher erläutern. Hier mag folgende Erklärung genügen: *Public* sagt etwas darüber aus, welche Teile eines Programms diese Funktion benutzen dürfen. *Static* besagt, daß die Funktion zu einer Klasse gehört und nicht zu individuellen Objekten, und *void* bedeutet, daß die Funktion *main* keinen Wert zurückliefert.
Der Ausdruck *String args[]* definiert ein Feld von Zeichenketten (siehe Kapitel 4.2). In diese Zeichenketten werden die Kommandozeilenparameter eingestellt, die beim Aufruf des Programmes angegeben wurden. Hierzu ein Beispiel:
Wenn ein Programm wie folgt aufgerufen wird:
java MeinErstes abc 123 xyz
dann werden die Kommandozeilenparameter *abc, 123* und

xyz in dieser Reihenfolge an das Programm übergeben. Im Beispielprogramm machen wir von dieser Möglichkeit allerdings noch keinen Gebrauch.

(4)+(11) Genau wie die Klasse selbst durch geschweifte Klammern begrenzt ist, kann man auch innerhalb der Klasse weitere Blöcke bilden. Die Klammern in Zeile 4 und 11 begrenzen die Funktion *main*.

(5)+(6) Diese beiden Zeilen hätte man auch in einer Zeile schreiben können. Sie sind nur aus Gründen der besseren Lesbarkeit getrennt worden. Ein Java-Programm kann man fast beliebig gestalten. So zeigt das folgende Listing unser Beispielprogramm in einer anderen, wenn auch wahrscheinlich weniger lesbaren Form.

```
class
MeinErstes     {
public
static void
main                          (String args[])
{
System.out.print
        ("\nMit 'print' und 'println' kann");
System
  .out.
     println
(" man schreiben\nund rechnen:");
System.
out.
println("6 * 7 = \t" + 6 * 7);
}}
```

Dem Compiler ist es gleichgültig, in welcher Form das Programm erscheint. Sie sollten sich jedoch eine vernünftig lesbare Form angewöhnen.

Da sich der Compiler nicht am Zeilenende orientieren kann, muß man ein spezielles Zeichen benutzen, um das Ende einer Anweisung zu markieren. Hierzu dient, wie in C und Pascal, ein Semikolon (;).

Die Zeilen 5 bis 10 dienen dazu, etwas auf dem Bildschirm aus-

zudrucken. Die Funktion dazu lautet *System.out.print* bzw. *System.out.println.* Der Unterschied zwischen diesen beiden liegt darin, daß *println* nach dem gedruckten Text einen Zeilenvorschub ausführt, während *print* an der aktuellen Bildschirmposition stehenbleibt.
Der auszugebende Text steht in Anführungszeichen. Innerhalb des Textes kann man zusätzlich Zeichen, sogenannte Escape-Sequenzen, einfügen. Die Esacpe-Sequenzen werden durch einen Backslash (\) eingeleitet, der von einem Buchstaben gefolgt wird. So bedeutet *\n* beispielsweise «new line» (der Cursor springt an den Anfang der nächsten Zeile), *\t* führt einen Tabulatorsprung aus.
Die folgende Tabelle zeigt, welche Escape-Sequenzen man in eine Zeichenkette einbauen kann.

\ b	backspace (Rückschritt) BS
\ t	horizontal tab HT
\ n	line feed LF
\ f	form feed FF
\ r	carriage return CR
\ "	Anführungszeichen "
\ '	Hochkomma '
\ \	backslash \

(10) In dieser Zeile erfolgt die eigentliche Berechnung. Die Zeichenkette und die numerischen Werte werden durch ein Pluszeichen (+) verknüpft. Damit wird der numerische Wert automatisch in eine Zeichenkette umgewandelt.

Groß- und Kleinschreibung

Java unterscheidet zwischen Groß- und Kleinschreibung. Das bedeutet, daß in unserem Beispiel der Klassenname *MeinErstes* etwas ganz anderes ist als *meinerstes* oder *MEINERSTES.* Die Funktion zum Drucken muß daher auch *System.out.println* lauten und nicht etwa *System. Out.Println.* Meldet der Compiler also, daß er irgendeinen Ausdruck nicht kennt, sollte man diesen auch daraufhin untersuchen, ob die Groß- und Kleinschreibung stimmt.

Kommentare

Als Kommentarzeichen haben Sie bereits // kennengelernt. Java kennt auch die Kombination /* und */ sowie /** und */.

- Die Zeichen // dienen dazu, einzeilige Kommentare zu erzeugen. Alles, was hinter // steht, wird bis zum Zeilenende ignoriert.
- Mit /* kann man einen Kommentar beginnen, der über mehrere Zeilen geht und mit */ beendet wird. Schachteln darf man diese Kommentare allerdings nicht.

Beispiel

```
/* Die folgenden Zeilen
   stellen einen Kommentar dar,
   der über mehrere Zeilen geht
*/
```

- Ein Kommentar, der mit /** beginnt und mit */ endet, ist ein sogenannter Dokumentationskommentar. Aus diesen Kommentaren können automatisch HTML-Seiten generiert werden. Eine ausführliche Beschreibung finden Sie in Kapitel 9.

2.3 Welche Datentypen kennt Java?

Das nächste Programm zeigt, wie Java mit einfachen Variablen umgeht.

```
class app02_01                                    //(1)
{
  public static void main(String args[])
  {
    int x;                                        //(2)
    long y = 999999;                              //(3)

    x = 999999;                                   //(4)

    System.out.println(x * x);                    //(5)
    System.out.println(x * y);                    //(6)
  }
}
```

Wird das Programm gestartet, sollte die folgende Ausgabe erscheinen:

```
-729379967
999998000001
```

(1) Wenn Sie das Programm eingegeben haben, speichern Sie es mit dem Namen app02_01.java.

(2) Eine Variable wird deklariert, indem man ihren Typ angibt und dahinter den Namen setzt. Eine Variable muß deklariert sein, bevor man sie verwenden kann. Viele Programmierer fassen die Variablen am Anfang eines Programmblocks zusammen. Man kann Variablen aber auch an beliebiger Stelle einfügen.

(3) Bei der Deklaration kann man Variablen auch gleichzeitig initialisieren. Variablen vom gleichen Typ kann man in einer Zeile, durch Kommas getrennt, auflisten.

```
int x,y,z=123,abc;
```

(4) Die Zuweisung von Werten erfolgt mit einem Gleichheitszeichen (=). Im Gegensatz dazu wird ein doppeltes Gleichheitszeichen verwendet, wenn man zwei Ausdrücke auf Gleichheit testen will (a == b).
Beachten Sie, daß diese sogenannten lokalen Variablen vor ihrer Benutzung initialisiert werden müssen! Im Gegensatz dazu werden alle Felder einer Klasse von Java mit vordefinierten Anfangswerten gefüllt (0 für Ganzzahlen, false für boolean etc.)!

(5) Daß die Funktion *println* rechnen kann, hatten wir bereits im vorigen Programm gesehen. Das Interessante hier ist das Ergebnis! Laut Java soll 999999 mal 999999 gleich –729379967 sein. Auch bei einem nur flüchtigen Blick sieht das nicht besonders richtig aus. Der Grund für diese Ausgabe ist allerdings recht simpel: da es sich bei der Variablen *x* um einen Integer handelt, ist das Ergebnis der Multiplikation auch ein Integer. In Java kann ein Integer Werte von –2147483648 bis 2147483647 annehmen. Der berechnete Wert ist daher zu groß für einen Integer. Das führt zu einem Überlauf und damit zu der negativen Zahl.

(6) Jetzt bleibt nur noch die Frage, warum das Ergebnis von *x * y* korrekterweise *999998000001* ergibt? Auch hier ist die Antwort einfach: da es sich bei einer der Variablen (*y*) um eine Longvariable

handelt, wandelt Java die Integervariable auch in *long* um. Das Ergebnis ist daher ebenfalls *long*. Somit kann das Ergebnis auch korrekt dargestellt werden. Die Umwandlung von einem Typ in einen anderen kann automatisch (wie im Beispiel) erfolgen, oder der Programmierer wandelt den Typ explizit durch einen *Cast* um. Ein Beispiel zum Cast finden Sie in Kapitel 4.1.

Die folgende Tabelle zeigt die Ganzzahlen, die Java kennt. Eine Besonderheit ist speziell für C-Programmierer zu erwähnen: der Wertebereich für eine Integerzahl ist nicht von der Maschine abhängig, auf der das Programm läuft! Unter C war es nötig, mit dem Operator *sizeof* festzustellen, wie groß *int* auf einem speziellen System war. Java hingegen definiert die Größe von *int* für alle Systeme gleich.

Integer-Zahlen

Typ	**von**	**bis einschließlich**
byte	–128	127
short	–32768	32767
int	–2147483648	2147483647
long	–9223372036854775808	9223372036854775807
char	0	65535

Neben den Ganzzahlen kennt Java auch Fließkommazahlen. Die folgende Tabelle zeigt die beiden Typen mit der Genauigkeit, die sie darstellen können.

Fließkomma-Zahlen

Typ	**Genauigkeit**
float	32 Bit
double	64 Bit

Operatoren

Um Ausdrücke zu addieren, zu multiplizieren usw., kennt Java die folgenden arithmetischen Operatoren:

+	Addition
–	Subtraktion
*	Multiplikation
/	Division
%	Modulo

Bei der Auswertung von Ausdrücken wie *2 + 5 * 5* wird grundsätzlich von links nach rechts ausgewertet; und «Punktrechnung» geht vor «Strichrechnung». Somit ergibt der vorige Ausdruck den Wert 27 und nicht etwa 35.

Bezeichner (Identifier)

Wenn es darum geht, zum Beispiel Variablen oder Konstanten (siehe Kapitel 4.1, Stichwort *final*) zu benennen, ist Java sehr großzügig. So können Bezeichner eine beliebige Länge haben. Sie können mit Buchstaben, Zahlen, dem Unterstrich (_) oder einem Dollarzeichen ($) beginnen. Und da Java *Unicode* verwendet, sind auch alle Zeichen aus dem Unicode-Zeichensatz bei der Namensvergabe erlaubt.

Wenn Sie Namen für Klassen und Variablen festlegen, sollten Sie sich feste Namensregeln geben, damit die Bezeichner möglichst einheitlich sind. Als Vorschlag mag die Dokumentation zu Java dienen. Hier wird für die Namen von Klassen eine gemischte Schreibweise mit sprechenden Begriffen (z. B.: *MeinErstes*) empfohlen. Bei Variablen werden kurze, aber dennoch verständliche Begriffe vorgeschlagen. Variablen sollen durchgängig klein geschrieben werden.
Die hier vorgestellten Empfehlungen sind natürlich kein Muß. Wenn Sie sich jedoch an solche oder ähnliche Regeln halten, erhöht das die Lesbarkeit der Programme deutlich.

Eine Zusammenstellung aller Namenskonventionen finden Sie in Kapitel 15.4.

> Beachten Sie, daß die Größe einer Integer-Variablen immer 32 Bit ist und nicht, wie z. B. in C, von der Maschine abhängt, auf der das Entwicklungssystem läuft.

Literale

Konstante Werte bezeichnet man als Literale.

Für die Eingabe von Ganzzahlen kann man Werte als Oktalzahl (035), als Hexadezimalzahl (0x1C) und natürlich als Dezimalzahl (4711) eingeben.

Bei Gleitkommazahlen benutzt man einen Dezimalpunkt, um sie kenntlich zu machen. Im folgenden Beispiel sehen Sie einen Wert, der auf drei unterschiedliche Arten definiert worden ist (13. oder 1.3E1 oder 0.13E2).

Char-Werte werden von einfachen Hochkommata eingeschlossen ('A').

Zeichenketten werden im Gegensatz zu char-Werten mit Anführungszeichen begrenzt ("Hallo Welt").

Aufgaben

Aufgabe 1

Was ist an der folgenden Zeile fehlerhaft?

```
public static void Main(String args[])
```

Aufgabe 2

Welche Escape-Sequenzen muß man in die Zeichenkette

```
System.out.println("abcdefg");
```

einfügen, damit diese Ausgabe erscheint?

```
aceg
```

2.4 Eine weitere Funktion

In den beiden ersten Beispielen hatten wir uns in den Programmen mit einer einzigen Funktion begnügt. Dies war die Funktion *main*, die als einzige mindestens vorhanden sein muß. Es spricht aber nichts dagegen, beliebige weitere Funktionen in ein Programm einzubauen. Am

Beispiel der Funktion *drucken* wird demonstriert, wie man weitere Funktionen in sein Programm einfügt.

```
class app02_02                                          //(1)
{
  public static void main(String args[])
  {
    System.out.
      print("\nMit 'print' und 'println' kann");
    System.out.
      println(" man schreiben\nund rechnen:");

    drucken("6 * 7 = \t" + 6 * 7);                      //(2)
  }

  public static void drucken(String satz)               //(3)
  {
    System.out.println(satz);                           //(4)
  }
}
```

Das Programm liefert die folgende Ausgabe auf dem Bildschirm:

```
Mit 'print' und 'println' kann man schreiben
und rechnen:
6 * 7 =         42
```

Wie man sieht, entspricht das Ergebnis dem, was bereits *MeinErstes* ausgegeben hat. Das Ergebnis ist jedoch auf eine andere Weise erreicht worden.

(1) Wenn Sie das Programm eingegeben haben, speichern Sie es mit dem Namen app02_02.java.

(2) An dieser Stelle wird die Funktion *drucken* aufgerufen. Beachten Sie, daß das Funktionsargument aus einer Zeichenkette ("6 * 7 = \t") und einem numerischen Ausdruck (6 * 7) besteht. Da das Ergebnis des numerischen Ausdrucks jedoch durch das Plus-Zeichen (+) in eine Zeichenkette umgewandelt wird, arbeitet der Aufruf der Funktion fehlerfrei.

(3) In dieser Zeile wird die Funktion namens *drucken* deklariert. Daß die Funktion genau wie *main* als *public static void* definiert wurde, ist Zufall. Eine andere Funktion hätte durchaus auch eine unterschiedliche Definition haben können.
Die Funktion liefert also keinen Wert zurück (*void*) und benötigt eine Zeichenkette (*String*) namens *satz* als Parameter.

(4) Diese Zeile enthält die eigentliche Funktion. Sie soll den Parameter *satz* ausdrucken.

2.5 Rückgabewerte

In *app02_02* hatten Sie die Funktion *drucken* als vom Typ *void* deklariert und damit festgelegt, daß sie keinen Wert zurückgeben soll. Im nächsten Beispiel schreiben Sie eine Funktion, die einen double-Wert zurückliefern soll.

```
class app02_03
{
  public static void main(String args[])
  {
    System.out.println(MwSt(150,15));                 //(1)
  }

  public static double MwSt(double wert,double prozent)
  {
    double MwStBetrag;
    MwStBetrag = wert / 100 * prozent + wert;
    return MwStBetrag;                                //(2)
  }
}
```

Die Funktion *MwSt* soll zu einem Nettobetrag einen Mehrwertsteuersatz hinzufügen. Das Programm liefert die folgende Ausgabe:

```
172.5
```

(1) Hier wird die Funktion *MwSt* mit zwei Parametern aufgerufen.

(2) In dieser Zeile wird der berechnete Mehrwertsteuerbetrag mit Hilfe

der Anweisung *return* zurückgegeben. Statt den berechneten Wert einer Variablen zuzuweisen und diese dann als Rückgabewert zu benutzen, hätte man das Ganze auch etwas einfacher gestalten können:

```
return wert / 100 * prozent + wert;
```

Regeln für Funktionen

- In Java müssen Funktionen innerhalb einer Klasse definiert werden. Man kann Funktionen nicht, wie in C++, außerhalb der Klasse schreiben.
- Die Funktion kann an beliebiger Stelle mit Hilfe der Anweisung *return* verlassen werden. Ist keine *return*-Anweisung vorhanden, wird die Funktion verlassen, wenn die schließende geschweifte Klammer erreicht wird.
- Liefert die Funktion einen Wert zurück, dann wird eine *return*-Anweisung benötigt. Der Rückgabewert wird hinter der *return*-Anweisung aufgeführt (z. B.: *return TestWert * 4711;*).
- Die Argumente einer Funktion werden in einer Parameterliste aufgeführt. Dabei werden einzelne Werte durch Kommas getrennt. Benutzt die Funktion keinen Parameter, bleibt die Parameterliste leer. Sie enthält dann auch kein *void*.

Aufgabe

Aufgabe 3

Schreiben Sie ein Programm, das eine Methode namens *MalNehmen* besitzt, die zwei numerische Parameter entgegennimmt.

```
class auf02_03
{
  public static void main(String args[])
  {
    System.out.
      print(MalNehmen(11,22));
  }
```

```
  public ...
  {
    ...
  }
}
```

Diese beiden Parameter sollen multipliziert und das Ergebnis an die aufrufende Stelle zurückgegeben werden.

2.6 Die if-Anweisung

Eine der häufigsten Problemstellungen in einem Programm ist, den Programmfluß in Abhängigkeit von einer oder mehreren Bedingungen zu steuern. In vielen Programmiersprachen – so auch in Java – wird dies durch *if*-Anweisungen bewerkstelligt. Die allgemeine Form einer *if*-Anweisung sieht so aus:

if(*ausdruck*)
{
        anweisungen
        ...
}
else
{
        anweisungen
        ...
}

Der *ausdruck* wird bewertet. Ergibt er wahr (*true*), werden die Anweisungen direkt hinter dem *if* ausgeführt. Ergibt der Ausdruck falsch (*false*), werden die Anweisungen hinter dem *else* ausgeführt.
Man kann eine *if*-Anweisung auch ohne den *else*-Zweig schreiben. Ist in einem solchen Fall der Ausdruck *falsch*, wird der geklammerte Anweisungsblock übersprungen, und das Programm wird hinter der geschlossenen Klammer fortgeführt.

Beispiel:

```
int x=2, y=3, z=4;

    if ( x*x >= z)
    {
      System.out.println("blau");
    }
    else
    {
      System.out.println("rot");
    }
```

Der Programmabschnitt gibt den Text «blau» aus, da die Bedingung (x*x größer oder gleich z) wahr ist.

2.6.1 Vergleichsoperatoren

Im Ausdruck x*x >= z wird ein Vergleich durchgeführt. Das Ergebnis eines solchen Vergleiches ist entweder wahr oder falsch. Die Zeichenkombination >= ist ein sogenannter Vergleichsoperator und legt fest, welche Art von Vergleich durchgeführt werden soll.

Java kennt die folgenden Vergleichsoperatoren:

Zeichen	Bedeutung
<	kleiner als
>	größer als
<=	kleiner oder gleich
>=	größer oder gleich
instanceof	Typ-Vergleich
==	gleich
!=	ungleich

Der folgende Programmausschnitt zeigt eine *if*-Anweisung ohne *else*-Zweig.

```
int x=2, y=3, z=4;

    if ( x*x < y)
    {
      System.out.println("blau");
    }
```

In diesem Fall wird nichts ausgegeben, da die Bedingung nicht stimmt und für diesen Fall keine Anweisungen vorhanden sind.

Das folgende Beispiel zeigt eine Variante der if-else-Anweisung. Hierbei wird mit einer Folge von *else if* eine Kette von Abfragen aufgebaut. Ist weder der Ausdruck hinter dem *if* bzw. dem *else if* richtig, wird die abschließende *else*-Anweisung ausgeführt.
Statt dieser geschachtelten if-Anweisungen verwendet man auch häufig die *switch*-Anweisung (siehe Kapitel 3.3).

```
int x=2, y=3, z=4;

    if ( z == 1)
    {
      System.out.println("Z = 1");
    }
    else if ( z == 2)
    {
      System.out.println("Z = 2");
    }
    else if ( z == 3)
    {
      System.out.println("Z = 3");
    }
    else
    {
      System.out.println("Z ist < 1 oder > 3");
    }
```

Die Ausgabe des vorigen Programms ist «Z ist < 1 oder > 3», da keine der drei anderen Ausdrücke wahr ist.

2.6.2 Logische Operatoren

Wenn Sie Ausdrücke zusammenstellen, müssen oft mehrere Vergleiche zusammengefaßt werden. Das nächste Beispiel zeigt, wie man mehrere Bedingungen verknüpfen kann.

```
int x=2, y=3, z=4;

    if ( x == 2 && y < 3)
    {
      System.out.println("wahr!");
    }
    else
    {
      System.out.println("falsch!");
    }
```

Der Ausdruck *(x == 2 && y < 3)* untersucht, ob x gleich 2 ist UND ob y kleiner als 3 ist. Erst wenn beide Bedingungen erfüllt sind, wird die Anweisung hinter dem *if* ausgeführt, ansonsten die Anweisung hinter dem *else*.

Java kennt die folgenden logischen Operatoren:

Operator	**Bedeutung**
&&	UND
||	ODER

Neben dem UND- und dem ODER-Operator, die auf zwei Operanden wirken, gibt es den NICHT-Operator. Der NICHT-Operator wird durch ein Ausrufezeichen (!) dargestellt und dreht den Wahrheitswert einer Aussage um:

! (x == y)

Falls die Bedingung *x gleich y* wahr ist, macht der NICHT-Operator daraus ein *falsch*. Beziehungsweise ein *wahr*, wenn die Aussage *falsch* ist.

Wahrheitswerte werden auch Boolesche Werte genannt.

Es können beliebig viele Aussagen durch logische Operatoren verknüpft werden. Daher ist die folgende Zeile durchaus üblich:

```
if ( x == 2 || y != 2 && z >= 16)
```

Bei der Bewertung dieses Ausdrucks ist es wichtig zu wissen, in welcher Reihenfolge die einzelnen Teile des Ausdrucks bearbeitet werden. Die Reihenfolge ist durch die sogenannte Rangfolge der Operatoren festgelegt (siehe Kapitel 15.3). Will man die Reihenfolge ändern, kann man Klammern um die Teile setzen, die zuerst bearbeitet werden sollen.
Im obigen Ausdruck werden als erstes die Vergleiche

x == 2 (wahr)
y != 2 (falsch)
z >= 16 (wahr)

durchgeführt. Anschließend werden die logischen Verknüpfungen ausgewertet.

wahr ODER falsch UND wahr

Da die UND-Verknüpfung einen höheren Rang hat, wird sie als erstes ausgewertet, und dieses Ergebnis wird durch ODER mit dem ersten Booleschen Wert verknüpft.
Sie sollten also an dieser Stelle festhalten, daß zuerst die UND-Verknüpfungen und dann die ODER-Verknüpfungen bearbeitet werden.

2.6.3 Aufgabe

Aufgabe 4

Welche Ergebnisse liefert das folgende Programm, wenn man an der markierten Stelle jeweils die Programmzeilen a – e einsetzt?

```
class test
{
  public static void main(String args[])
```

```
  {
    int x=2, y=3, z=4;

    ...
    {
      System.out.println("wahr!");
    }
    else
    {
      System.out.println("falsch!");
    }
  }
}
```

a) if (x == 2 && y <= 3)
b) if (x == 2 || y != 2 && z * z >= 16)
c) if (y == 3 && !(z == 1))
d) if (x != 2 && y > 3)
e) if (x < y || x > z)

Das folgende Listing zeigt einige Beispiele im Zusammenhang:

```
class app02_04
{
  public static void main(String args[])
  {
    int x = Integer.parseInt(args[0]);               //(1)

    if (x >=0 && x < 12)                             //(2)
    {
      System.out.println("Preisstufe 1");
    }
    if (x >= 12 && x < 18 )
    {
      System.out.println("Preisstufe 2");
    }
```

```
    if (x >= 18 )
    {
      System.out.println("Preisstufe 3");
    }

    if (x >=0 && x < 12)                          //(3)
      System.out.println("Preisstufe 1");
    else if (x >= 12 && x < 18 )                  //(4)
      System.out.println("Preisstufe 2");
    else                                          //(5)
      System.out.println("Preisstufe 3");
  }
}
```

Starten Sie das Programm, und geben Sie als Parameter beispielsweise die Zahl 13 an.

```
java app02_04 13
```

Das Ergebnis des Programms sollte wie folgt aussehen:

```
Preisstufe 2
Preisstufe 2
```

(1) Wie Sie bereits im ersten Programm erfahren hatten, definiert der Ausdruck *String args[]* ein Feld von Zeichenketten, in denen die Kommandozeilenparameter zu finden sind. Da wir den ersten übergebenen Parameter im Programm jedoch als Integer-Wert benötigen, wandeln wir die Zeichenkette durch den Ausdruck *Integer.parseInt(args[0]);* in eine Ganzzahl um. Daß wir bei *args* den Index 0 angeben, liegt daran, daß der erste Parameter den Index 0, der zweite den Index 1 usw. hat.
Wir werden diese Technik von jetzt an benutzen, wenn wir einem Programm Daten übergeben wollen.

(2) In dieser und den folgenden zwei if-Anweisungen wird der Wert des Parameters abgefragt, um eine entsprechende Meldung auf dem Bildschirm ausgeben zu können.

(3) Diese und die nächsten beiden Anweisungen (4) und (5) zeigen

eine verkürzte Schreibweise für die if-Anweisung. Folgt auf das *if* nur eine einzige Anweisung, können die geschweiften Klammern wegfallen. Wir empfehlen Ihnen trotzdem, den Anweisungsblock durch Klammern zu markieren, da das übersichtlicher ist.

2.7 Klassen, Instanzen und Objekte

In Kapitel 1 hatten wir Java als «einfache, *objektorientierte* Programmiersprache» vorgestellt. Wie versprochen, wollen wir Ihnen in diesem Kapitel einen Überblick über die Begriffe und Ideen der objektorientierten Programmierung geben.
Der Begriff Objekt bzw. Objektorientierung ist in den letzten Jahren ein regelrechtes Modewort geworden. Objektorientierung begegnet uns nicht nur in der eigentlichen Programmierung, sondern auch in anderen Bereichen der Informatik. Als da wären: objektorientierte Datenbanken (OODBMS), objektorientierte Methoden der Softwareentwicklung, objektorientierte Oberflächen und objektorientierte Programmierung (OOP). Wir wollen uns an dieser Stelle vorrangig mit der objektorientierten Programmierung beschäftigen.
Eine der ersten Fragen, die man sich stellt, wenn man anfängt, sich mit Objektorientierung zu befassen, lautet: Was ist in der OOP überhaupt ein Objekt? Die Antwort darauf klingt recht trivial: Ein Objekt ist eine Variable! Allerdings eine Variable, die etwas mehr kann als andere.
Eine gewöhnliche Variable kann beispielsweise vom Typ *int*, *char* oder *byte* sein. Man kann in ihr Daten speichern und diese unter dem Namen der Variablen auch wieder ansprechen.
Ein Objekt erweitert die Variablen zusätzlich um Funktionen, die neben den Daten Bestandteil des Objektes sind. Mit anderen Worten: ein Objekt beinhaltet Datenfelder und Funktionen, die auf diese Datenfelder zugreifen können.
Die folgende Abbildung soll das nochmals verdeutlichen:

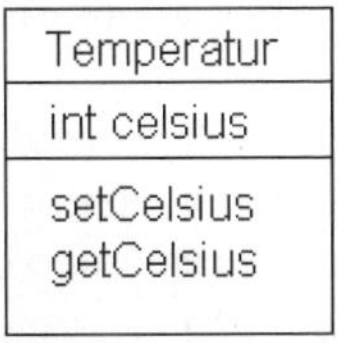

Diese Art der Darstellung ist eine gebräuchliche Form, ein Objekt zu beschreiben.
Wir sehen hier ein Objekt mit dem Namen *Temperatur*. Das einzige Datenfeld heißt *celsius*. Außerdem hat es zwei Funktionen mit Namen *getCelsius* und *setCelsius*. Ein anderer Ausdruck für *Funktion*, der in der Objektorientierung häufig verwendet wird, ist *Methode*. Von jetzt an werden wir diesen Ausdruck statt des Begriffs Funktion verwenden. Das Beispiel deklariert ein Objekt, das ein Datenfeld hat (*celsius*) und zwei Methoden (*setCelsius* und *getCelsius*).
Daß wir bisher immer den Begriff Objekt verwendet haben, ist genaugenommen nicht ganz korrekt. Eigentlich müßten wir an einigen Stellen den Begriff Klasse benutzen. Der Unterschied zwischen den Begriffen Klasse und Objekt liegt darin, daß eine Klasse nur der «Bauplan» ist, während das Objekt anhand dieses Bauplans erzeugt wurde. Man kann daher von einer Klasse auch mehrere Objekte erzeugen. Der Begriff Instanz ist in diesem Zusammenhang gleichbedeutend mit dem Begriff Objekt.

Fassen wir zusammen:
Ein Objekt hat Datenfelder und Methoden. In Datenfeldern ist quasi das «Wissen» des Objektes gespeichert; die Methoden bestimmen das «Können».

Eines der Ziele der OOP ist es, die Daten zu kapseln, also gegen unerlaubten Zugriff zu schützen. Eine der Techniken, die man dafür einsetzen kann, ist, daß man die einzelnen Teile eines Objektes mit den entsprechenden Schlüsselwörtern schützt. Sie lauten *public, private* und *protected.*
Das Schlüsselwort *public* bedeutet, daß jeder von außen auf diesen Teil zugreifen kann. «Außen» bedeutet hier, von anderen Objekten aus.
Mit *private* wird der Zugriff auf Routinen innerhalb des Objektes beschränkt. Andere Objekte können auf diese Teile nicht zugreifen.
Das Schlüsselwort *protected* legt schließlich fest, daß auf diese Teile des Objekts auch von anderen Stellen zugegriffen werden kann, allerdings nur in Klassen, die von dieser Klasse vererbt (abgeleitet) wurden.
Wenn es darum geht, die verschiedenen Bestandteile eines Objektes als private, public oder protected zu definieren, ist es im allgemeinen sinnvoll, die Datenfelder als private (oder protected) zu deklarieren und die Methoden als public. Der Sinn dieser Aufteilung ist, daß man ja gerade

die Datenfelder gegen unerlaubte Zugriffe schützen will. Andererseits braucht man öffentliche Methoden, um auf die Datenfelder zugreifen zu können.
In unserer Klasse *Temperatur* hätten wir daher das Datenfeld *celsius* als *private* deklariert und die beiden Methoden, mit denen man den Wert von *celsius* setzt und wieder ausliest, mit *public.*
Wenn Sie sich die Frage stellen, warum man denn nicht gleich auf die Datenfelder zugreifen soll, dann folgen hier ein paar Gründe, die gegen dieses Vorgehen sprechen:

- Stellen Sie sich vor, Sie haben im Laufe der Programmentwicklung festgestellt, daß das Datenfeld *celsius* besser vom Typ *double* anstatt vom Typ *int* sein sollte.

  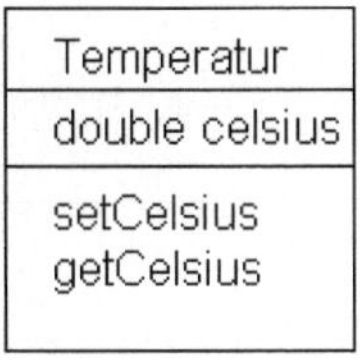

  Sie können in der Klassendefinition einfach den Typ von *celsius* ändern. Dann ändern Sie die Methoden *getCelsius* und *setCelsius* so, daß sie mit dem neuen Datentyp zurechtkommen. Wenn Sie jetzt auch noch dafür gesorgt haben, daß die Rückgabewerte und Parameter der Methoden unverändert geblieben sind, brauchen Sie im Rest des Programms keine Änderungen mehr vorzunehmen.
  Ohne den Einsatz von Objekten hätten Sie unter Umständen an Hunderten oder Tausenden Stellen im Programm den Zugriff auf die *celsius*-Variable anpassen müssen.
- Einen zweiten Grund, der dafür spricht, die Datenfelder *private* zu machen, soll folgendes Beispiel veranschaulichen: man kann beispielsweise in die Methode *setCelsius* Programmcode einbauen, der dafür sorgt, daß *celsius* nur bestimmte Werte annehmen kann. Auf diese Art läßt sich sicherstellen, daß eine Variable keine für das Programm ungültigen Werte enthält.

Hinweis:
Klassen in Java sollten möglichst keine *public* -oder *protected*-Datenfelder haben!

Sehen wir uns jetzt zum bisher Gesagten ein Beispiel an:

```
class app02_05
{
  public static void main(String args[])
  {
    Temperatur tagestemp;                         //(1)
    tagestemp = new Temperatur();                 //(2)

    tagestemp.setCelsius(77);                     //(3)
    System.out.println(tagestemp.getCelsius());   //(4)
  }
}

class Temperatur                                  //(5)
{
  private int celsius;                            //(6)

  public void setCelsius(int grad)                //(7)
  {
    if (grad < -90)                               //(8)
    {
      grad = -90;
    }
    if (grad > 65)                                //(9)
      grad = 65;

    celsius = grad;                               //(10)
  }

  public int getCelsius()                         //(11)
  {
    return celsius;                               //(12)
  }
}
```

Wenn das Programm gestartet wird, erscheint der folgende Wert:

```
65
```

Beginnen wir mit der Beschreibung der Klasse:

(5) Neben *app02_05* enthält das Programm eine zweite Klasse mit Namen *Temperatur*. Wird das Programm compiliert, erscheinen beide Klassen als eigenständige *class*-Dateien im entsprechenden Verzeichnis (*app02_05.class* und *Temperatur.class*).

(6) Hier wird das einzige Datenfeld der Klasse deklariert. Es ist *private*, damit man nicht direkt darauf zugreifen kann, sondern nur über die Methoden *setCelsius* und *getCelsius*.

(7) Die Methode *setCelsius* hat den Zugriffsmodifikator *public*, man kann daher von überall auf sie zugreifen. Sie hat den Rückgabetyp *void*, liefert also keinen Wert zurück. Und sie bekommt ein Argument vom Typ *int* übergeben. Dieses Argument hat im Beispiel den Namen *grad* und kann innerhalb des Methodenrumpfes wie jede andere Variable benutzt werden.

(8)+(9) Die beiden if-Anweisungen sorgen dafür, daß man mit der Methode *setCelsius* keinen Wert im Datenfeld *celsius* speichern kann, der kleiner als –90 Grad oder größer als 65 Grad ist. Normalerweise wird man mit einer Fehlermeldung anzeigen, daß versucht wurde, einen ungültigen Wert zu speichern. In den Beispielprogrammen haben wir darauf verzichtet, um sie so übersichtlich wie möglich zu halten.

(10) Diese Zuweisung setzt den Wert des Datenfeldes.

(11) Die Methode *getCelsius* kann ebenfalls von überall aus benutzt werden (*public*) und liefert einen Integerwert zurück (*int*).

(12) Mit der Anweisung *return* gibt eine Methode einen Wert zurück. Im Beispiel wird der Datenwert des Objektes an die aufrufende Stelle übergeben.

Damit hätten wir die Klasse *Temperatur* vorgestellt. Sehen wir uns nun an, wie wir von dieser Klasse ein Objekt erzeugen können.

(1) Hier wird eine Variable mit Namen *tagestemp* deklariert, die vom Typ *Temperatur* sein soll. *Temperatur* ist die Klasse, die ab (5) deklariert wird.
In der Java-Terminologie spricht man auch von einer Referenz. *Tagestemp* ist eine Referenz auf ein Objekt vom Typ *Temperatur*.

(2) In dieser Zeile wird auch ein Objekt vom Typ *Temperatur* erzeugt. Das Schlüsselwort, mit dem das geschieht, ist *new*. Die Klammern hinter dem Klassennamen sind übrigens nötig.

(3) Um auf die Methoden eines Objektes zugreifen zu können, muß man zuerst den Namen des Objektes angeben und danach, durch einen Punkt getrennt, den Namen der Methode. Diese Schreibweise wird auch benutzt, wenn man auf Datenfelder zugreift. Wenn in der Beispielklasse das Datenfeld celsius *public* und nicht *private* wäre, könnte man mit

```
tagestemp.celsius = 77;
```

darauf zugreifen.

(4) Mit *tagestemp.getCelsius* wird das Datenfeld ausgelesen.

Fassen wir zusammen: Sie haben in diesem Programm zwei Klassen angelegt: Klasse *app02_05* und Klasse *Temperatur*. Um ein Objekt einer Klasse zu erzeugen, verwendet man das Schlüsselwort *new*. Für die Klasse *app02_05* ist das Schlüsselwort nicht nötig, da sie als erste Klasse gestartet wird und von ihr automatisch eine Instanz erzeugt wird.

Welchen Vorteil hat Objektorientierung?
Die Objektorientierung verspricht, daß Programme stabiler werden, da jedes Objekt in sich abgeschlossen arbeitet und daher kaum ungewollt Nebeneffekte mit anderen Programmteilen auftreten können. Diese Technik nennt man Kapselung.
Außerdem sollen Programme unempfindlicher gegen Änderungen sein, da die Objekte das reale Problem besser darstellen als die herkömmlichen Entwicklungsmethoden. Das bedeutet, daß Änderungen der Anforderungen an das Programm nur einen geringen Änderungsaufwand im Programm selbst hervorrufen sollten.
Ein dritter Aspekt ist die gesteigerte Produktivität bei der Programmentwicklung. Diese soll erreicht werden, indem man Objekte vererbt. Die Vererbung sorgt dafür, daß man den Programmcode von bereits vorhandenen Objekten benutzen kann, ohne das Rad neu erfinden zu müssen. Der Unterschied zwischen simplem Kopieren und Vererben ist, daß bei der Vererbung Änderungen am Elternobjekt automatisch ans Kindobjekt weitergereicht werden.

Aufgabe

Aufgabe 5

a) Stellen Sie in der Klasse *Temperatur* aus *app02_05* das Datenfeld *celsius* von *int* auf *double* um.

b) Erweitern Sie die Klasse *Temperatur* um eine Methode mit Namen *getFahrenheit*. Diese Methode soll den Wert des Datenfeldes *celsius* in Fahrenheit ausgeben. Die Formel zur Umrechnung von Celsius in Fahrenheit lautet:

fahrenheit = 9.0 / 5.0 *celsius + 32.0

2.8 Die for-Schleife

Um Teile eines Programms mehrfach auszuführen, benutzt man Schleifen. Eine dieser Anweisungen ist die for-Schleife. Eine Eigenschaft der for-Schleife ist, daß man bereits zu Beginn der Schleife wissen muß, wie oft sie durchlaufen werden soll. Java bietet weitere Schleifenkonstruktionen, bei denen die Anzahl der Durchläufe variabel sein kann (siehe Kapitel 3). Die allgemeine Form einer *for*-Anweisung sieht so aus:

```
for(startwert; bedingung; schleifenwert)
{
        anweisungen
        ...
}
```

In den Klammern hinter dem Schlüsselwort *for* wird festgelegt, wie oft die *anweisungen* wiederholt werden. Zuerst wird der *startwert* initialisiert. Dann wird die *bedingung* überprüft. Ist sie wahr, werden die *anweisungen* durchlaufen. Im letzten Schritt wird der *schleifenwert* ausgewertet.

Von da an werden immer wieder *bedingung* – *anweisungen* – *schleifenwert* abgearbeitet, bis *bedingung* falsch wird.

Dazu ein Beispiel:

```
int i;

for (i = 1; i <= 10; i=i+1)
{
   System.out.print(i + "  ");
}

System.out.println("\n" + i);
```

Auf dem Bildschirm erscheint die folgende Ausgabe:

```
1  2  3  4  5  6  7  8  9  10
11
```

Beim Durchlaufen der Schleife wird die Variable *i* zuerst mit dem Wert 1 initialisiert. Dann wird die Bedingung *i <= 10* überprüft. Stimmt die Aussage, werden jetzt die Anweisungen *System.out.print(i + " ")* ausgeführt. Zum Schluß wird die Variable *i* um 1 hochgezählt. Dann beginnt die Auswertung der Schleife wieder bei der Bedingung, bis sie irgendwann nicht mehr wahr ist.
Nachdem alle Durchläufe erfolgt sind, hat unsere Variable *i* den Wert 11.

Inkrement und Dekrement
Statt bei der Erhöhung des Schleifenwertes den Ausdruck *i=i+1* zu benutzen, können wir in Java auch folgendes schreiben: *i++*. Der sogenannte Inkrementoperator erhöht den Wert der Variablen um 1. Das Gegenstück zum Inkrement- ist der Dekrementoperator --. Der Dekrementoperator verringert den Wert einer numerischen Variablen um eins.

Das folgende Programmsegment zeigt einen Schleifenwert, der mit Hilfe eines Inkrementoperators bei jedem Schritt um 1 erhöht wird.

```
for (int i = 1; i <= 10; i++)
{
```

```
    System.out.print(i + "  ");
}

// Fehler! -> System.out.println("\n" + i);
System.out.println("\n");
```

Eine zweite Änderung gegenüber dem letzten Beispiel finden Sie ebenfalls in der for-Anweisung *for (int i = 1; i <= 10; i++)*. In dieser Zeile ist die Deklaration der Variable *i* in die Klammer gewandert. Die Variable wird also gleichzeitig initialisiert und deklariert. Ein Vorteil dieser Technik ist, daß man direkt in der Schleife sehen kann, von welchem Typ die Variable ist und, was vielleicht noch interessanter ist, daß die Variable nur innerhalb der Schleife gültig ist. Diese Tatsache spiegelt sich in den letzten beiden Zeilen des Beispiels wider. Hier ist die vorletzte Zeile auskommentiert, da sie einen Compilerfehler ergibt. Da die Variable i nur innerhalb der Schleife bekannt ist, kann man auch außerhalb der Schleife nicht mehr auf sie zugreifen.

Hinweis:
For-Schleifen können auch geschachtelt werden:

```
for(int x=1; x<=3; x++)
{
  for(int y=1; y<= 5; y++)
  {
    System.out.print(x*y + "\t");
  }
  System.out.println();
}
```

Werfen wir zum Schluß nochmals einen kurzen Blick auf die Inkrement- und Dekrementoperatoren. Beide Operatoren gibt es als sogenannte Präfix- und Postfix-Operatoren. Steht der Operator vor der Variablen (++x) wird die Operation angewandt, bevor der Wert des Ausdrucks zurückgegeben wird, ansonsten danach (j--). Ein Beispiel für die beiden Formen des Inkrement- bzw Dekrementoperators finden Sie im folgenden Programm:

```
class test
{
  public static void main(String args[])
  {
    int i = 4711;
    System.out.println(i++ + " " + ++i + " " + i);
    System.out.println(i-- + " " + --i + " " + i);
  }
}

4711 4713 4713
4713 4711 4711
```

Das Programm app02_06 faßt das bisher Gesagte in einem kleinen Programm zusammen.

```
class app02_06
{
  public static void main(String args[])
  {
    int i, wieoft;

    wieoft = Integer.parseInt(args[0]);                //(1)

    for (i = 1; i <= wieoft; i++)                      //(2)
    {
      System.out.print(args[1]);
    }

    System.out.flush();                                //(3)
  }
}
```

Starten Sie das Programm mit zwei Parametern.

```
java app02_06 25 *
```

Der Beispielaufruf ergibt diese Ausgabe:

```
*************************
```

(1) Der erste Parameter, den das Programm übergeben bekommt, soll festlegen, wie oft die Schleife durchlaufen werden soll. Denken Sie daran, daß das erste Argument den Index 0 hat!
(2) In dieser Schleife wird das zweite Argument (args[1]) so oft ausgedruckt, wie im ersten Argument festgelegt wurde.
(3) Die Methode *flush* der Klasse *System* lehrt den Ausgabepuffer. Dies ist bei den meisten Compilern nötig, da *System.out.print* das im Gegensatz zu *System.out.println* nicht automatisch erledigt.

2.9 Der Ablauf eines Java-Programms

In diesem Kapitel fassen wir zusammen, welche Schritte im einzelnen gemacht werden, um ein Java-Programm auszuführen.
Wie Sie bereits im ersten Kapitel erfahren haben, ist Java so ausgelegt, daß die compilierten Programme auf allen möglichen Plattformen laufen können. Das Besondere daran ist, daß man den compilierten Programmcode, der auch Byte Code genannt wird, für alle Rechnersysteme gleich halten kann, da erst die *Java Virtual Machine* (JVM) die Ausführung des Programms auf einer bestimmten Maschine übernimmt. Die JVM kann zum Beispiel in einem Browser integriert sein, oder sie steht in Form der Programme Java bzw. Jview zur Verfügung.
Die JVM beginnt damit, daß sie eine Klasse lädt und dort versucht, die Funktion *main* zu finden und auszuführen. Als Argument wird dieser Funktion ein Array von Zeichenketten übergeben, in dem die Kommandozeilenparameter enthalten sind. Bevor das Programm dann endgültig ausgeführt wird, werden eine ganze Reihe von Überprüfungen, Initialisierungen etc. durchgeführt, und erst nachdem alle Kontrollen fehlerfrei durchgeführt worden sind, wird der Programmcode ausgeführt. In der Regel werden die anderen Klassen eines Programms geladen, sobald sie benötigt werden. Und auch für sie werden die entsprechenden Initialisierungschritte durchgeführt, bevor sie starten.
Welche Klassen die JVM benutzen kann und wie sie sie findet, wird durch die Bildung sogenannter Pakete bestimmt. Wie man Pakete bildet und benutzt, erfahren Sie im Kapitel 6.

2.10 Zusammenfassung

- Java-Programme bestehen nur aus Klassen.
- Java ist *case sensitive*. Das bedeutet, daß zwischen Groß- und Kleinschreibung unterschieden wird.
- Jede Application benötigt eine Funktion mit Namen *main*. Diese Funktion dient als Startpunkt für das Programm.
- In diesem Kapitel haben Sie Vergleichsoperatoren (<, >, <=, >=, ==, !=), logische Operatoren (&&, ||) und Inkrement- bzw. Dekrementoperatoren (++, --) kennengelernt.
- Beachten Sie den Unterschied zwischen einer Zuweisung (int x = 4711) und einem Vergleich (if(x == 4711))!
- Operatoren haben eine Rangfolge, die bestimmt, welche der Operatoren zuerst bearbeitet werden. Haben Operatoren den gleichen Rang, wird von links nach rechts bewertet.
- Die einfachste Anweisung zur Programmablaufsteuerung ist das *if*.
- Die *for*-Anweisung wird benutzt, um eine Schleife zu programmieren, wenn man im voraus weiß, wie oft sie durchlaufen werden soll.
- Mit dem folgenden Programmausschnitt kann man eine Endlosschleife programmieren: *for (; ;) { }*
- Datenfelder und Methoden einer Klasse können *private, public* oder *protected* sein. Häufig sind die Methoden *public* und die Datenfelder *private*.
- Bei der Deklaration einer Klasse wird angegeben, welchen Datentyp sie zurückliefert. Liefert sie nichts zurück, benutzt man das Schlüsselwort *void*:
  public void AusgabeWert()
- Selbst wenn eine Methode einen Wert zurückliefert, muß dieser nicht weiter im Programm verwendet werden; man kann ihn ignorieren.
- Eine *Klasse* ist der «Bauplan» eines *Objektes*. Von einer Klasse kann man beliebig viele Objekte erzeugen.
- Lokale Variablen müssen initialisiert werden, bevor man sie benutzen kann. Datenfelder werden von Java hingegen mit Werten vorbelegt.

2.11 Aufgaben

Aufgabe 6

Schreiben Sie ein Programm, das die folgende Ausgabe liefert:

```
1    2    3    4    5
2    4    6    8    10
3    6    9    12   15
4    8    12   16   20
5    10   15   20   25
6    12   18   24   30
7    14   21   28   35
8    16   24   32   40
9    18   27   36   45
10   20   30   40   50
```

Benutzen Sie eine geschachtelte *for*-Schleife.

Aufgabe 7

Schreiben Sie ein Programm, das alle ungeraden Zahlen von 1 bis n addiert. Verwenden Sie dazu eine *for*-Schleife. Den Wert für n übergeben Sie als Parameter an das Programm.

Aufgabe 8

Schreiben Sie ein Programm, das die ganzen Zahlen von 1 bis n miteinander multipliziert. Das Programm erwartet den Parameter n und berechnet damit das Produkt 1*2*3*...*n. In der Mathematik heißt dieses Produkt Fakultät, geschrieben n!.
4! entspricht also 1*2*3*4 = 24.

Aufgabe 9

In dieser Aufgabe sollen Sie den Gebrauch des Modulo-Operators (%) üben. Schreiben Sie dazu ein Programm, das in einer *for*-Schleife insgesamt 100 Sternchen (*) hintereinander ausdruckt. Als Parameter überge-

ben Sie einen Integer-Wert, der festlegt, nach wieviel Zeichen ein Zeilenvorschub erfolgen soll.
Im folgenden finden Sie einen beispielhaften Aufruf des Programms und die zugehörige Bildschirmausgabe.

```
java auf02_09 25
```

```
*************************
*************************
*************************
*************************
```

3 Weitere Kontrollstrukturen

In diesem Kapitel wollen wir Ihnen die noch fehlenden Bausteine für die wesentlichen Sprachelemente von Java vermitteln. Als erstes wollen wir mit den restlichen Kontrollstrukturen beginnen.

3.1 while-Schleife

Die *while*-Schleife ist eine Struktur, mit der man Programmteile so lange wiederholen kann, bis eine Bedingung nicht mehr zutrifft. Die allgemeine Form einer *while*-Anweisung sieht so aus:

while(*ausdruck*)
{
        anweisungen
        ...
}

Der *ausdruck* wird bewertet. Ist er wahr (true), werden die Anweisungen direkt hinter dem *while* ausgeführt. Ergibt der Ausdruck falsch (false), wird die Programmausführung direkt hinter der schließenden Klammer fortgesetzt. Wenn der *ausdruck* bereits beim ersten Mal falsch ist, kann es sein, daß sie überhaupt nicht durchlaufen wird. Um die Schleife zu verlassen, muß man innerhalb der Schleife dafür sorgen, daß irgendwann die Bedingung nicht mehr erfüllt ist.
Eine übliche Technik, die Schleife zu beenden, sieht folgendermaßen aus:

```
int x = 0;
while(x < 10)
{
```

```
  System.out.println(x);
  x++;
}
```

Vor Beginn der *while*-Schleife definiert man eine Variable so, daß man zum ersten Mal in die Schleife hineinläuft. Am Ende der Schleife sorgt man dafür, daß sich diese Variable ändert. Irgendwann hat sie einen Wert erreicht, der dafür sorgt, daß der *ausdruck* nicht mehr wahr ist. Man kann eine *while*-Schleife auch sehr gut dazu benutzen, um eine Datei einzulesen. Dabei wird so lange gelesen, bis keine Daten mehr vorhanden sind.

Das folgende Programm benutzt eine *while*-Schleife, um Kommandozeilenparameter so lange einzulesen, wie der eingelesene Parameter ungleich null ist. Die eingelesenen Werte werden aufsummiert und ausgedruckt.

```
class app03_01
{
  public static void main(String args[])
  {
    int n = 0;
    double summe = 0, eingabe = 0;              //(1)
    Double x;                                   //(2)

    x = Double.valueOf(args[n]);                //(3)
    eingabe = x.doubleValue();                  //(4)
    while (eingabe != 0.0)                      //(5)
    {
      summe = summe + eingabe;
      System.out.println(eingabe + "\t" +summe);
      n++;                                      //(6)
      x = Double.valueOf(args[n]);              //(7)
      eingabe = x.doubleValue();
    }
  }
}
```

Wenn das Programm wie folgt aufgerufen wird:

```
java app03_01 5 6.34 2.7 34.223 41.4 0
```

liefert es diese Ausgabe:

```
5.0     5.0
6.34    11.34
2.7     14.04
34.223  48.263
41.4    89.663
```

(1) Die Variable *summe* soll die Gesamtsumme aller eingegebenen Zahlen aufnehmen. In *eingabe* werden die einzelnen Werte zwischengespeichert.

(2) Wie wir bereits mehrfach erwähnt haben, arbeitet Java nur mit Klassen. Eine kleine Ausnahme bilden die Basisdatentypen wie zum Beispiel *short, int, double* etc., die keine Klassen sind. Um dennoch die Vorteile von Klassen auch bei den einfachen Typen nutzen zu können, gibt es für jeden einfachen Typ eine sogenannte *Hüllklasse* (*wrapper class*). Mit Hilfe der *wrapper* kann man Methoden und Datenfelder für die einfachen Datentypen an einem gemeinsamen Ort zusammenfassen. Weitere Erläuterungen zu den Hüllklassen finden Sie in Kapitel 4.2.1.
Für unser Beispielprogramm bedeutet das, daß wir eine Klasse vom Typ *Double* (beachten Sie die Großschreibung) definieren.

(3) Die Klasse *Double* hat eine Methode mit Namen *doubleValue,* mit der man eine Zeichenkette in einen *Double*-Wert umwandeln kann. Ein Äquivalent für die Methode *parseInt* der Integer-Zahlen gibt es für *Double*-Zahlen übrigens nicht.

(4) Damit wir mit dem *Double*-Wert rechnen können, wandeln wir ihn mit der Methode *doubleValue* wieder in einen einfachen Typ um und speichern diesen in der Variable *eingabe*.
Statt die einzelnen Ergebnisse in weiteren Variablen zwischenzuspeichern, kann man die Methoden auch in einem einzigen Ausdruck zusammenfassen, wie die folgende modifizierte Version des Programms zeigt.

```
class app03_04a
{
  public static void main(String args[])
  {
    int n = 0;
    double summe = 0, eingabe = 0;

    eingabe = Double.valueOf(args[n]).doubleValue();
    while (eingabe != 0.0)
    {
      summe = summe + eingabe;
      System.out.println(eingabe + "\t" +summe);
      n++;
      eingabe = Double.valueOf(args[n]).doubleValue();
    }
  }
}
```

(5) Solange der eingelesene Wert nicht gleich 0 ist, soll die Schleife weiter durchlaufen und der nächste Wert eingelesen werden.

(6) Indem die Variable *n* bei jedem Durchlauf um eins hochgezählt wird, wird in Zeile (7) der nächste Parameter angesprochen.

(7) Mit dieser und der nächsten Zeile wird ein weiterer Wert eingelesen, der dann in Zeile (5) dafür sorgt, daß die Schleife entweder weiterläuft oder beendet wird.

3.2 do-Schleife

Die *do*-Schleife ist eng mit der *while*-Schleife verwandt. Der Unterschied zwischen den beiden besteht im Zeitpunkt der Prüfung, ob weitergemacht werden soll oder nicht. Bei *do* findet die Prüfung am Ende der Schleife statt; die Schleife wird daher mindestens einmal durchlaufen, während es bei der *while*-Schleife vorkommen kann, daß sie überhaupt nicht durchlaufen wird.

Die allgemeine Form einer *do*-Schleife sieht so aus:

do
{
anweisungen
...
} **while** (*ausdruck*);

Sehen Sie sich dazu das folgende Beispiel an.

```
class app03_02
{
  public static void main(String args[])
  {
    int i=0;

    do                                              //(1)
    {
      System.out.print(i++ + " ");                  //(2)
    } while ( i <= 10);                             //(3)

    System.out.println();
  }
}
```

Die Programmausgabe lautet:

```
0 1 2 3 4 5 6 7 8 9 10
```

(1) *do* leitet die Schleife ein.
(2) Die Ausgabe der Variablen *i* ist mit einem Inkrementoperator gekoppelt. Sie dient gleichzeitig dazu, die Schleife nach einer bestimmten Anzahl von Durchläufen beenden zu können.
(3) Beachten Sie das Semikolon hinter while!

Die *do*-Schleife wird seltener benutzt als die *while*-Schleife. Sie wird hauptsächlich dann eingesetzt, wenn sichergestellt werden soll, daß die Anweisungen in der Schleife mindestens einmal ausgeführt werden.

3.3 switch-Anweisung

Die letzte Kontrollstruktur ist die *switch*-Anweisung. Sie hat ähnliche Aufgaben wie eine Reihe von *if*- und *else-if*-Anweisungen, ist aber übersichtlicher. Die allgemeine Form einer *switch*-Anweisung sieht so aus:

```
switch (ausdruck)
{
 case konstante1:
         anweisungen
         ...
         break;
 case konstante2:
         anweisungen
         ...
         break;
 case konstante3:
         anweisungen
         ...
         break;
         ...
         ...
 default:
         anweisungen
         ...
}
```

Zuerst wird der *ausdruck* hinter dem Schlüsselwort *switch* ausgewertet. Dabei muß der Typ dieses Ausdrucks *char, byte, short* oder *int* sein; ansonsten meldet der Compiler einen Fehler. Der ermittelte Wert wird dann mit jedem der konstanten Ausdrücke hinter den *case*-Anweisungen verglichen. Unter einem konstanten Ausdruck wird ein Ausdruck verstanden, den man zur Compilezeit berechnen kann.
Wird ein passender Ausdruck gefunden, wird die Programmausführung an dieser Stelle fortgeführt und läuft dann bis zum Ende der *switch*-Anweisung oder bis zum nächsten *break*. Wenn kein Fall zutrifft, wird die Anweisung hinter *default* ausgeführt. Existiert auch keine *default*-Anweisung, wird das Programm hinter der letzten schließenden Klammer der *switch*-Anweisung fortgesetzt.

Beachten Sie, daß eine *break*-Anweisung am Ende eines case nicht nötig ist. Auf diese Weise kann man dafür sorgen, daß mehrere Fälle in eine Anweisung hineinlaufen.
Dazu das folgende Beispiel:

```
class app03_03
{
  public static void main(String args[])
  {
    int i = Integer.parseInt(args[0]);                    //(1)

    switch(i)                                             //(2)
    {
      case 0:                                             //(3)
      case 2:
      case 4:
      case 2*3:                                           //(4)
      case 8:
        System.out.println("Gerade Zahl!");               //(5)
        break;                                            //(6)
      case 1: case 3: case 5:                             //(7)
      case 7:
      case 9:
        System.out.println("Ungerade Zahl!");
        break;
      default:                                            //(8)
        System.out.println("Nicht die Mama!");
    }
  }
}
```

Wenn das Programm mit der folgenden Zeile aufgerufen wird:

```
java app03_03 9
```

erscheint dieses Ergebnis:

```
Ungerade Zahl!
```

Sehen wir uns dazu das Programmlisting im Detail an.

(1) In dieser Zeile liest das Programm den Integer-Wert ein, der untersucht werden soll.

(2) Die *switch*-Anweisung vergleicht die Variable *i* mit den nun folgenden konstanten Ausdrücken, um zu ermitteln, welchen Wert *i* hat.

(3) Diese und die weiteren *case*-Anweisungen werden mit dem *ausdruck* verglichen. Hat *i* beispielsweise den Wert 2, verzweigt *switch* an den Ausdruck hinter *case 2:*. Die nun folgenden *case*-Anweisungen werden überlesen, bis die Zeile (5) kommt.

(4) Statt *case 2*3:* hätte man normalerweise *case 6:* geschrieben. Die hier gewählte Schreibweise soll nur nochmals verdeutlichen, was in einer *switch*-Anweisung unter einem konstanten Ausdruck zu verstehen ist; nämlich ein Ausdruck, der zur Compilezeit berechnet werden kann.

(5) Diese Zeile wird ausgeführt, wenn *i* entweder 0, 2, 4, 6 oder 8 ist.

(6) Die *break*-Anweisung unterbricht die Programmausführung und springt hinter die *switch*-Anweisung. Dieses *break* ist hier unbedingt nötig, da das Programm sonst in die nächsten *cases* gelaufen wäre und dann schließlich den Text *Ungerade Zahl* ausgegeben hätte.

(7) In dieser Zeile wird demonstriert, daß man die *case*-Anweisungen auch innerhalb einer Zeile anordnen kann. Diese Schreibweise hat keine Auswirkungen auf den Programmfluß, sie kann das Programm aber übersichtlicher machen.

(8) Das Schlüsselwort *default* ist nicht zwingend nötig. Es wird aber in vielen *switch*-Anweisungen eingesetzt, da man auf diese Weise sicher sein kann, daß auch Fälle, die man nicht explizit berücksichtigt hat, behandelt werden.

Im folgenden Programm wird eine Zeichenkette als Parameter eingelesen und deren Länge untersucht.

```
class app03_04
{
  public static void main(String args[])
  {
    int i = args[0].length();                    //(1)
```

```
    switch(i)
    {
      case 1:                                       //(2)
      case 2:
        System.out.println("1 oder 2 Zeichen");
        break;
      case 3:
        System.out.println("3 Zeichen");
        break;
      case 4:
        System.out.println("4 Zeichen");
        break;
      default:
        System.out.println("Mehr als 4 Zeichen!");
    }
  }
}
```

Die folgende Eingabe:

```
java app03_04 Test
```

ergibt diese Ausgabe:

```
4 Zeichen
```

(1) Die Methode *length* ermittelt die Länge einer Zeichenkette.
(2) Die folgende *case*-Struktur gibt in Textform aus, wie lang der Kommandozeilenparameter war.

3.4 break und continue

Die Schlüsselwörter *break* und *continue* ermöglichen es, Anweisungsblöcke zu verlassen. Eine Anwendung für das *break* haben Sie bereits in der *switch*-Anweisung kennengelernt. Grundsätzlich kann man mit *break* die innerste *for-*, *while-*, *do-* oder *switch*-Anweisung verlassen. Ein Beispiel dafür finden Sie im nachstehenden Programm:

```
class app03_05
{
  public static void main(String args[])
  {
    for(int x = 1; x < 1000000; x++)                //(1)
    {
      System.out.println(x);
      if (x > 5)
        break;                                      //(2)
    }
  }
}
```

(1) Laut Anweisung soll diese Schleife eine Million Male durchlaufen werden.
(2) Wenn *x* den Wert fünf überschreitet, wird *break* ausgeführt. *Break* springt hinter das Ende der *for*-Schleife.

Die *break*-Anweisung erlaubt es, ohne programmtechnische Verrenkungen aus einer Schleife zu springen. Das *break* ähnelt damit einem *goto*-Befehl aus anderen Programmiersprachen. Dieser steht übrigens in Java nicht zur Verfügung.
Im vorigen Programm hatten wir gesehen, daß man mit *break* aus der innersten Schleife springen kann. Oft kommt es jedoch vor, daß man aus geschachtelten Schleifen herausspringen will. Mit einem einfachen *break* könnte das mühselig werden. Daher gibt es eine Variante des *break*, die aus beliebig tief geschachtelten Schleifen springen kann. Hierbei wird ein sogenanntes *Label* benutzt, um anzuzeigen, wohin der Sprung gehen soll. Ein *Label* besteht aus einem Java-Bezeichner, an den ein Doppelpunkt gehängt ist:

MeinLabel:

Das nachfolgende Programm demonstriert die Verwendung eines *Labels*, um eine Schleife zu verlassen.

```
class app03_06
{
  public static void main(String args[])
  {

TestSchleife:                                           //(1)
    for(int x = 1; x < 1000000; x++)
    {
      for(int y = 1; y < 1000000; y++)
      {
        System.out.println(x + y);
        if (y > 5)
          break TestSchleife;                           //(2)
      }
    }                                                   //(3)
  }
}
```

(1) Das *Label* in dieser Zeile dient nicht als Sprungziel für das *break*. Vielmehr gibt das *Label* der folgenden Schleife einen Namen.
(2) Die break-Anweisung springt *hinter* die Schleife, die mit *Test-Schleife:* benannt ist.
(3) Das Programm wird hinter dieser Zeile fortgesetzt.

Der nächste Programmausschnitt verdeutlicht nochmals, wie eine *break*-Anweisung mit einem *Label* wirkt:

```
class app03_06
{
  public static void main(String args[])
  {

TestSchleife:                                           //(1)
    for(int x = 1; x < 3; x++)
    {
NochEinLabel:                                           //(2)
      for(int y = 1; y < 10; y++)
      {
```

```
        System.out.println(x + y);
        if (y > 2)
          break NochEinLabel;                          //(3)
      }
    }                                                  //(4)
  }
}
```

Das Programm liefert die folgende Ausgabe:

```
2
3
4
3
4
5
```

(1) Dieses *Label* benennt die äußere Schleife.
(2) Die innere Schleife hat das *Label NochEinLabel.*
(3) Die Anweisung *break NochEinLabel;* beendet die Schleife.
(4) Das Programm wird nach dieser Zeile fortgesetzt.

Das letzte Beispielprogramm in diesem Kapitel stellt Ihnen die Anweisung *continue* vor. Im Gegensatz zu *break* beendet *continue* die Schleife nicht, sondern überspringt die restlichen Anweisungen innerhalb der Schleife, um den nächsten Durchlauf zu starten.

```
class app03_07
{
  public static void main(String args[])
  {
    int xyz = 12;

    while (xyz > 0)                                    //(1)
    {
      xyz --;
      if( xyz % 3 == 0)                                //(2)
      {
```

```
            continue;                                  //(3)
          }
          System.out.println("Wert von xyz =" + xyz);
        }
    }
}
```

Das Programm liefert folgende Ausgabe:

```
Wert von xyz =11
Wert von xyz =10
Wert von xyz =8
Wert von xyz =7
Wert von xyz =5
Wert von xyz =4
Wert von xyz =2
Wert von xyz =1
```

(2) Diese Bedingung überprüft, ob die Laufvariable ohne Rest durch 3 teilbar ist.

(3) Die *continue*-Anweisung sorgt dafür, daß das Programm an das Ende der umgebenden Schleife springt und von dort aus zu Zeile (1). Hier wird die Schleifenbedingung überprüft, und die Schleife läuft von da an weiter.

Continue-Anweisungen können, genau wie das *break*, mit einem *Label* ergänzt werden. In diesem Fall geht die Programmkontrolle nicht an die umgebende Schleife, sondern an diejenige, die mit dem Label bezeichnet ist.

```
public static void main(String args[])
  {

Weiter:
    for (int x=1; x <= 10; x++)
    {
      int xyz = 12;
```

```
      while (xyz > 0)
      {
        xyz --;
        if( xyz % 3 == 0)
        {
          continue Weiter;
        }
        System.out.println("Wert von xyz =" + xyz);
      }
    }
  }
```

3.5 Zusammenfassung

- Die *while*-Schleife ist eine sogenannte kopfgesteuerte Schleife. Da hier die Überprüfung, ob die Schleife fortgesetzt werden soll, zu Beginn steht, kann es vorkommen, daß sie kein einziges Mal durchlaufen wird.
- Die *do*-Schleife ist fußgesteuert. Sie wird mindestens einmal durchlaufen.
- Die *switch*-Anweisung kann Ausdrücke vom Typ *char, byte, short,* oder *int* auswerten. Als Alternative zum *switch* kann man auch eine Reihe von *else if* benutzen, um verschiedene Bedingungen abzuprüfen. Eine *else-if*-Konstruktion ist jedoch meist langsamer als ein *switch*.
- *Labels* können benutzt werden, um mit *break* oder *continue* aus geschachtelten Schleifen zu springen.
- Java kennt keinen *goto*-Befehl.

3.6 Aufgaben

Aufgabe 10

Wie oft wird der Text *Hallo Welt* gedruckt?

```
class auf03_01
{
  public static void main(String args[])
  {
    long x1=5, x2=4 ;

    while ( x1 <= 10 && x2 % 3 != 0)
    {
      System.out.println("Hallo Welt\n");
      x1++;
      x2++;
    }
  }
}
```

Aufgabe 11

Notieren Sie die folgenden Aussagen in Java-Schreibweise für eine *while*-Schleife.

a) Solange *summe* ungleich 24
b) Solange *zahl* größer oder gleich *x*
c) Solange *x* minus *y* ungleich 234
d) Solange der Rest von *a* durch *b* ungleich 0

Aufgabe 12

Schreiben Sie ein Programm, das ausgibt, wieviel Tage ein Monat hat. Als Eingabe erwartet das Programm zuerst den Monat (1–12), dann das Jahr. Das Jahr wird vierstellig eingegeben.
Zur Berechnung des Schaltjahres gilt folgende Regel: ein Schaltjahr (ein Jahr, in dem der Februar 29 Tage hat) ist jedes Jahr, das sich ohne Rest durch 4 teilen läßt. Eine Ausnahme sind Jahre, die sich ohne Rest durch 100 teilen lassen. Als letzte Ausnahme gilt die Regel, daß ein Jahr, das

durch 100 glatt teilbar ist, dennoch ein Schaltjahr ist, wenn es glatt durch 400 teilbar ist. Diese Regel bewirkt, daß z. B. 1900 kein Schaltjahr war, dafür aber das Jahr 2000.
Benutzen Sie eine *switch*-Anweisung, um diese Regel zu programmieren. Überprüfen Sie außerdem, ob bei der Eingabe ein gültiger Wert für den Monat eingegeben wurde.

4 Felder und Zeichenketten

4.1 Felder

Stellen Sie sich vor, Sie müßten die Temperaturen für jeden Tag eines Monats speichern. Mit den Techniken, die Sie bisher kennengelernt haben, hätten Sie nur die Möglichkeit, eine Variable für jeden Tag anzulegen: *april1, april2* etc. Abgesehen von der aufwendigen Schreibarbeit, wäre so etwas auch sehr unhandlich, wenn man beispielsweise die Durchschnittstemperatur für den Monat errechnen wollte: *(april1+ april2+...+april12)/12.* Die Lösung für solche Problemstellungen liefern *Felder* (engl. array). Ein Feld ist eine Sammlung von Daten eines Typs, die man unter einem gemeinsamen Namen ansprechen kann. Das folgende Beispiel zeigt, wie man ein Feld deklariert:

double temperatur[];

Die eckigen Klammern hinter dem Variablennamen *temperatur* weisen darauf hin, daß es sich hier um ein Feld handelt. Eine alternative Schreibweise setzt die eckigen Klammern hinter den Variablentyp:

double[] temperatur;

Diese Schreibweise ist auch die gebräuchlichere Form.

Felder sind Objekte. Das heißt, daß sie instanziiert (erzeugt) werden müssen. Das geschieht mit der folgenden Zeile:

temperatur = new double[31];

Wer möchte, kann die beiden Zeilen auch zu einer zusammenfassen:

double[] temperatur = new double[31];

Bei der Erzeugung des Objekts ist auch gleich die Größe angegeben worden (31). Dieser Wert, also die Anzahl der Elemente des Feldes, ist damit festgelegt und kann sich nicht mehr ändern! Um im Programm auf die einzelnen Elemente zuzugreifen, setzt man den Index in eckigen Klammern hinter den Namen der Variablen. Die Temperatur des vierten Tages wird also mit

temperatur[3] = 33.2;

angesprochen. Doch halt! Wieso der vierte Tag, hier steht doch *[3]*? Der Grund ist einfach. Java beginnt bei den Indizes mit dem Wert 0. Das bedeutet, daß unser Beispielfeld von *temperatur[0]* bis *temperatur[30]* läuft.

Hinweis:
Beachten Sie, daß in Java die Feldindizes mit dem Wert 0 beginnen!

Falls Sie Erfahrung mit C bzw. C++ haben, wird Ihnen die folgende Tatsache wahrscheinlich besonders zusagen. Java überprüft beim Zugriff auf ein Feld die Feldgrenzen! Das bedeutet, daß Sie zum Beispiel nicht so etwas wie temperatur[99] benutzen können, wenn das Feld nur 31 Komponenten hat. Wenn das Programm eine solche Anweisung findet, wird das mit einem Abbruch und dieser Meldung quittiert:

```
java.lang.ArrayIndexOutOfBoundsException:
```

Diese Tatsache mag sich trivial anhören, für C-Programmierer ist es jedoch ungewohnt, da man in C/C++ selber dafür sorgen muß, daß Feldgrenzen nicht überschritten werden. Java demonstriert hiermit wieder, daß es in erster Linie mit der Zielsetzung entwickelt wurde, eine sichere Sprache zu entwickeln.
Nun aber zum ersten Beispiel.

```
class app04_01
{
  public static void main(String args[])
  {
    final int ANZAHL_TAGE = 31;                  //(1)
```

```
    double[] temperatur;                              //(2)
    temperatur = new double[ANZAHL_TAGE];             //(3)

    for(int x=0; x<temperatur.length; x++)            //(4)
    {
      temperatur[x] = 27.3;                           //(5)
    }
    for(int x=0; x<temperatur.length; x++)
    {
      System.out.println(temperatur[x]);              //(6)
    }
  }
}
```

Wenn Sie das Programm starten, wird insgesamt 31mal der Wert 27.3 ausgegeben. Was dabei im einzelnen geschieht, ist folgendes:

(1) Diese Zeile hat zwar nicht direkt etwas mit Feldern zu tun; was wir hier sehen, wird aber oft in diesem Zusammenhang verwendet. Mit der Variablen *ANZAHL_TAGE* soll die Größe des Feldes *temperatur* festgelegt werden. Das Besondere an dieser Variablen ist, daß sie als *final* deklariert ist. Dieses Schlüsselwort bestimmt, daß die Variable im Programm nicht mehr geändert werden darf. Sie haben somit eine *Konstante* deklariert. Neben Variablen kann man auch Klassen und Methoden als *final* kennzeichnen (siehe auch Kapitel 5.4). Der Versuch, eine final-Variable zu verändern:

```
ANZAHL_TAGE++;
```

resultiert in dieser Fehlermeldung:

```
Can't assign a value to a final variable: ANZAHL_TAGE
```

(2) Ein Feld von *double*-Variablen mit Namen *temperatur* wird deklariert.

(3) Das Array-Objekt wird erzeugt. Dabei wird Speicher für 31 Variablen bereitgestellt.

(4) Da Felder Objekte sind, haben sie auch Methoden und Datenfelder. Eines dieser Datenfelder heißt *length*. Es enthält die Größe des Fel-

des, d. h. die Anzahl der Elemente in diesem Array. Mit *temperatur.length* wissen wir also, wieviel Temperaturen gespeichert worden sind. Wir benutzen diesen Wert, um das Feld zu füllen, und weiter unten, um es wieder auszulesen.

(5) Der Zugriff auf ein Element des Feldes erfolgt über den Index, der in eckigen Klammern steht.

(6) Zur Kontrolle lassen wir alle Werte nochmals ausdrucken.

Im nächsten Programm lernen wir eine neue Technik kennen, Felder mit Werten zu initialisieren.

```
class app04_02
{
  public static void main(String args[])
  {
    double summe = 0;

    int beispiel[] = { 23,9,7,43,92,9,12 };        //(1)

    for(int i=0; i < beispiel.length; i++)          //(2)
    {
      summe += (double)beispiel[i];                 //(3)
    }
    System.out.println
      ("Durchschnitt=" + summe/beispiel.length);
  }
}
```

Wenn Sie das Programm starten, erscheint folgendes Ergebnis:

```
Durchschnitt=27.857142857142858
```

(1) In dieser Zeile schlagen wir zwei Fliegen mit einer Klappe. Als erstes erzeugt diese Anweisung ein Objekt mit 7 Elementen, ohne daß man den Befehl *new* explizit angeben müßte. Und zweitens werden die Werte direkt zugewiesen.

(2) Hier benutzen wir wieder das Datenfeld *length*, um auf die Anzahl der Feldelemente zuzugreifen.

(3) In diese Zeile haben wir gleich zwei Neuheiten «geschmuggelt». Zum einen die Zeichenkombination *+=* und zum anderen den Ausdruck *(double)*. Diese Punkte sehen wir uns in den nächsten beiden Abschnitten genauer an.

Der Operator +=

Die Zeichenkombinatin += gehört zu der großen Zahl von Operatoren, die Java kennt. Bei diesem Operator handelt es sich um den Additionszuweisungsoperator. Der Ausdruck *x += eingabe* ist eine verkürzte Schreibweise für *x = x + eingabe*. Die gleiche Art der Verkürzung ist auch bei -=, *= und /= möglich. Eine Übersicht über alle Operatoren finden Sie in Kapitel 15.3.

Casts

Beim Arbeiten mit Variablen sind wir bisher ziemlich gedankenlos mit ihnen umgegangen. So haben wir zum Beispiel ohne große Bedenken eine Integer-Variable einer Double-Variablen zugewiesen. Wenn man sich das aber genauer ansieht, wird man auf die Idee kommen, daß das eigentlich nicht gehen kann. Warum hatten wir denn bis jetzt dennoch keine Probleme damit? Der Grund ist einfach. Java konvertiert einen numerischen Typ automatisch in einen anderen. Allerdings werden diese Umwandlungen nur dann ohne Probleme erfolgen können, wenn man einen kleineren Typ in einen größeren umwandelt, zum Beispiel *int* in *double*. Versucht man das anders herum, beklagt sich Java, da in diesem Fall Informationen verlorengehen können.
Statt die automatische Umwandlung zu benutzen, sollte man explizit von einem Typ in einen anderen umwandeln. Wenn bei einer automatischen Konvertierung Informationen verlorengehen würden, muß man sogar einen *Cast* benutzen, um die Zuweisung zu machen. Ein *Cast* wird dadurch dargestellt, daß man den gewünschten Datentyp in Klammern vor den Datentyp setzt, den man umwandeln will.

Sehen Sie dazu drei Beispiele:

```
int x = 123;
double y = 0;
y = x;      // OK
```

Dies ist in Ordnung, weil keine Informationen verlorengehen.

```
int x = 0;
double y = 123.456;
x = y;      // Fehler
```

Das ist ein Fehler, weil die Nachkommastellen verlorengehen.

```
int x = 0;
double y = 123.456;
x = (int)y;      // Das ist OK
```

Wenn der Programmierer es ausdrücklich mit einem *Cast* erzwingt, erlaubt Java auch eine Zuweisung, bei der Informationen verloren gehen.

4.2 Zeichenketten

Genau wie Felder sind auch Zeichenketten (engl. string) Objekte. Bei der Arbeit mit Zeichenketten muß man berücksichtigen, daß es zwei unterschiedliche Klassen von Strings gibt. Als erstes hat Java eine Klasse mit Namen *String*. Objekte dieser Klasse sind unveränderbar, sie stellen Zeichenketten mit fester Länge dar. Die zweite Klasse nennt sich *StringBuffer*. Diese Zeichenketten können zur Laufzeit des Programms verkürzt oder verlängert werden.
In diesem Kapitel werden wir beide Arten von Zeichenketten vorstellen.

4.2.1 String

Das Programm *app04_03* stellt einige Techniken vor, die beim Arbeiten mit der Klasse *String* benutzt werden können.

```
class app04_03
{
  public static void main(String args[])
  {
    String nachname = "Schmitz";                    //(1)
    String vorname = new String("Peter");           //(2)
```

```
      System.out.println(vorname +", " +nachname);    //(3)

      String meinname = "";                           //(4)
      meinname = meinname.concat("Name = ");          //(5)
      meinname = meinname.concat(vorname);
      meinname = meinname.concat(" ");
      meinname = meinname.concat(nachname);
      System.out.println(meinname);

      System.out.println(meinname.length());          //(6)
   }
}
```

Das Programm liefert diese Ausgabe:

```
Peter, Schmitz
Name = Peter Schmitz
20
```

(1)+(2) Diese beiden Zeilen machen fast das gleiche. Sie legen beide ein Objekt vom Typ *String* an. Wie Sie sehen können, muß man hier nicht das Schlüsselwort *new* benutzen. Es reicht die Zuweisung einer Zeichenkette zu einer *String*-Variablen, um ein Objekt zu erzeugen.

(3) Wenn man es genau nimmt, wird in dieser Zeile ebenfalls ein Objekt erzeugt. Das geschieht hier durch das Verknüpfungszeichen (+).

(4) Durch Zuweisung von zwei Anführungszeichen wird ein Leerstring erzeugt.

(5) In dieser und den folgenden Zeilen wird die Methode *concat* benutzt, um eine Zeichenkette mit einer anderen zu verknüpfen.

(6) Die letzte Methode, die in diesem Beispiel vorgestellt wird, ist die Methode *length*. Sie ermittelt die Länge der Zeichenkette.

Zeichenketten umwandeln

Eine häufige Aufgabe im Zusammenhang mit Zeichenketten ist die Umwandlung von Strings in numerische oder Boolesche Werte. Java ist so konzipiert, daß immer der Typ, in den umgewandelt werden soll, auch die Methode für diese Umwandlung besitzt.

Hüllklassen

Bei der Umwandlung kommt wieder der Begriff Hüllklasse ins Spiel, den wir im Kapitel 3.1 kennengelernt hatten. Sie erinnern sich, daß Java für jeden Basistyp (*boolean, short, double* etc.) eine sogenannte Hüllklasse hat. Im Gegensatz zu den Basistypen beginnen Hüllklassen mit einem Großbuchstaben (double und Double). Sie stellen Funktionen bereit, mit denen man diese Objekte bearbeiten kann. Neben den Methoden und Datenfeldern, die eine Hüllklasse bieten kann, ist noch ein zweiter Vorteil wichtig. Immer dann, wenn ein Objekt für eine Aufgabe benötigt wird und ein einfacher Typ nicht ausreicht, benutzt man Hüllklassen. Der Vorteil, den die einfachen Typen gegenüber den Hüllklassen haben, ist, daß sie viel effizienter eingesetzt werden können.

Von den vielen Methoden, die die Hüllklassen bereitstellen, wollen wir hier im wesentlichen nur eine Art benutzen. Das folgende Programm demonstriert den Einsatz von Hüllklassen für die Umwandlung von Zeichenketten.

```
class app04_04
{
  public static void main(String args[])
  {
    String test = "";

    boolean bool_var   = true;
    short short_var    = 4711;
    double double_var  = 33.24;

// --- In einen String umwandeln
    test = String.valueOf(bool_var);                    //(1)
    System.out.println(test);

    test = String.valueOf(short_var);
    System.out.println(test);

    test = String.valueOf(double_var);
    System.out.println(test);
```

```
    System.out.println("-----");

// --- Von einem String in einen anderen Typ umwandeln
    test = "false";
    bool_var =
        Boolean.valueOf(test).booleanValue();          //(2)
    System.out.println(bool_var);

    test = "567";
    short_var = Short.parseShort(test);                 //(3)
    System.out.println(short_var);

    test = "8423.90321";
    double_var =
        Double.valueOf(test).doubleValue();            //(4)
    System.out.println(double_var);
  }
}
```

Das ist die Ausgabe des Programms:

```
true
4711
33.24
-----
false
567
8423.90321
```

(1) Um einen Wert in einen *String* umzuwandeln, benutzt man die Methode *valueOf* der Klasse *String*. Der Aufruf der Methode kann erfolgen, indem man den Namen der Klasse *String*, gefolgt vom Methodennamen, benutzt: *String.valueOf(...)*. Oder man benutzt den Namen eines *String*-Objekts, gefolgt vom Methodennamen: *test.valueOf(...)*.

(2) Zuerst liefert die Methode *valueOf* der Klasse *Boolean* ein Objekt vom Typ *Boolean* zurück. Die Methode *booleanValue* liefert dann zum Schluß den Wert als *boolean* zurück.

(3) Für Ganzzahltypen (*short, int, long*) gibt es eine einfachere Technik, eine Zeichenkette umzuwandeln. Die Methode dazu lautet *parseShort* bzw. *parseInt*. Die *parseInt*-Methode hatten wir bereits häufig eingesetzt, um Kommandozeilenparameter einzulesen: *Integer.parseInt(args[0])*.

(4) Für *Double*-Objekte gibt es keine Methode *parseInt* wie für *Integer*. Hier muß wieder die gleiche Technik benutzt werden wie für *Boolean*. Das gilt auch für alle anderen Datentypen, die wir hier nicht aufgeführt haben.

4.2.2 StringBuffer

StringBuffer dienen dazu, variable Zeichenketten zu verwalten. Die Methoden, die sie hauptsächlich unterstützen, sind Methoden zum Anhängen und Einfügen von Zeichenketten.

```
class app04_05
{
  public static void main(String args[])
  {
    StringBuffer puffer = new StringBuffer();        //(1)

    puffer.append("Franz ").append("Maier");          //(2)
    System.out.println(puffer);

    puffer.insert(6,"Josef ");                        //(3)
    System.out.println(puffer);

    puffer.append(", ").append(1997);                 //(4)
    System.out.println(puffer);
  }
}
```

Das Programm liefert die folgende Ausgabe:

```
Franz Maier
Franz Josef Maier
Franz Josef Maier, 1997
```

(1) Hier wird ein neues Zeichenkettenobjekt erzeugt.
(2) Mit der Methode *append* kann man Teile an eine Zeichenkette anhängen.
(3) Mit *insert* wird ab einer bestimmten Position ein neuer Teil in eine Zeichenkette eingefügt. Beachten Sie, daß sich die Position auf den Index bezieht und daher mit dem Wert 0 anfängt.
(4) In dieser Zeile wird demonstriert, daß man nicht nur Zeichenketten, sondern beispielsweise auch Zahlen an einen *StringBuffer* anhängen kann.

4.3 Zusammenfassung

- Felder sind Objekte. Ein Datenfeld eines Feld-Objektes ist *length*. In diesem Datenfeld steht die Anzahl der Feldelemente als Integerwert zur Verfügung.
- Konstanten werden durch das Schlüsselwort *final* deklariert.
- Bei einem *Cast* wird der Datentyp, in den man umwandeln will, in Klammern vor den umzuwandelnden Wert gestellt.
- Im Gegensatz zu C ist ein Feld von *char* keine Zeichenkette! Weder eine Zeichenkette noch ein Feld von *char* werden durch eine binäre Null ('\u0000') begrenzt.
- Zeichenketten können implizit durch Zeichenketten ("Test") oder explizit durch das Schlüsselwort *new* erzeugt werden.
- Java unterscheidet zwischen statischen (*String*) und dynamischen (*StringBuffer*) Zeichenketten.

4.4 Aufgabe

Aufgabe 13

Schreiben Sie ein Programm, das einen Satz als Kommandozeilenparameter erhält und die Anzahl der darin enthaltenen Vokale zählt. Benutzen Sie die Methode *charAt()*. *CharAt* liefert ein einzelnes Zeichen zurück und erhält als einzigen Parameter den Index des Zeichens. Der Wert für den Index beginnt bei 0.

Beachten Sie, daß Sie den Text in Anführungszeichen eingeben müssen, damit er als Ganzes eingelesen wird.

```
java auf04_01 "Hallo, da bin ich"
```

```
Dieser Satz hat 5 Vokale.
```

5 Vererbung

In Kapitel 2 hatten wir uns den Begriff Objektorientierung etwas näher angesehen und dabei festgestellt, daß die Fähigkeit, Daten zu kapseln, ein wichtiges Kriterium bei der Objektorientierung ist. Das heißt, daß man die Möglichkeit hat, festzulegen, wer auf bestimmte Teile des Objekts zugreifen darf und wer nicht. Schlüsselwörter, die wir in diesem Zusammenhang kennengelernt hatten, waren *private, public* und *protected.* Diese Kapselung ist aber nur ein Kriterium, das eine objektorientierte Sprache erfüllen muß. Das zweite ist die sogenannte Vererbung.

Vererbung erlaubt es, den Programmcode anderer Leute zu übernehmen. Die Idee, die hinter der Vererbung steckt, geht davon aus, daß es sinnvoller ist, bestehenden Code zu verwenden, statt jedesmal das Rad neu zu erfinden. Das Problem, das sich dabei aber ergibt, ist, wie man dieses Wiederverwenden organisiert. Ohne Objektorientierung sieht das in der Regel so aus, daß man ein Stück Programmcode oder ein ganzes Modul kopiert, ein paar nötige Änderungen macht, es dann testet und in die Produktion übergibt. Dieses Vorgehen funktioniert auch einigermaßen. Was geschieht jedoch, wenn der Entwickler des ursprünglichen Moduls merkt, daß in seinem Programm noch ein Fehler enthalten ist? Wenn der Fehler behoben ist, müßte er jeden Kollegen darüber informieren, daß dieses spezielle Modul sich geändert hat. Alle Personen, die eine Kopie haben und dort auch schon ihre Änderungen eingebaut haben, müssen nun mühselig alle Korrekturen in ihr eigenes Programm einbauen, wobei die Gefahr von neuen Fehlern ganz erheblich ist.

Dieses Vorgehen kann auf die Dauer nicht funktionieren. Und da setzt die Vererbung ein.

Vererbung ist ein Mechanismus, der es erlaubt, bestehenden Programmcode zu benutzen und ihn den eigenen Bedürfnissen anzupas-

sen, ohne sich großartig darum kümmern zu müssen, wenn am Original Korrekturen oder Erweiterungen gemacht werden.
Bei der Vererbung übernimmt eine *Kindklasse* die Datenfelder und Methoden einer *Elternklasse.* Die Kindklasse kann dann selbst entscheiden, welche Datenfelder und Methoden sie übernehmen will, welche sie ändern will und was sie komplett neu machen möchte. Allgemein kann man sagen, daß die Kindklassen eine Spezialisierung der Elternklasse sind.
Java erlaubt bei der Vererbung nur die sogenannte Einfachvererbung. Das bedeutet, daß eine Kindklasse nur eine Elternklasse haben kann. In einigen anderen Sprachen ist es möglich, daß eine Kindklasse von mehreren Eltern erbt. Das kann zwar in manchen Fällen nützlich sein, erzeugt aber auch eine ganze Reihe von Problemen, die Java auf diese Art umgeht.

5.1 Eine Klasse erweitern

Diesen Vorgang sehen wir uns jetzt an einem Beispiel an, das wir schon bei unserer ersten Begegnung mit einer Klasse kennengelernt haben.

```
class app05_01
{
  public static void main(String args[])
  {
    KoerperTemperatur patient;                      //(1)
    patient = new KoerperTemperatur();

    patient.setCelsius(49.4);                       //(2)
    System.out.println(patient.getCelsius());
    System.out.println(patient.getFahrenheit());
  }
}

class Temperatur
{
  protected double celsius;                         //(3)
```

```
  public void setCelsius(double grad)
  {
    if (grad < -273.15)
    {
      grad = - 273.15;
    }
    celsius = grad;
  }

  public double getCelsius()
  {
    return celsius;
  }
}

class KoerperTemperatur extends Temperatur           //(4)
{
  public double getFahrenheit()                      //(5)
  {
    return 9.0/5.0 * celsius + 32.0;
  }
}
```

Wenn Sie das Programm starten, erscheinen die folgenden beiden Zahlen:

```
49.4
120.92
```

Das Programm soll die Körpertemperatur eines Patienten in einem Objekt speichern und anschließend in Celsius und Fahrenheit wieder ausgeben. Beginnen wir bei der Beschreibung mit der Klasse *KoerperTemperatur.*

(4) Die Anweisung *class KoerperTemperatur extends Temperatur* zeigt Ihnen das neue Schlüsselwort *extends.* Mit diesem Ausdruck legen Sie fest, daß die Klasse *KoerperTemperatur* die Klasse *Temperatur* erweitert. Mit anderen Worten: Die Kindklasse *KoerperTemperatur* erbt ihre Fähigkeiten von der Elternklasse *Temperatur.*

Dieses Erben ist so zu verstehen, daß die Klasse *KoerperTemperatur* die gleichen Methoden und Datenfelder benutzen kann wie die Klasse *Temperatur*.

(5) Vererbung macht nur dann Sinn, wenn die Kindklasse besondere Fähigkeiten haben muß, die die Elternklasse nicht benötigt. Die zusätzliche Fähigkeit, die *KoerperTemperatur* hat, erlaubt es ihr, den Temperaturwert in Fahrenheit auszugeben. Implementiert ist diese Fähigkeit in der Methode *getFahrenheit*.
Beachten Sie: Die Methode *getFahrenheit* kann von der Klasse *KoerperTemperatur* benutzt werden, nicht jedoch von der Klasse *Temperatur*!

(3) Wie Sie in der Methode *getFahrenheit* gesehen haben, kann die Klasse *KoerperTemperatur* auf das Datenfeld *celsius* zugreifen, um den Wert in Fahrenheit auszugeben. Das ist jedoch nur möglich, da das Datenfeld *celsius* als *protected* deklariert ist. Zur Erinnerung: *protected* bedeutet, daß auch abgeleitete Klassen (wie z. B. *KoerperTemperatur*) auf dieses Datenfeld zugreifen können. Wäre *celsius* als *private* deklariert, könnte *KoerperTemperatur* nicht direkt darauf zugreifen, und die folgende Fehlermeldung würde auf diesen Umstand aufmerksam machen:

```
Variable celsius in class Temperatur not accessible
 from class KoerperTemperatur.
    return 9.0/5.0 * celsius + 32.0;
```

(1) In dieser und der nächsten Zeile wird ein Objekt vom Typ *KoerperTemperatur* instanziiert. Das Objekt hat den Namen *patient*.

(2) Beachten Sie, daß man z. B. die Methode *setCelsius* aufrufen kann, obwohl sie nicht in der Klasse *KoerperTemperatur* definiert ist. Da sie aber von *Temperatur* abgeleitet ist, hat sie dennoch Zugriff darauf.

5.2 Eine Methode überschreiben

Im Programm *app05_01* hatten wir eine neue Klasse angelegt (*KoerperTempertatur*) und ihr eine zusätzliche Methode mitgegeben. Wenn man neue Methoden anlegen kann, ist es dann auch möglich, bestehende Methoden in der Kindklasse zu ändern? Die Antwort lautet: ja.

Der Fachausdruck hierfür ist *overriding* bzw. *überschreiben.* Beim Überschreiben definiert man eine Methode in der Kindklasse exakt so, wie sie in der Elternklasse definiert ist. Wird diese Methode jetzt in der Kindklasse aufgerufen, wird nicht die Methode der Elternklasse, sondern eben die der Kindklasse benutzt. In den folgenden Kapiteln des Buches wird noch intensiv von dieser Technik Gebrauch gemacht.

Welchen Sinn soll das haben? Auch hier wieder eine einfache Antwort: Da Kindklassen Spezialisierungen der Elternklasse sind, kann es sein, daß sie bestimmte Funktionen etwas anders ausführen müssen als die Elternklasse. Sehen wir uns dazu unser Beispiel an. Hier haben wir in der Klasse *Temperatur* eine Methode mit Namen *setCelsius.* Sie speichert den Temperaturwert im entsprechenden Datenfeld und stellt außerdem sicher, daß kein Wert unterhalb des absoluten Nullpunkts −273,15 Grad gespeichert werden kann. Diese Fähigkeit reicht aber für die Klasse *KoerperTemperatur* nicht aus, da Körpertemperaturen nur in einem viel engeren Bereich sinnvoll sind. Die Fähigkeit, den Temperaturbereich genauer zu kontrollieren, wollen wir nun in unsere Klasse *KoerperTemperatur* einbauen.

```
class app05_02
{
  public static void main(String args[])
  {
    KoerperTemperatur patient;
    patient = new KoerperTemperatur();

    patient.setCelsius(49.4);
    System.out.println(patient.getCelsius());
    System.out.println(patient.getFahrenheit());
  }
}

class Temperatur
{
  protected double celsius;

  public void setCelsius(double grad)
  {
```

```
    if (grad < -273.15)
    {
      grad = - 273.15;
    }
    celsius = grad;
  }

  public double getCelsius()
  {
    return celsius;
  }
}

class KoerperTemperatur extends Temperatur
{
  public double getFahrenheit()
  {
    return 9.0/5.0 * celsius + 32.0;
  }

  public void setCelsius(double grad)                //(1)
  {
    if (grad < 25.0 || grad > 43.0)                  //(2)
    {
      System.out.println("Falscher Wert!");          //(3)
      grad = 37.5;                                   //(4)
    }
    celsius = grad;
  }
}
```

Die Programmausgabe lautet:

```
Falscher Wert!
37.5
99.5
```

(1) Um eine Methode zu überschreiben (engl. override), definiert man die Methode exakt so, wie sie in der Elternklasse beschrieben wurde. Wenn jetzt die Methode *setCelsius* in einem Objekt der Klasse *KoerperTemperatur* aufgerufen wird, wird diese Methode benutzt und nicht die von *Temperatur.*

Hinweis:
Java erlaubt es auch, Methoden mit gleichem Namen, aber unterschiedlichen Parametern anzulegen. Der Fachausdruck dafür ist *overloading* bzw. *überladen.* Da sich diese Methoden anhand der Parameter unterscheiden lassen, verdecken sie auch keine Methoden, die zwar den gleichen Namen, aber andere Argumente erwarten.

(2) Die Besonderheit dieser Methode ist, daß sie nur Temperaturen erlaubt, die zwischen 25 und 43 Grad liegen.
(3) Wird versucht, einen ungültigen Wert zu speichern, erscheint eine Fehlermeldung.
(4) Statt eines fehlerhaften Wertes wird ersatzweise ein Standardwert in das Datenfeld *celsius* geschrieben.

5.3 Statische Datenfelder

Bei allen Objekten, die wir bisher erzeugt haben, hatte jedes einen eigenen Satz von Datenfeldern und Methoden. Diese Aufteilung ist in der Regel auch gewünscht. Schließlich soll jedes Objekt seine individuellen Daten haben. Dennoch gibt es Fälle, bei denen es günstiger ist, wenn ein Datenfeld nicht in jedem Objekt existiert, sondern nur einmal für alle Objekte der Klasse.
Betrachten wir dazu eine Klasse, die ein Bankkonto darstellen soll. Jedes Objekt dieser Klasse muß natürlich in der Lage sein, den eigenen Kontostand zu speichern. Was aber nicht unbedingt in jedem Objekt gespeichert werden muß, ist der Zinssatz, der für alle Objekte gleich sein soll.

Diese Überlegungen spiegeln sich in der Skizze wider.

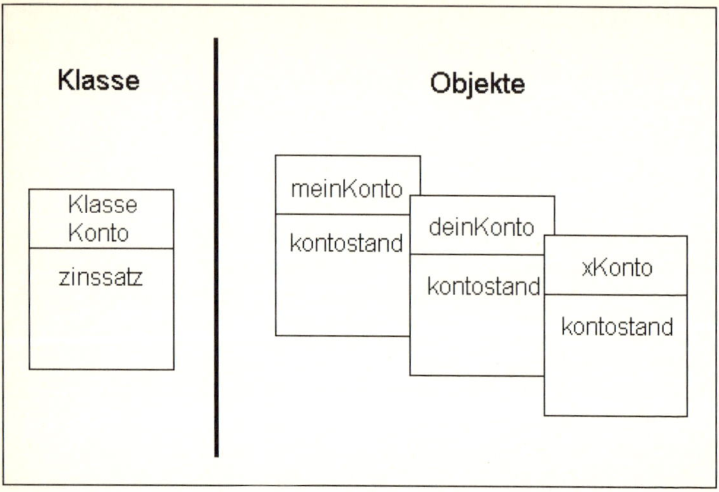

Jedes Objekt hat ein Datenfeld mit Namen *Kontostand*, es gibt aber nur ein Datenfeld für den Zinssatz. In der Abbildung ist es der Klasse zugeordnet. Um ein Datenfeld zu einem Klassen-Datenfeld zu machen, benutzen wir das Schlüsselwort *static*. Das Schlüsselwort *static* wird als weiteres Wort vor die Deklaration eines Datenfeldes gesetzt.
Dazu das folgende Programm:

```
class app05_03
{
  public static void main(String args[])
  {
    Konto meinKonto = new Konto();             //(1)
    Konto deinKonto = new Konto();

    meinKonto.setZinssatz(3.8);                //(2)
    meinKonto.Einzahlung(2500.0);
    meinKonto.HabenZinsen();

//  deinKonto.setZinssatz(3.8);                //(3)
```

```
    deinKonto.Einzahlung(1200.0);
    deinKonto.HabenZinsen();

    System.out.println(meinKonto.Kontostand());
    System.out.println(deinKonto.Kontostand());
  }
}

class Konto
{
  protected static double zinssatz;                    //(4)
  protected double kontostand;

  public double Kontostand()
  {
    return kontostand;
  }

  public void Einzahlung(double betrag)
  {
    kontostand = kontostand + betrag;
  }

  public double Auszahlung(double betrag)
  {
    kontostand = kontostand - betrag;
    return betrag;
  }

  public void setZinssatz(double wert)
  {
    zinssatz = wert;
  }

  public void HabenZinsen()                            //(5)
  {
    kontostand += kontostand * (zinssatz/100);
  }
}
```

Das Programm liefert die folgende Bildschirmausgabe:

```
2595.0
1245.6
```

Das Programm ist bewußt sehr einfach gehalten, um die wichtigsten Themen veranschaulichen zu können. Uns interessieren hier im wesentlichen die folgenden Punkte:

(1) In dieser und der nächsten Zeile werden zwei Konten angelegt.
(2) Der Zinssatz für das Konto wird gesetzt. Wie man in Zeile (4) sieht, ist das Datenfeld, das den Zinssatz speichert, als *static* deklariert. Damit existiert es auch für alle Objekte dieser Klasse nur einmal.
(3) Diese Zeile ist auskommentiert, da der Zinssatz nicht noch einmal eingestellt werden muß. Das hatten wir bereits in Zeile (2) erledigt.
(5) Die Methode *HabenZinsen* soll einmal pro Jahr die Guthabenzinsen berechnen.

5.4 Statische Methoden

Wenn Datenfelder statisch sein können, gilt dieses auch für Methoden? Ja!
Als Beispiel für statische Methoden haben wir das folgende Programm an einigen Stellen gegenüber *app05_03* geändert.

```
class app05_04
{
  public static void main(String args[])
  {
    Konto.setZinssatz(4.1);                          //(1)

    Konto meinKonto = new Konto();
    Konto deinKonto = new Konto();

    meinKonto.Einzahlung(2500.0);
    meinKonto.HabenZinsen();

    deinKonto.Einzahlung(1200.0);
```

```
    deinKonto.HabenZinsen();

    System.out.println(meinKonto.Kontostand());
    System.out.println(deinKonto.Kontostand());
  }
}

class Konto
{
  protected static double zinssatz;
  protected double kontostand;

  public double Kontostand()
  {
    return kontostand;
  }

  public void Einzahlung(double betrag)
  {
    kontostand = kontostand + betrag;
  }

  public double Auszahlung(double betrag)
  {
    kontostand = kontostand - betrag;
    return betrag;
  }

  public static void setZinssatz(double wert)     //(2)
  {
    zinssatz = wert;
  }

  public void HabenZinsen()
  {
    kontostand += kontostand * (zinssatz/100);
  }
}
```

Das Programm gibt die folgenden Werte aus:

```
2602.5
1249.2
```

(1) Diese Zeile ist in zweierlei Hinsicht erstaunlich. Erstens steht sie an einer Stelle, wo noch gar kein Objekt vom Typ *Konto* erzeugt wurde. Zweitens wird nicht ein Objekt benutzt, um die Methode *setZinssatz* aufzurufen, sondern der Klassenname! Zur Erklärung sehen Sie sich bitte auch Zeile (2) an.
Die Deklaration der Methode *setZinssatz* ist um das Schlüsselwort *static* erweitert worden. Damit haben wir bestimmt, daß diese Methode eine Klassen-Methode ist und keine Objekt-Methode. Aus dieser Tatsache ergibt sich auch, warum man die Methode mit dem Klassennamen (*Konto.setZinssatz(4.1);*) aufrufen kann.
Man muß sie jedoch nicht mit dem Namen der Klasse aufrufen; man kann auch weiterhin einen der Objekte nehmen, um das zu erledigen: *deinKonto.setZinssatz(4.1);*.
Jetzt bleibt noch die Frage: Warum soll man statische Methoden verwenden? Einen Grund haben Sie schon kennengelernt. Mit einer statischen Methode können Sie ein statisches Datenfeld ansprechen, ohne ein Objekt erzeugen zu müssen. Schließlich wäre es recht umständlich, extra ein beliebiges Objekt vom Typ Konto erzeugen zu müssen, nur um den Zinssatz zu verändern.
Jetzt bleibt nur noch die Frage: Warum soll man dann nicht ausschließlich statische Methoden benutzen? Auch hier eine einfache Antwort: Da sich statische Methoden auf Klassen beziehen, kann man mit ihnen kein Objekt verändern, und das ist ja auch weiterhin nötig.

Zum Abschluß dieses Kapitels wollen wir Sie nochmals kurz an das Schlüsselwort *final* erinnern. Sie hatten es als Möglichkeit kennengelernt, Datenfelder als konstant und damit unveränderlich zu markieren. Klassen und Methoden können ebenfalls als *final* deklariert werden. Das bedeutet für Klassen, daß sie nicht erweitert werden können, und für Methoden, daß sie nicht überschrieben werden können.

5.5 Der Konstruktor

Ein *Konstruktor* ist eine spezielle Methode, die benutzt wird, um ein Objekt zu initialisieren. Wenn Sie keinen Konstruktor geschrieben haben, werden die Datenfelder von einem Standard-Konstruktor initialisiert, der sie automatisch mit Standardwerten, z. B. mit null bei numerischen Feldern, vorbelegt. Wenn diese Vorbelegung für eine Klasse nicht praktikabel ist, benutzt man einen Konstruktor.
Das Besondere an dieser Methode ist, daß sie beim Erzeugen des Objektes automatisch aufgerufen wird. Damit Java weiß, welche der Methoden als Konstruktor dienen soll, muß sie einen bestimmten Namen haben. Die einfache Lösung, die Java für dieses Problem gefunden hat, ist, daß er genauso heißt wie die Klasse.

```
class app05_05
{
  public static void main(String args[])
  {
    Kunde ersterKunde = new Kunde();                //(1)
    Kunde zweiterKunde = new Kunde();

    System.out.println
      (ersterKunde.getKundennummer());
    System.out.println
      (zweiterKunde.getKundennummer());
  }
}

class Kunde
{
  protected static int naechsteNummer=20000;       //(2)
  protected int kundennummer;

  public int getKundennummer()
  {
    return kundennummer;
  }
```

```
    Kunde()                                          //(3)
    {
      kundennummer = ++naechsteNummer;
    }
}
```

Das Programm liefert die folgende Ausgabe:

```
20001
20002
```

(1) Ein neuer Kunde mit Namen *ersterKunde* wird erzeugt. Das Schlüsselwort *new* bewirkt, daß der Konstruktor in Zeile (3) aufgerufen wird.

(3) Der Konstruktor heißt genauso wie die Klasse. Er hat keinen Rückgabewert. In unserem Beispiel weist er den Wert der statischen Variablen *naechsteNummer* dem Datenfeld *kundennummer* zu. Beachten Sie auch den Präfix ++, der den Wert von *naechsteNummer* um eins hochzählt, bevor er zugewiesen wird.

(2) Da dieses Datenfeld statisch ist, existiert es für alle Objekte der Klasse nur einmal. Wenn dieser Wert in einem Objekt verändert wird, ist er auch für alle anderen geändert.
Um dieser Variablen einen Startwert mitgeben zu können, erlaubt Java es, sie auf einen bestimmten Wert zu initialisieren.

Garbage collection

Als Gegenstück zum Konstruktor kennt Java den *Finalizer.* Diese Methode kann benutzt werden, um «hinter einem Objekt aufzuräumen». An dieser Stelle wollen wir jedoch nicht näher darauf eingehen. Stattdessen werfen wir einen kurzen Blick darauf, was Java mit Objekten macht, die nicht mehr benötigt werden.

Wenn Sie ein Objekt mit *new* anlegen, wird im Hauptspeicher Platz für dieses Objekt bereitgestellt. Im Gegensatz zu anderen Sprachen gibt es kein Gegenstück zum Befehl *new,* wie z. B. *delete.* Die Technik, die Java benutzt, um nicht mehr benötigten Speicherplatz freizugeben, besteht darin, daß eine sogenannte *garbage collection* («Müllbeseitigung») automatisch durchgeführt wird.

Das geschieht folgendermaßen: Stellen Sie sich vor, Sie haben eine Funktion geschrieben, in der Sie ein Objekt erzeugt haben.

```
public static void getNummer()
  {
    Test ersterTest = new Test();
    ...
  }
```

Wenn Sie die Funktion verlassen, ist die Variable (die *Referenz* auf das Objekt) verloren. Das Objekt selbst existiert jedoch noch weiter. Allerdings kann man es nicht mehr benutzen, da keine Variable darauf verweist. Java hat sich gemerkt, an wie vielen Stellen dieses Objekt referenziert wurde, und wenn keine Referenz mehr existiert, kann Java den Speicherplatz, den das Objekt bisher belegt hatte, anderweitig verwenden. Die *garbage collection* startet dann, wenn Java Speicherplatz benötigt oder wenn Sie explizit mit

System.gc();

eine *garbage collection* starten.
Der Vorteil, den diese Technik bietet, ist, daß man sich im Gegensatz zu anderen Programmiersprachen keine Gedanken machen muß, daß man irgendwelche Objekte nicht zerstört hat und damit im Laufe der Zeit immer mehr Speicher verliert, bis das Programm im Extremfall aus Speichermangel abbricht. Ein kleiner Nachteil der *garbage collection* ist, daß sie ständig im Hintergrund läuft und damit natürlich auch etwas Leistung aufzehrt. Die Vorteile sollten diesen kleinen Nachteil jedoch wettmachen.

5.6 Zusammenfassung

- Bei der Vererbung werden Eigenschaften der Elternklasse an die Kindklasse weitergegeben.
- Eine Kindklasse kann nur eine Elternklasse haben.
- Eine Elternklasse kann beliebig viele Kindklassen haben. Die Kindklassen können ihrerseits wieder Elternklassen für weitere Kindklassen sein. Auf diese Art kann man ganze Vererbungshierarchien aufbauen.
- Die Klassen, aus denen Java selbst aufgebaut ist, besitzen eine umfangreiche Vererbungshierarchie.

- Statische Datenfelder existieren für jede Klasse nur einmal, nichtstatische Datenfelder für jedes Objekt separat.
- Der Aufruf einer statischen Methode kann über den Namen der Klasse erfolgen.
- Ein Konstruktor hat keinen Rückgabewert, auch nicht *void*!
- Ein Konstruktor darf nicht direkt aufgerufen werden. Er darf allerdings andere Methoden aufrufen.

5.7 Aufgabe

Aufgabe14

Erweitern Sie die Klasse *Konto* aus *app05_04* folgendermaßen:

a) Beim Ändern des Zinssatzes soll sichergestellt werden, daß der Zinssatz größer als 0 Prozent und kleiner als 15 Prozent ist.
b) Es darf nur ausgezahlt werden, wenn der Auszahlungsbetrag kleiner oder gleich dem Guthaben ist.
c) Der Einzahlungsbetrag darf nicht kleiner oder gleich null sein.

6 Pakete

Eines der unangenehmsten Probleme bei der Entwicklung von wiederverwendbaren Programmkomponenten sind Namenskonflikte. Da viele Leute – häufig unabhängig von einander – Klassen und Methoden entwickeln, ist es schnell geschehen, daß Namen doppelt benutzt werden. Diesen Problemen versucht man durch geeignete Namenskonventionen zu begegnen.

6.1 Packages

Java löst das Problem, indem es sogenannte *packages* (Pakete) bildet. Packages sind eine Sammlung von Klassen. Die Klassen in einem Paket müssen nicht über Vererbungsmechanismen zusammengehalten werden. Vielmehr sind die Klassen in einem Paket logisch verbunden, d. h., sie erfüllen eine gemeinsame Aufgabe.
Um ein Paket anzulegen, benutzt man die folgende Syntax:

```
package MeinPaket.Ausgabe;
public class app06_01
{
  public static void ausgabe()
  {
     System.out.println("Methode ausgabe.");
  }
}
```

Hinter dem Schlüsselwort *package* folgt der Name des Pakets. Die Namen sollten so gewählt sein, daß möglichst keine Kollisionen mit anderen Paketen auftreten können. Im Anhang finden Sie einige weitere Hinweise zu Namenskonventionen.

Wenn Sie das Schlüsselwort *package* nicht verwenden – wie wir es bisher getan haben –, werden die Klassen automatisch in ein sogenanntes *unnamed package* eingefügt.
Wenn Sie das obige Beispiel nachvollziehen wollen, müssen Sie in Ihrem Arbeitsverzeichnis, in dem die Programmdateien liegen, ein Verzeichnis für das Paket anlegen. Der Pfad lautet *.\MeinPaket\Ausgabe*. In diesem Verzeichnis muß *app06_01.class* liegen.
Im nächsten Schritt erstellen Sie das folgende Testprogramm.

```
import MeinPaket.Ausgabe.app06_01;

class test
{
  public static void main(String args[])
  {
    MeinPaket.Ausgabe.app06_01.ausgabe();
  }
}
```

Wenn Sie das Programm compilieren und starten, sollte die folgende Ausgabe erscheinen:

```
Methode ausgabe.
```

Neu in diesem Programm ist die Anweisung *import*. Mit *import* können Sie einzelne Klassen aus einem Paket oder alle Klassen eines Pakets importieren. Um alle Klassen zu importieren, kann man die Importanweisung wie folgt schreiben:

import DE.Rowohlt.Grundkurs.;*

Das Sternchen (*) am Ende des Ausdrucks besagt, daß alle Klassen dieses Pakets importiert werden sollen.

6.2 Java Packages

Alle Klassen, die wir in Java benutzen können, sind Bestandteil von Packages. Die folgende Liste gibt einen Überblick über alle Packages, wie sie im JDK 1.1 definiert sind:

java.applet
java.awt.datatransfer
java.awt.event
java.awt
java.awt.image
java.awt.peer
java.beans
java.io
java.lang
java.lang.reflect
java.math
java.net
java.rmi.dgc
java.rmi
java.rmi.registry
java.rmi.server
java.security.acl
java.security
java.security.interfaces
java.sql
java.text
java.util
java.util.zip

In diesen Paketen sind Hunderte von Klassen enthalten, die Sie für die Entwicklung Ihrer eigenen Programme verwenden können. Eines dieser Pakete ist für Java so wichtig, daß es automatisch importiert wird. Es handelt sich hierbei um das Paket *java.lang.*

Die Klassen des Pakets java.lang:

Boolean
Byte
Character
Class
ClassLoader
Compiler
Double
Float
Integer
Long
Math
Number
Object
Process
Runtime
SecurityManager
Short
String
StringBuffer
System
Thread
ThreadGroup
Throwable
Void

Einige dieser Klassen, wie zum Beispiel *String* und *StringBuffer*, hatten Sie im Laufe der letzten Kapitel bereits kennengelernt. Ebenso hatten wir bereits mit *Float* und *Double* gearbeitet. Eine Klasse hatten wir allerdings noch nicht angesprochen, obwohl sie die Elternklasse für alle anderen Klassen ist, die Klasse *Object.* Daß *Object* automatisch die

Elternklasse für alle anderen ist, bedeutet gleichzeitig, daß die folgenden beiden Definitionen gleichwertig sind:

class Kunde() { }

class Kunde() extends Object{ }

Sehen wir uns jetzt einige Methoden der Klasse *Object* an.

clone()	Erzeugt eine Kopie des Objekts
equals(Object)	Vergleicht zwei Objekte auf Gleichheit
finalize()	Programmcode, der ausgeführt wird, wenn das Objekt bei der *garbage collection* wieder freigegeben wird
getClass()	Liefert die Klasse des Objektes zurück
toString()	Liefert einen String zurück, der den Wert des Objektes repäsentiert

etc.

Im folgenden Beispiel wird die Methode *toString* der Klasse *Object* benutzt, um den Namen der selbstdefinierten Klasse und deren Adresse auszugeben.

```
class test
{
  public static void main(String args[])
  {
    Kunde ersterKunde = new Kunde();
    System.out.println(ersterKunde.toString());
  }
}

class Kunde
{
}
```

```
Kunde@1ec614
```

Da diese Ausgabe meist nicht sehr brauchbar ist, wird empfohlen, diese Methode in abgeleiteten Klassen zu überschreiben, damit sie dort klassenspezifische Aufgaben erledigen kann.
Damit haben Sie einen Überblick über die Pakete in Java. Was Sie sich merken sollten, ist, daß die Java-Bibliothek aus Paketen besteht, die Pakete aus Klassen, und diese Klassen wiederum Methoden und Datenfelder haben, die Sie für Ihre Programme benutzen können. Weitere Informationen und eine Übersicht über einige Java-Pakete finden Sie in Kapitel 15.5.

7 Applets fürs WWW

In diesem Kapitel wenden wir uns nun endlich dem Bereich zu, der wohl der Programmiersprache Java zu ihrer rasanten Verbreitung und enormen Popularität verholfen hat: den Applets. Wie wir bereits im Kapitel 1.4.3 erläutert haben, sind Applets kleine Programme, die nicht eigenständig laufen sollen, sondern in andere Anwendungen eingebettet werden. In der Regel sind dies die Web-Browser, die auch wir benutzen, um Applets zu starten. Man kann sie aber auch in Java-Applikationen einbetten. Dies wird unter anderem Thema des Kapitels 14 sein.

7.1 Ein Miniaturapplet

Unser erstes Applet soll nur den Grundaufbau und die Einbindung in HTML-Dokumente (engl. **H**yper**t**ext **M**arkup **L**anguage) demonstrieren. Es zeigt nur Text an und mag dem einen oder anderen von Ihnen nach dem bisher Gelernten wie ein Rückschritt erscheinen. Wir möchten aber auch denjenigen, die nur an Java-Applets interessiert sind, mehr oder weniger den Soforteinstieg ermöglichen.
Geben Sie nun das folgende Programm ein, und speichern Sie es unter APPLET01.JAVA.

```
// Applet01.Java
import java.applet.*;                                  //(1)
import java.awt.*;                                     //(2)

public class Applet01 extends Applet                   //(3)
{
    public void paint(Graphics g)                      //(4)
    {
```

```
        g.drawString("Hier bin ich.",0,10);          //(5)
    }
}
```

(1) Wir importieren alle Klassen des Package *java.applet.* Applets werden von diesen Klassen abgeleitet und benutzen die Methoden ihrer Elternklassen.
(2) Ebenso verfahren wir mit den Klassen und Interfaces von *java.awt. Awt* steht für *Abstract Window Toolkit* und stellt die grafische Oberfläche zur Verfügung.
(3) Jedes Applet ist eine Kindklasse der Klasse *Applet*! Daher leiten wir hier unsere erste Beispielklasse mittels *extends* von *Applet* ab.
(4) Wir überschreiben die von der «Urgroßelternklasse» *Component* (siehe Anhang) geerbte Methode *paint.* Sie wird immer automatisch aufgerufen, wenn das Appletfenster aktualisiert werden muß, und erhält einen Grafikkontext als Parameter, mit dessen Methoden Ausgaben durchgeführt werden können. Windows-Programmierern sei gesagt, daß sie hier das Äquivalent für den Gerätekontext vor sich haben.
(5) Die Methode *drawString* dient der Textausgabe im Grafikmodus. Der erste Parameter ist der auszugebende Text, der zweite und dritte geben die x- und y-Koordinaten des Ausgabepunktes an.

Der Nullpunkt des Koordinatensystems liegt dabei in der linken, oberen Ecke des Appletfensters, nicht des Browserfensters. Positive Koordinaten liegen rechts davon bzw. darunter.
Bei der Angabe der Startkoordinaten müssen Sie berücksichtigen, daß der Schriftzug sich oberhalb und rechts davon befindet. Die y-Koordinate des Ausgabepunktes muß also mindestens gleich der Schrifthöhe sein, sonst hat der Text keinen Platz im Fenster. Das nächste Bild macht diesen Sachverhalt deutlich.

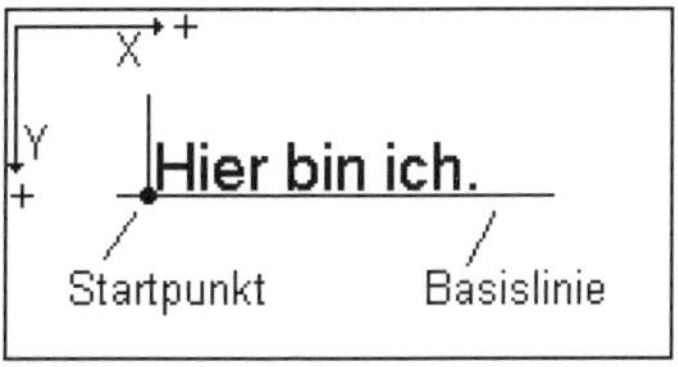

Wenn Sie dieses Beispiel nun von der Entwicklungsumgebung bzw. vom Compiler übersetzen lassen (siehe Kapitel 2.1), erhalten Sie eine Datei mit dem Namen APPLET01.CLASS. Doch wie soll diese nun ausgeführt werden?

7.2 Einsatz im WWW

Applets müssen eingebettet werden, und die einfachste und auch gleichzeitig verbreitetste Methode ist die, sie in die HTML-Seiten einzubauen, die im WWW (engl. World Wide Web) übertragen werden. Eine solche auf das Minimum beschränkte Seite sieht für unser Applet beispielsweise folgendermaßen aus:

```
<html>
<head>
<title>Unser erstes Applet</title>
</head>
<body>
<applet code=Applet01.class
         width=640
         height=100 >
</applet>
</body>
</html>
```

Erstellen Sie diese Datei mit einem Texteditor, und speichern Sie sie im gleichen Verzeichnis wie unser Applet! Den Dateinamen können Sie bis auf die Erweiterung frei wählen, beispielsweise APPLET01.HTML unter Windows 95 oder APPLET01.HTM unter Windows 3.1.
Wir werden im Kapitel 8 genauer auf diese HTML-Seiten eingehen. Zunächst soll uns reichen, daß HTML-Anweisungen Blockanweisungen sind, die mit Markierungen, sogenannten *Tags*, beginnen und enden. Diese Markierungen stehen in spitzen Klammern (<>). Applets werden durch einen Block, der mit dem Tag *<applet...>* beginnt, eingebunden und durch *</applet>* beendet.

In unserem Beispiel werden drei Schlüsselwörter benutzt:

- *code* = Name der Applet-Klasse

- *width* = Breite des Appletfensters in Pixel
- *height* = Höhe des Appletfensters in Pixel

Die beiden Dateien APPLET01.CLASS und APPLET01.HTML werden gemeinsam benötigt, um im WWW das Applet nutzen zu können.

7.2.1 Die HTML-Marke APPLET

Mit der Marke *<Applet>* werden diese kleinen Java-Programme in die HTML-Seiten eingebaut. Die weiteren Optionen dieser Marke sind:

```
<APPLET  CODEBASE    =  URL für Applet-Speicherort
         CODE        =  Applet-Klasse
         ALT         =  Platzhaltertext für Applet
         NAME        =  Instanz-Name
         ID          =  Instanz-Name für VBScript
         WIDTH       =  Pixelbreite
         HEIGHT      =  Pixelhöhe
         ALIGN       =  Appletausrichtung
         VSPACE      =  Pixelabstand vertikal
         HSPACE      =  Pixelabstand horizontal >
<PARAM NAME = Appletparameter1 VALUE = Übergabewert >
<PARAM NAME = Appletparameter2 VALUE = Übergabewert >
.
.
.
alternative HTML-Anweisungen und Text für Browser ohne
 Java
</APPLET>
```

Fett dargestellt sind die unbedingt notwendigen Angaben, die wir auch bereits erläutert haben. Die restlichen dienen den folgenden Zwecken:

CODEBASE gibt die Adresse des Speicherorts als URL (engl. Uniform Resource Locator) an. Fehlt diese Angabe, so wird im Verzeichnis der HTML-Seite nach dem Applet gesucht. Sie sollten CODEBASE nur verwenden, wenn das Applet von mehreren WWW-Dokumenten genutzt und nie zusammen mit diesen an andere Adressen verschoben wird.

CODE	ist unbedingt erforderlich und gibt den Dateinamen des Applets an. Pfadangaben sind nicht zulässig.
ALT	definiert den Text, den Browser anzeigen sollen, wenn sie zwar die Marke *<Applet>* verarbeiten, aber keine Applets anzeigen können.
NAME	legt einen Identifier fest, über den das Applet von anderen Applets oder durch Skripte angesprochen werden kann, um seine Methoden aufzurufen.
ID	wird von Microsoft statt *NAME* benutzt.
WIDTH	gibt die anfängliche Breite des Applets in Pixel an.
HEIGHT	gibt die anfängliche Höhe in Pixel an.
ALIGN	richtet das Applet am Text aus. Mögliche Werte sind: *left, right, top, texttop, middle, absmiddle, baseline, bottom, absbottom.*
VSPACE	gibt den freizuhaltenden Raum ober- und unterhalb des Applets in Pixel an.
HSPACE	gibt den freizuhaltenden Raum links und rechts neben dem Applet an.

Für jeden Parameter, den das Applet beim Start benötigt, muß mit der Marke *PARAM* durch *NAME* der Parameter und durch *VALUE* der ihm übergebene Wert festgelegt werden.
Beispiel:

```
<applet codebase="http://www.beispiel.com/klassen"
      code="demo1.class" width=200 height=175
      alt="Hier steht eigentlich ein Applet."
      align=left >
<param name="txt" value="Beispiel">
   Wenn Sie diesen Text sehen, unterstützt Ihr
   Browser keine Java-Applets!
</applet>
```

7.2.2 Web-Browser

Zur Darstellung des Applets benötigen Sie jetzt in jedem Fall einen Internet-Browser. Manche, aber nicht alle Java-Entwicklungssysteme werden mit einem solchen Programm ausgeliefert. Windows 95 und NT-Nutzer verfügen bereits über den Internet Explorer, und T-Online-

Kunden haben den Netscape Navigator bekommen. Diese beiden Programme sind die anerkannten Marktführer und können beide Applets anzeigen.
Starten Sie Ihren Browser, und öffnen Sie danach die HTML-Datei. Je nach Programm benutzen Sie dazu den folgenden Befehl:

Microsoft Internet Explorer	*Datei/Öffnen*
Netscape Navigator	*Datei/Datei öffnen*

Das folgende Bild zeigt unser erstes Applet im Internet Explorer. In der Titelleiste steht der Text der HTML-Seite, der von *<title>* und *</title>* eingeschlossen wurde. Breite und Höhe des grauen Rechtecks wurden durch die Angaben *width* und *height* festgelegt.

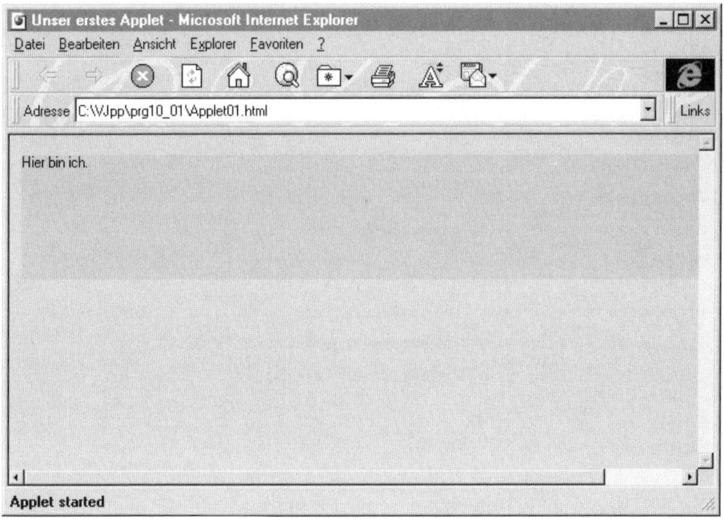

7.2.3 Web-Server

Damit auch andere in den Genuß Ihrer Applets kommen, müssen Sie die HTML-Dokumente natürlich veröffentlichen. Wenn Sie einen eigenen Web-Server betreiben, beispielsweise den Microsoft Internet Information Server, dann müssen Sie nur die HTML- und CLASS-Dateien in eines seiner Verzeichnisse kopieren. Beim Microsoft-Server ist dies auf NT beispielsweise je nach Version ein Unterverzeichnis von \WINNT\SYSTEM32\INETSRV\WWWROOT oder \INETPUB\WWWROOT. In wwwroot befindet sich auch die Standardseite DEFAULT.HTM, in die Sie einen Verweis (siehe Kapitel 8) auf Ihr neues Dokument einbauen können.

Nehmen Sie jedoch nur die Dienste eines sogenannten Service Providers in Anspruch, der den Web-Server betreibt und Ihre Seiten veröffentlicht, dann müssen Sie Ihre Dateien auf diesen Rechner kopieren. Dazu stellt jeder Dienstanbieter eigene Verfahren und oft auch Software zur Verfügung.

Alternativ können Sie auch den DOS- respektive Konsolenbefehl *ftp* verwenden, um Dateien zu einem Internet-Rechner zu übertragen. Das folgende Bild zeigt einen Beispieldialog.

```
C:\WINDOWS>ftp 222.222.222.222
Connected to 222.222.222.222.
220 p166 Microsoft FTP Service (Version 2.0).
User (222.222.222.222:(none)): anonymous
331 Anonymous access allowed, send identity (e-mail name) as password.
Password:
230-Sie sind mit 222.222.222.222 verbunden.
 Herzlich Willkommen!
230 Anonymous user logged in.
ftp> binary
200 Type set to I.
ftp> send c:\vjpp\prg10_01\applet01.html
200 PORT command successful.
150 Opening BINARY mode data connection for Applet01.html.
226 Transfer complete.
565 bytes sent in 0.00 seconds (565000.00 Kbytes/sec)
ftp> send c:\vjpp\prg10_01\applet01.class
200 PORT command successful.
150 Opening BINARY mode data connection for Applet01.class.
226 Transfer complete.
515 bytes sent in 0.06 seconds (8.58 Kbytes/sec)
ftp> disconnect
221 Auf Wiedersehen!
ftp>
```

Die Befehle, die Sie benötigen, sind der Reihe nach:

ftp url	verbindet mit dem durch *url* angegebenen Rechner.
user userid	ermöglicht das Login mit anschließender Paßworteingabe; viele Rechner akzeptieren die ID *anonymous*.
binary	schaltet um auf Binärübertragung.
send datei	sendet die angegebene Datei.
disconnect	beendet die Verbindung.
quit	beendet das Programm *ftp*.

7.3 Zusammenfassung

- Die Klasse *Applet* ist die Elternklasse für alle Applets. Durch sie werden kleine Programme realisiert, die in geeignete Anwendungen eingebunden werden können.
- Das Package *java.awt* stellt die grafische Oberfläche durch seine Klassen bereit.
- Die Methode *paint* ist in der Klasse *Component* definiert und wird immer aufgerufen, wenn das Applet neu gezeichnet werden muß. Es erhält als Parameter ein Grafikobjekt übergeben, mit dessen Methoden gezeichnet werden kann.
- Um ein Applet von einem Web-Browser anzeigen zu lassen, muß es in eine HTML-Seite eingebunden werden. Beide Dateien, die HTML-Seite und die Java-CLASS-Datei, müssen immer zusammen verfügbar sein. Das heißt: In der Regel befinden sie sich im gleichen Verzeichnis.
- Die Marke *<APPLET...>* benennt das eingebundene Applet und legt seine Darstellung fest. Ihr können HTML-Anweisungen und Texte folgen, die dann benutzt werden, wenn Applets vom Browser nicht dargestellt werden können. Dieser Block wird durch die Marke *</APPLET>* beendet.

7.4 Aufgaben

Aufgabe 15

Welche Klassen bzw. Interfaces müssen für Applets importiert werden und warum?

Aufgabe 16

Erstellen Sie ein Applet und eine zugehörige HTML-Seite, damit in einem 250 × 100 Pixel großen Fenster ein Text in der Mitte dargestellt wird.

Aufgabe 17

Legen Sie als Fenstertitel für den Browser «Übungsapplet» fest.

8 Ein HTML-Exkurs

Wie Sie im vorherigen Kapitel gesehen haben, wird ein Applet von einem HTML-Dokument präsentiert. Der Gesamteindruck Ihrer Internet-Publikationen wird also nicht allein vom Applet, sondern vom sichtbaren Dokument durch HTML-Anweisungen und Applet gemeinsam bestimmt. Damit Sie einigen Nutzen daraus ziehen können, wollen wir Ihnen in diesem Kapitel die wichtigsten HTML-Anweisungen erläutern und an Beispielen demonstrieren.

8.1 Grundbegriffe

Die HTML-Dokumente sind nur einfache Textdateien. Damit sie von den Web-Browsern optisch ansprechend dargestellt werden können, enthalten sie besondere Befehle, die sogenannten *Tags* oder auch Marken. Sie beginnen immer mit einer öffnenden spitzen Klammer < und enden mit einer schließenden spitzen Klammer >. Dazwischen stehen der Name der Marke und oft noch zusätzliche Optionen. Viele Marken haben Blockcharakter, das heißt, sie markieren einen Textbereich wie Überschriften, Titel, spezielle Absätze usw. Solche Blöcke werden mit einer Endemarke abgeschlossen. Sie sehen, bis auf den Schrägstrich / als erstes Zeichen, genauso aus wie die Marke selbst. Beispiele dafür sind <title> und </title> oder <html> und </html>. Die Groß-/Kleinschreibung spielt dabei keine Rolle. Die Marken <title>, <Title> und <TITLE> werden von allen Browsern gleich behandelt.
HTML-Seiten können also mit jedem beliebigen Texteditor erstellt werden. Bei Textverarbeitungsprogrammen muß man die Dateien als *Text mit Zeilenumbrüchen* speichern. Es gibt aber auch spezielle Software wie den *Home Page Wizard* von CompuServe, die als WYSIWYG-Editor arbeiten und die Marken automatisch einbauen, wenn Sie entsprechende Formate oder Befehle wählen. Auch für *WinWord* gibt es eine

Erweiterungsbibliothek, den *Internet Assistenten*, mit dem sofort das Erscheinungsbild angezeigt wird. Sie sollten aber immer die fertigen Seiten mit einem Web-Browser kontrollieren, bevor Sie sie im Internet veröffentlichen.

Das folgende Dokument enthält die wichtigsten Elemente:

```
<!-- BSPL01.HTM -->
<HTML>
<HEAD>
<TITLE>Minimaldokument</TITLE>
</HEAD>
<BODY>
<H1>Dies ist das Minimum.</H1>
<P>
Es besteht nur aus &Uuml;berschrift und Text.
</BODY>
</HTML>
```

Im Internet Explorer wird es so dargestellt:

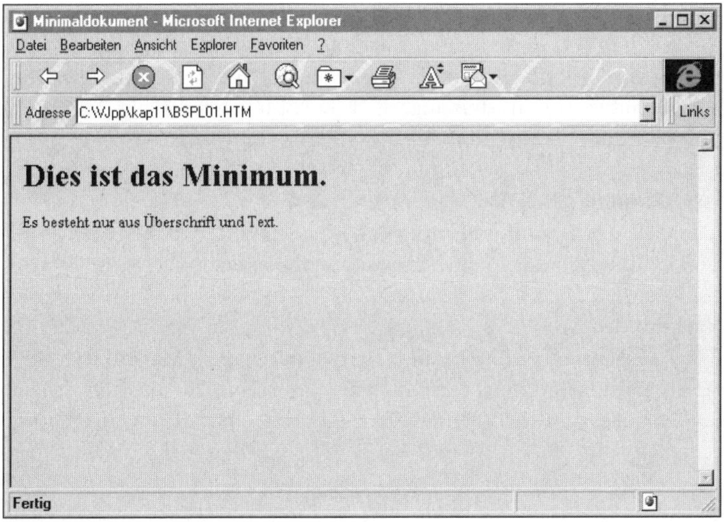

Im folgenden erläutern wir die Marken, die im Beispiel benutzt worden sind.

<!-- und -->
Mit diesen Marken werden Kommentare eingeschlossen. Sie dienen der Dokumentation und werden vom Browser nicht ausgewertet.

<HTML> und </HTML>
Diese Marken kennzeichnen die Datei als HTML-Seite. Sie sind zwar für die gängigen Browser nicht mehr unbedingt notwendig, sollten aber dennoch immer benutzt werden, damit auch wirklich jeder Internet-Nutzer sich die Seite anzeigen lassen kann. Genauso wichtig sind die Namenserweiterungen dieser Dateien: HTML bei langen Dateinamen bzw. HTM im 8.3-Format.

<HEAD> und </HEAD>
Jedes WWW-Dokument enthält zusätzlich zu den eigentlichen Texten weitere Informationen, die zwar nicht dargestellt werden sollen, die der Browser aber auswerten kann. Diese Marken trennen diese Angaben vom Hauptinhalt des Dokumentes.

<TITLE> und </TITLE>
Die Titelmarken stehen im HEAD-Teil eines Dokumentes. Sie kennzeichnen den Text, der vom Browser als Dokumentname benutzt wird. Dieser wird in der Regel in der Titelleiste des Browsers und in den Verlaufs- und Favoritenlisten angezeigt. Er sollte aussagefähig das Thema des Dokumentes beschreiben, aber nicht zu lang sein.

<BODY> und </BODY>
Der Teil des Dokumentes, der im Browserfenster dargestellt werden soll, wird durch diese beiden Textmarken begrenzt.

<H1> und </H1>
Überschriften (H = engl. header) werden durch diese Marken festgelegt. Es gibt insgesamt sechs verschiedene, von H1 bis H6, die hierarchisch aufgebaut sind. Das folgende Bild zeigt beispielhaft ihre Verwendung.

<P> und </P>

Absätze bzw. Zeilenumbrüche in der HTML-Datei werden von den Browsern ignoriert. Mehrere Leerzeichen hintereinander werden automatisch durch ein einzelnes ersetzt; Leerzeilen werden komplett unterdrückt. Dies hat den Vorteil, daß Sie dem HTML-Originaltext im Editor zur besseren Übersicht ein eigenes Layout geben können. An den Stellen, an denen der Browser einen neuen Absatz beginnen bzw. Leerzeilen setzen soll, benutzen Sie diese Marken (p = engl. paragraph). Die Endemarke ist dabei nur dann notwendig, wenn Sie mit der Marke auch Ausrichtungen verbinden, z. B.

<P ALIGN=CENTER>
Dieser Text steht in der Zeilenmitte.
</P>

Ü

Umlaute und Sonderzeichen müssen besonders definiert werden. Dies geschieht über sogenannte Escapesequenzen, die mit dem Ampersandzeichen & beginnen und mit einem Semikolon enden. Hier muß die Groß-/Kleinschreibung genau beachtet werden. Die hier benutzte Escapesequenz definiert ein großes u-Umlaut-Zeichen, stellt also ein Ü dar. Ein kleines ü wird durch *ü* erzeugt. Es gibt noch *ö Ö ä Ä* für die restlichen Umlaute und *ß* für das ß-Zeichen.

8.2 Hyperlinks

Die wohl wichtigste Eigenschaft von HTML ist die Fähigkeit, Verknüpfungen (engl. links) zu anderen Dokumenten herzustellen, so daß mit nur einem Mausklick durchs Internet «gesurft» werden kann. Wie heißt es doch gleich? Die Welt ist nur einen Mausklick entfernt.

Für solche Verknüpfungen müssen Sie zwei Marken benutzen:

- Eine Markierung für die «Absprungstelle» und
- eine Markierung für die «Landeposition».

8.2.1 Verknüpfungen innerhalb des Textes

Das folgende Dokument ermöglicht es, von einem Inhaltsverzeichnis am Anfang der Seite sofort zum gewünschten Kapitel im gleichen Text zu springen.

```
<!-- BSPL02.HTM -->
<HTML>
<HEAD>
<TITLE>Verknüpfungen</TITLE>
</HEAD>
<BODY>
<H1>Ein Beispiel f&uuml;r Verkn&uuml;pfungen</H1>
<P>
Inhalt:
<P>
<A HREF="#K1">Kapitel 1</A>
<P>
<A HREF="#K2">Kapitel 2</A>
<H2><A NAME="K1"></A>Kapitel 1</H2>
<P>
Dies ist der Text des Kapitels 1.
<H2><A NAME="K2"></A>Kapitel 2</H2>
<P>
Dies ist der Text des Kapitels 2.
</BODY>
</HTML>
```

Im Internet-Browser wird diese HTML-Seite dann folgendermaßen dargestellt:

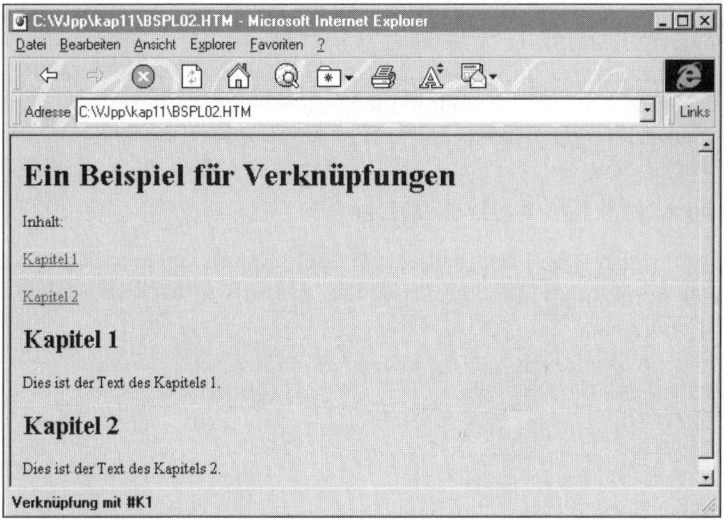

Die unterstrichenen Texte sind die Absprungstellen, die man mit der Maus anklickt, um zum gewünschten Ziel katapultiert zu werden. Die Landemarken sind nicht besonders hervorgehoben.

<A> und </A>

Diese Ankermarken (a = engl. anchor) werden sowohl für Absprung- als auch für Zielmarken benutzt. Beide unterscheiden sich nur durch die zusätzlichen Angaben in den spitzen Klammern. Zwischen diesen beiden Marken wird nur bei Absprungmarken das sichtbare Element festgelegt.

HREF

Dieser Zusatz gibt bei Ankermarken den Zielnamen an. HREF steht für *Hypertext Reference*. Durch ein Gleichheitszeichen wird dahinter in Anführungszeichen die Zielmarke angegeben. Das #-Zeichen weist den Browser an, die Marke im gleichen Text zu suchen. Zwischen *<A…>* und *</A>* steht hier der Text, der unterstrichen dargestellt wird und für einen Sprung angeklickt werden muß.

NAME
Hinter diesem Zusatz wird nach einem Gleichheitszeichen der Name einer Zielmarke in Anführungszeichen angegeben. Zwischen *<A...>* und *</A>* braucht jetzt nichts zu stehen. Zielmarken werden optisch nicht hervorgehoben.
Die hier gezeigte Technik wird meistens bei großen Dokumenten eingesetzt, die nicht zerstückelt werden sollen, damit sie besser als Ganzes gedruckt werden können.

8.2.2 Links zu anderen Seiten

Das nächste Beispiel enthält eine Verknüpfung zu einem anderen Dokument auf dem gleichen Computer, nämlich zu der Datei BSPL01. HTM.

```
<!-- BSPL03.HTM -->
<HTML>
<HEAD>
<TITLE>Verknüpfungen</TITLE>
</HEAD>
<BODY>
<H1>Ein Beispiel f&uuml;r Verkn&uuml;pfungen</H1>
<P>
Inhalt:
<P>
<A HREF="#K1">Kapitel 1</A>
<P>
<A HREF="#K2">Kapitel 2</A>
<H2><A NAME="K1"></A>Kapitel 1</H2>
<P>
Dies ist der Text des Kapitels 1.
<H2><A NAME="K2"></A>Kapitel 2</H2>
<P>
Dies ist der Text des Kapitels 2.
<P>
Zur&uuml;ck zum <A HREF="bspl01.htm">Beispiel Nr. 1
</A>
</BODY>
</HTML>
```

Hier steht hinter HREF der Dateiname. Solange Sie keinen Pfad mit angeben, muß sich die Datei im gleichen Verzeichnis befinden. Um auf Dokumente in anderen Ordnern zuzugreifen, sollten Sie nur relative Pfadangaben benutzen. Dadurch wird erstens der Zugriff optimiert, und zweitens läßt sich der Verzeichnisbaum dann ohne Änderung der Verknüpfungen verschieben. Beispiele für solche relativen Pfadangaben sind:

CPP/KURS.HTM	befindet sich im Unterverzeichnis CPP
../INDEX.HTM	befindet sich im übergeordneten Elternverzeichnis

Beachten Sie, daß die Schrägstriche im UNIX-Stil (/) und nicht nach der DOS-Konvention (\) eingegeben werden. Die meisten Browser akzeptieren zwar beides, aber dadurch wird sichergestellt, daß auch jeder den Verweis nutzen kann.
Auch diese Verknüpfung wird unterstrichen dargestellt, wie das folgende Bild zeigt. Wenn Sie übrigens den Mauszeiger daraufstellen, so wird die Sprungadresse in der Regel in der Statuszeile angezeigt.

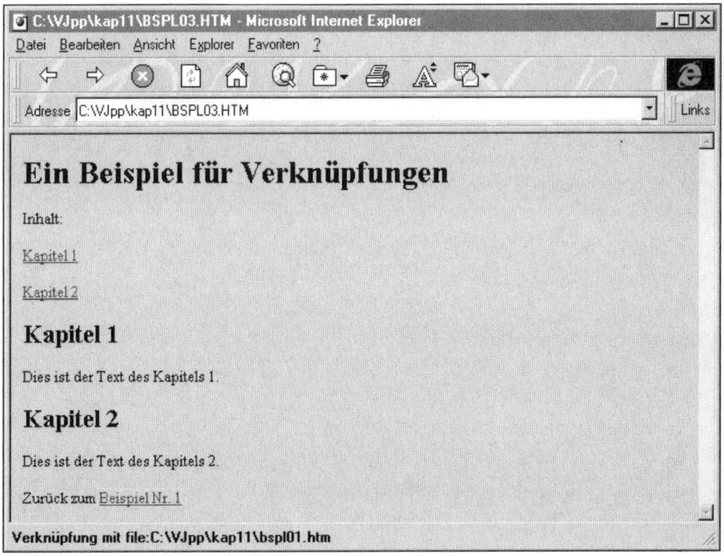

Um Verknüpfungen zu Dokumenten auf anderen Computersystemen herzustellen, müssen Sie eine sogenannte URL (engl. Uniform Resource Locator) angeben. Das ist eine Adresse, die genau den Computer, seinen Diensttyp und die Datei angibt. Der generelle Aufbau sieht so aus:

dienst://computer:port/pfad/datei

Einige Beispiele mit Windows- und Java-Themen sind:

http://www.microsoft.com/visualj
news://microsoft.public.visualj
ftp://ftp.microsoft.com/Peropsys/win_news

Unser nächstes Beispiel zeigt, wie man direkt an eine bestimmte Stelle in einem fremden Dokument springen kann. Zusätzlich sind zwei URLs eingebaut.

```
<!-- BSPL04.HTM -->
<HTML>
<HEAD>
<TITLE>Verknüpfungen</TITLE>
</HEAD>
<BODY>
<H1>Ein weiteres Beispiel f&uuml;r Verkn&uuml;pfungen
</H1>
<P>
Hier geht's ab zu anderen Dokumenten:
<P>
Zur&uuml;ck zum <A HREF="bspl01.htm">Beispiel Nr. 1
</A>
<P>
Zum <A HREF="bspl02.htm#K1">Kap. 1 </A>vom Beispiel 2.
<P>
Informationen zu unseren B&uuml;chern finden Sie beim
 <A HREF=
"http://www.rowohlt.de/rowohlt/rororo/0rororo.htm">
Rowohlt Taschenbuch Verlag</A>.
<P>
Andere interessante Informationen zu HTML-Editoren finden
Sie bei
```

```
<A HREF=
"http://sdg.ncsa.uiuc.edu/~mag/work/HTMLEditors/">
 Tom Magliery.</A>
</BODY>
</HTML>
```

bspl02.htm#k1

Indem Sie den Textanker mit #-Zeichen direkt hinter dem Dateinamen angeben, kann der Browser sofort diese Stelle im Fenster anzeigen. Wenn Sie Verknüpfungen zu Textankern fremder Dokumente herstellen wollen, so können Sie keine Marken in diesen Dateien anlegen, da Sie ja wahrscheinlich keine Schreibberechtigung dafür besitzen. Sie können jedoch nachsehen, welche Marken bereits definiert wurden. Dazu wählen Sie im Browser einen Menübefehl, der den Quelltext anzeigt (*Ansicht/Quelltext* bzw. *Ansicht/Dokumentenquelltext*).

Unser Beispiel sieht im Browser so aus, wie im Bild gezeigt.

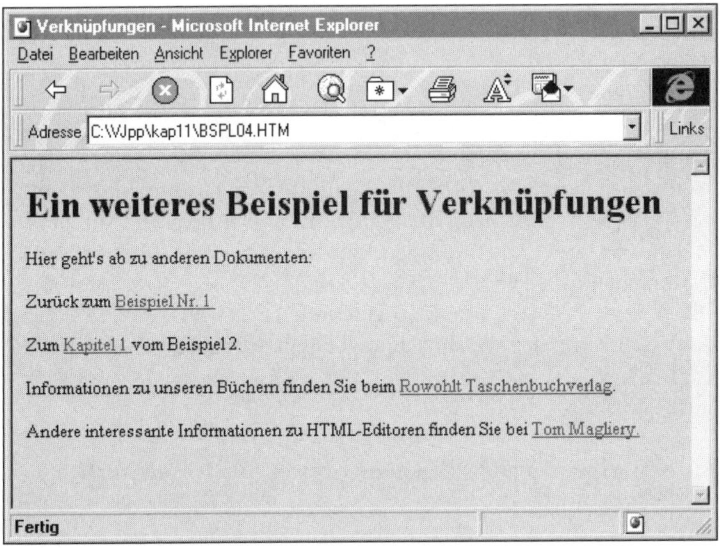

8.2.3 Electronic Mail

Als letzten Typ möchten wir Ihnen die Verknüpfung zu einem internen Browserprogramm vorstellen. Das folgende Beispiel erleichtert das Verschicken von elektronischer Post.

```
<!-- bspl05.htm -->
<HTML>
<HEAD>
<TITLE>Electronic Mail</TITLE>
</HEAD>
<BODY>
<H1>Elektronische Postadressen:</H1>
<P>
<A HREF="mailto:h_erlenkoetter@msn.com">Helmut
 Erlenk&ouml;tter</A>
<P>
<A HREF="mailto:100424.2210@compuserve.com">Volker
 Reher</A>
</BODY>
</HTML>
```

mailto:
Wenn eine Referenz mit *mailto:* beginnt, wird ein Browserdialog für das Verfassen von Nachrichten aufgerufen. Die Angaben, die *mailto:* folgen, werden benutzt, um den Empfänger der Nachricht bereits ins Dialogfeld einzutragen.
Dabei handelt es sich um die sogenannte E-Mail-Adresse, die sich aus der User-ID und dem Host nach folgendem Schema zusammensetzt:

userid@host

Im Browser werden diese Verknüpfungen ebenfalls unterstrichen.

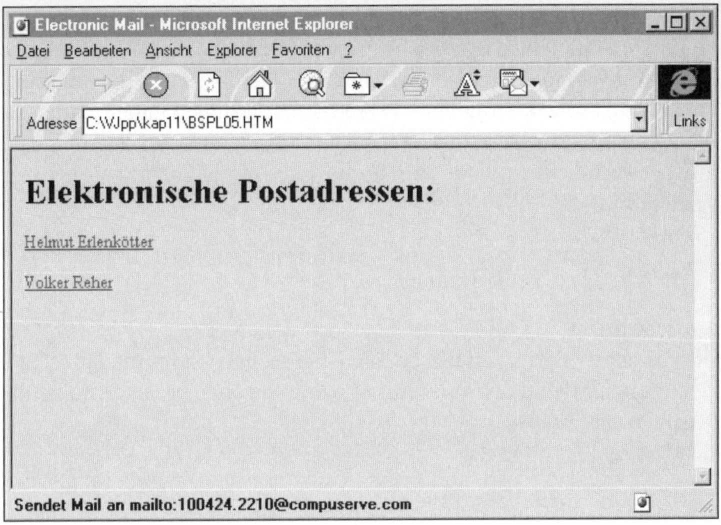

Zum Schluß noch etwas aus der Trickkiste:

Wenn Sie direkt hinter <html> folgende Anweisung setzen:

```
<META HTTP-EQUIV="Refresh" CONTENT="15; URL=bspl04.htm">
```

dann wird nach 15 Sekunden automatisch, ohne Zutun des Anwenders, das Dokument BSPL04.HTM aufgerufen. Dies wird als *Client pull* bezeichnet. Für *CONTENT* müssen Sie in Anführungszeichen zuerst die Wartezeit in Sekunden und danach, durch Semikolon getrennt, die nächste aufzurufende URL nennen.

8.3 Formatierungen

Das richtige Layout erhält Ihr Dokument erst durch die Formatierungsmarken von HTML. Mit ihnen können Sie Text ausrichten und Schriftart, -größe und -farbe einstellen. Die Formatierung folgt dabei einem kontextabhängigen Konzept. Das heißt, daß Sie mit Formatmarken wie mit Formatvorlagen einer Textverarbeitung umgehen und beispielsweise einen Abschnitt, den Sie betonen wollen, als *Betonung* formatieren. Wie die verschiedenen Browser diesen Text dann darstellen, ob kursiv oder fett, das können diese größtenteils selbst bestimmen. Obwohl sie einem allgemeinen Standard folgen, weichen die Programme doch in einigen Punkten in ihren Formatierungen voneinander ab. Wenn Sie den Browsern diese Freiheiten nehmen wollen, dann stehen Ihnen zwar weniger, dafür aber absolut definierte Formatmarken zur Verfügung.

8.3.1 Absätze formatieren

Ausrichtungen

Die einfachste Form, Absätze zu formatieren, besteht darin, daß Sie bei der Absatzmarke gleich eine Ausrichtung angeben, wie das folgende Beispiel zeigt.

```
<H1>Absatzformate:</H1>

<H2>Ausrichtungen</H2>
<P ALIGN=LEFT>
Dieser Text ist linksb&uuml;ndig ausgerichtet.
</P>
<P ALIGN=RIGHT>
Dieser Text ist rechtsb&uuml;ndig ausgerichtet.
</P>
<P ALIGN=CENTER>
Dieser Text ist zentriert ausgerichtet.
</P>
```

In solchen Fällen sollten Sie die Absatzenden auch mit einer Endemarke *</P>* versehen.

Vorformatierter Text

Wenn Sie Programmcode oder anderen Text in Ihr Dokument einbinden wollen, bei dem es auf exakte Zeichen- oder Wortabstände ankommt, benutzen Sie die Marke *<PRE>* (engl. preformatted). Damit veranlassen Sie die Browser, statt einer Proportionalschrift eine Schriftart mit festen Zeichenabständen, meistens Courier, zu wählen. Zusätzlich werden alle Tabulatoren, Leerzeichen und Leerzeilen beachtet.

```
<H2>Vorformatierter Text</H2>
<PRE>
Dieser
           Text           vorformatiert.
                    ist
</PRE>
```

Im folgenden Bild sehen Sie die Resultate unserer beiden vorherigen Beispiele.

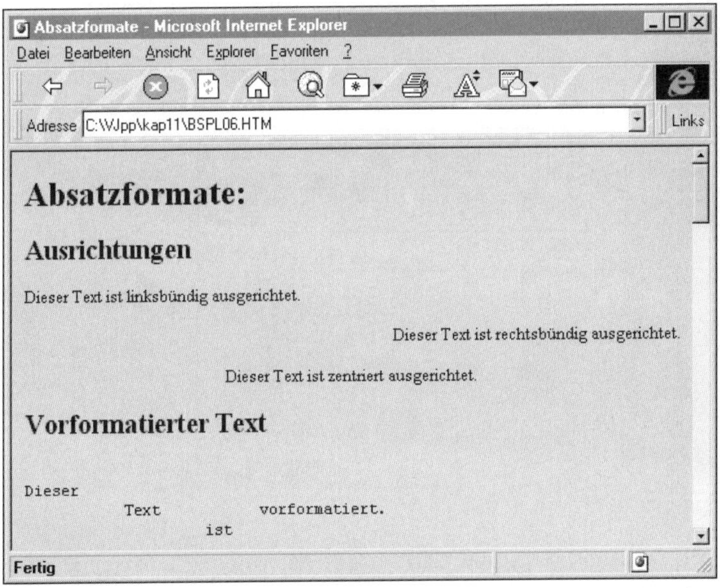

Adressen
Mit der Marke *<ADDRESS>* werden üblicherweise nicht die postalischen Adressen formatiert, sondern die Angaben zum Autor des HTML-Dokumentes. Diese stehen meistens in der letzten Zeile. Adressen werden durch besondere Zeilenumbrüche formatiert, die *
*-Marken (engl. break).

```
<H2>Adressen</H2>

<P>
Hans Muster<BR>
Irgendwostra&szlig;e 00<BR>
10000 Nirgendwostadt<BR>
Tel. hat er
<P>

<ADDRESS>
JAVA / Rowohlt Taschenbuch Verlag, Reinbek / 1997
</ADDRESS>
```

Das obige Beispiel sieht im Browser folgendermaßen aus:

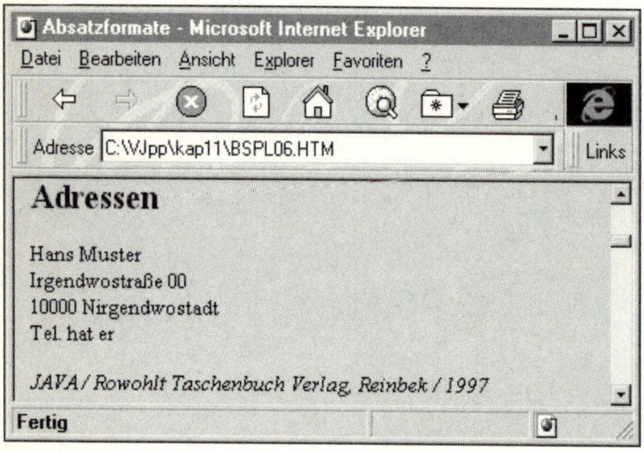

Wie Sie sehen, führt die Marke *<ADRESS>* zu einer kursiven Darstellung. Mit *
* erhält man, wie mit *<P>*, zwar auch einen Zeilenumbruch, es fehlt jedoch der zusätzliche Zeilenabstand, so daß der Text zusammenhängender erscheint.

Zitatblöcke

Damit längere Zitate im Text besser erkannt werden können, sollten Sie diese, wie im Beispiel, durch die Marke *<BLOCKQUOTE>* kennzeichnen.

```
<H2>Lange Zitate</H2>

<BLOCKQUOTE>
Die Stra&szlig;e gleitet fort und fort,<br>
Weg von der T&uuml;r, wo sie begann,<br>
Weit &uuml;berland, von Ort zu Ort,<br>
Ich folge ihr, so gut ich kann,<br>
Ihr lauf ich raschen Fu&szlig;es nach,<br>
Bis sie sich gro&szlig; und breit verflicht,<br>
Mit Weg und Wagnis tausendfach.<br>
Und wohin danach? Ich wei&szlig; es nicht.<br>
-- J.R.R. Tolkien, Der Herr der Ringe
</BLOCKQUOTE>
```

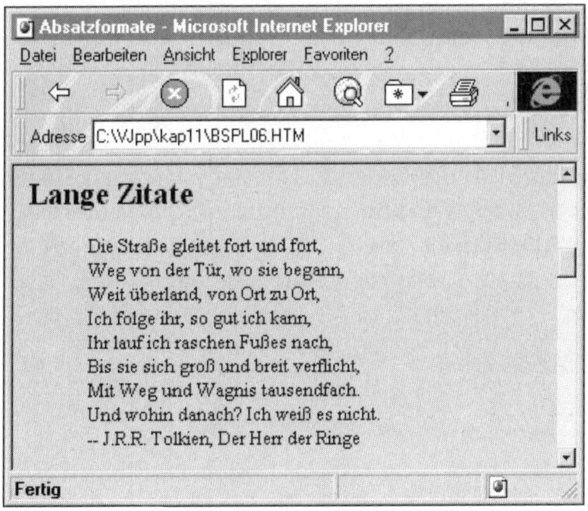

Diese Marke führt dazu, daß die Browser den Text einrücken.

Einfache Listen

Aufzählungen können Sie in Form von Listen darstellen, deren einzelne Einträge durch Punkte markiert sind. Eine solche Liste zeigt das folgende Beispiel.

```
<H1>Listenbeispiele:</H1>

<H2>Einfache Liste</H2>

<P>
Es gibt folgende Farben:
<UL>
<LI>Rot
<LI>Gr&uuml;n
<LI>Blau
<LI>usw.
</UL>
```

Hier wird die komplette Liste von der Marke *<UL>* (engl. unnumbered list) und ihrer Endemarke eingeschlossen. Vor jedem Aufzählungspunkt steht die Marke *<LI>* (engl. list item). Dadurch wird vor diesen Text ein Punkt gesetzt und ab der zweiten Zeile eingerückt.

Numerierte Listen

Für Listen, die eine Reihen- oder Rangfolge darstellen, sollten Sie die Marke für numerierte Listen verwenden. Benutzen Sie dann einfach statt *<UL>* und *</UL>* die Marken *<OL>* (engl. ordered list) und *</OL>*, wie das nächste Beispiel zeigt. Ansonsten bleibt alles beim alten.

```
<H2>Numerierte Liste</H2>

<P>
Wenn Sie wegfahren wollen, dann m&uuml;ssen Sie
<OL>
<LI>Das Garagentor &ouml;ffnen
<LI>Danach erst herausfahren
<LI>Dann das Tor schlie&szlig;en
<LI>Usw.
</OL>
```

Diese beiden Listen können Sie im folgenden Bild sehen.

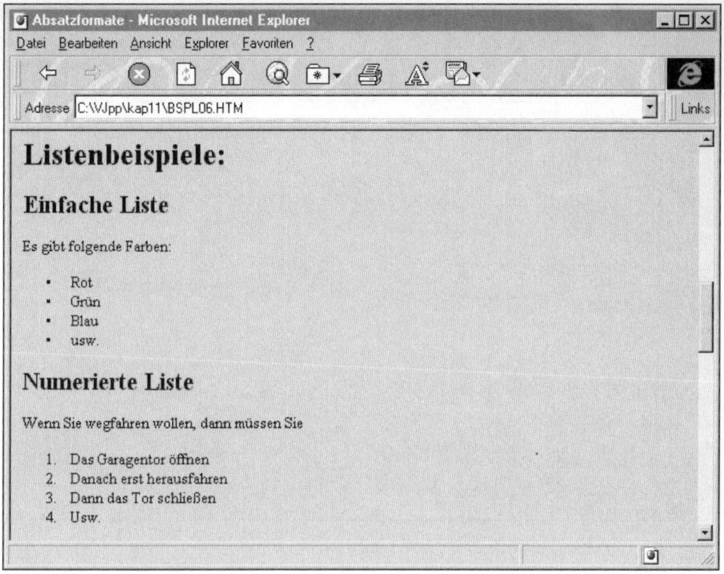

Definitionslisten

Eine dritte Formatierung für Listen bietet die Marke *<DL>* (engl. definition list). Sie ist besonders für Glossare und Begriffserläuterungen geeignet.

Sie sehen auf der nächsten Seite zwei verschiedene Definitionslisten mit jeweils drei Einträgen. Beide Listen bestehen aus Begriffen, deren Erläuterungen eingerückt werden. In der ersten Liste sind diese Begriffe so lang, daß es zu Textüberlappungen kommt. Daher stehen die Erläuterungen eingerückt in der nächsten Zeile. In der zweiten Liste sind die Begriffe so kurz, daß die Erläuterungen in der gleichen Zeile Platz fänden. Solche Listen werden als kompakte Definitionslisten bezeichnet. Wie Sie im vorherigen Bild sehen, macht der Microsoft Internet Explorer hier keine Unterschiede. Der Netscape Navigator zeigt die gleiche Liste jedoch so an, daß Begriff und Erläuterung in einer Zeile stehen.

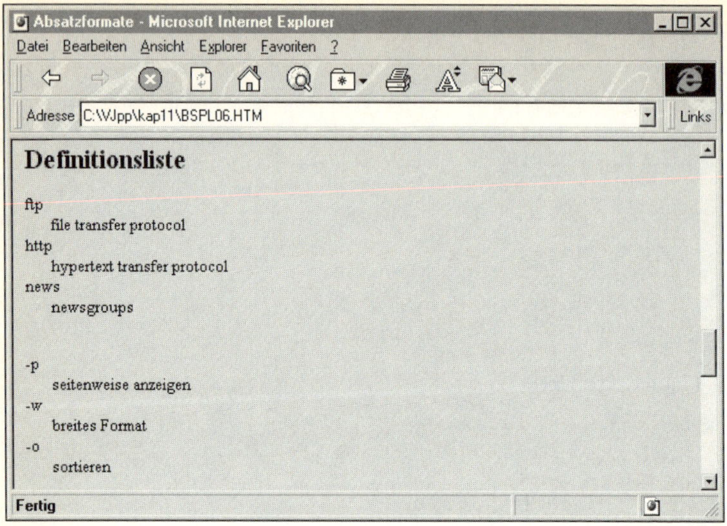

Wie diese Listen mit Hilfe von HTML definiert werden, zeigt das nächste Beispiel.

```
<H2>Definitionsliste</H2>

<DL>
<DT>ftp
<DD>file transfer protocol
<DT>http
<DD>hypertext transfer protocol
<DT>news
<DD>newsgroups
</DL>

<DL COMPACT>
<DT>-p
<DD>seitenweise anzeigen
<DT>-w
<DD>breites Format
<DT>-o
<DD>sortieren
</DL>
```

Wie auch bei den anderen Listen, gibt es hier eine Marke, die den gesamten Listenumfang definiert. Als Anfangsmarke benutzen Sie *<DL>* oder, wenn die Begriffe sehr kurz sind, für kompakte Listen *<DL COMPACT>*. Die Endemarke lautet in jedem Fall *</DL>*. Vor jeden Begriff schreiben Sie nun die Marke *<DT>* (engl. definition term) und vor jede Erläuterung *<DD>* (engl. definition definition). Zeilenumbrüche und Einrückungen werden nicht definiert!

Verzeichnislisten und Menüs

Zusätzlich zu diesen Listenmarken gibt es *<DIR>* und *<MENU>* mit ihren entsprechenden Endemarken. Sie können in einem anderen Kontext benutzt werden, führen aber zu den gleichen Darstellungen wie die einfachen Listen. Daher wollen wir hier auch nicht weiter darauf eingehen. Wenn Sie sie benutzen wollen, so setzen Sie sie einfach für beispielsweise *<UL>* ein.

Geschachtelte Listen

Alle Listen können mehrere Absätze *<P>* enthalten und auch geschachtelt werden, wobei jede Unterliste wiederum eingerückt wird. Das Schema für verschachtelte Listen macht das folgende Beispiel deutlich.

```
<H2>Geschachtelte Listen</H2>

<UL>
<LI>1996
   <UL>
   <LI>I. Quartal
   <LI>II. Quartal
   <LI>III. Quartal
   <LI>IV. Quartal
   </UL>

<LI>1997
   <UL>
   <LI>I. Quartal
   <LI>II. Quartal
   <LI>III. Quartal
   <LI>IV. Quartal
   </UL>
</UL>
```

Jede *<UL>*-Marke führt zu einer zusätzlichen Einrückung, jede korrespondierende *</UL>*-Marke zu einer Ausrückung. Sie können dies gut im folgenden Bild erkennen.

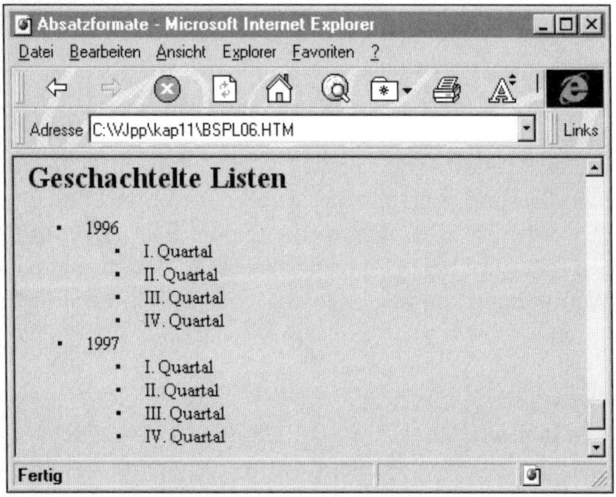

8.3.2 Zeichen formatieren

Statt, wie im vorherigen Kapitel, immer gleich einen ganzen Absatz zu formatieren, können Sie natürlich auch die Darstellung einzelner Zeichen oder Satzteile bestimmen. Auch hier stehen Ihnen kontextbezogene und feste Formate zur Verfügung.

Absolute Formate

Zu den fest definierten Formaten gehören *<B>* (engl. bold) für fette, *<I>* (engl. italic) für kursive, *<U>* (engl. underscore) für unterstrichene und *<TT>* (engl. typewriter text) für schreibmaschinenähnliche Schrift. Diese letzte benutzt einen gleichmäßigen Zeichenabstand.

Kontextformate

Mit diesen Marken legen Sie quasi die Bedeutung eines Wortes oder Satzteils fest und überlassen es dem Browser, ein sinnvolles Format dafür zu benutzen.

Das folgende Beispiel zeigt die verschiedenen absoluten und kontextbezogenen Formatmarken.

```
<!--bspl07.htm -->
<HTML>
<HEAD>
<TITLE>Zeichenformate</TITLE>
</HEAD>
<BODY>
<H1>Beispiele f&uuml;r Zeichenformate</H1>
<H2>Absolute Formate:</H2>
Der Text kann <B>fett</B>, <I>kursiv</I>,
 <U>unterstrichen</U>,
<STRIKE>durchgestrichen</STRIKE>, oder <TT>mit festem
 Zeichenabstand</TT> angezeigt werden.
<P>
<H2>Kontextformate:</H2>
Sie k&ouml;nnen <STRONG>verst&auml;rken</STRONG>,
 <EM>betonen</EM> und zitieren:
<CITE>Sein oder nicht sein, das ist hier die
 Frage!</CITE>
<BR>
Spezielle Formate sind f&uuml;r
<KBD>Tastatureingaben</KBD>,
<CODE>Programmcode</CODE>, <VAR>Variablen</VAR>,
<SAMP>Beispiele</SAMP> und <DFN>Definitionen</DFN>
 vorgesehen.
<H2>Schriftarten:</H2>
<FONT Face="Courier New" Size=20>In Courier 20</FONT>
<P>
CMYK steht f&uuml;r <FONT Color="Cyan">Cyan</FONT>,
 <FONT Color="Magenta">Magenta</FONT>,
<FONT Color="Yellow">Yellow</FONT>, <FONT
 Color="Black">Black</FONT>
<H2>Sonderzeichen:</H2>
&lt; &gt; &amp; &quot; &copy; &reg; &trade;
&ntilde; &egrave; &ecirc; &eacute; &#137;
</BODY>
</HTML>
```

<EM> (engl. emphasis) benutzen Sie für Text, den Sie betonen wollen.

<STRONG> Text, den Sie besonders betonen wollen, markieren Sie hiermit.

<CITE> (engl. citation) markiert Zitate, Buchtitel, Eigennamen usw.

Für Computerthemen existieren spezielle Marken:

<KBD> (engl. keyboard) stellt Anwendereingaben dar.

<CODE> markiert Sourcecode.

<VAR> (engl. variable) für Platzhalter in einer Befehlssyntax.

<DFN> (engl. definition) für Begriffe, die anschließend erklärt werden.

<SAMP> (engl. sample) für Beispiele.

Typischerweise führen all diese Formate zu einer Darstellung, wie hier am Beispiel des Internet Explorer gezeigt.

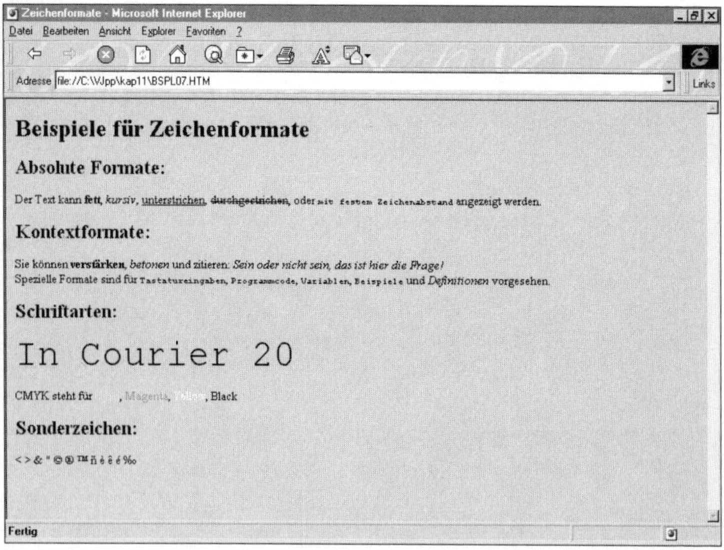

Schriftarten

Mit der Marke *<FONT>* können Sie jede gewünschte Schriftart einstellen, vorausgesetzt, sie steht dem Browser auch zur Verfügung. Sie sollten bedenken, daß Ihr Dokument nicht nur von Windows-Systemen, sondern auch von Unix- und Apple-Computern angezeigt wird. Sie sollten daher mit *FACE* nur die gängigsten Fonts festlegen, wobei Sie hier nicht nur einen, sondern eine durch Komma getrennte alternative Liste angeben können. Falls dann der erste Font nicht verfügbar ist, wird der zweite benutzt.

Mit *SIZE* können Sie die Schriftgröße sowohl als absoluten Wert als auch durch eine relative Angabe festlegen, wie beispielsweise +2 oder −2. Dadurch würde die aktuelle Größe um 2 Punkte erhöht bzw. verringert.

Hinter *COLOR* geben Sie die gängigen englischen Farbbezeichnungen an. Farbangaben können aber auch in der Form *#RRGGBB* erfolgen. Die Buchstaben stehen dabei für hexadezimale Werte, die den Farbanteil (0–255) von Rot, Grün und Blau angeben. Also entspricht #FF0000 Rot, #00FF00 Grün, #0000FF Blau, #FFFFFF Weiß und #000000 Schwarz.

Sonderzeichen

Die Zeichen >, <, " und & haben in HTML eine besondere Bedeutung, daher müssen sie mit Hilfe besonderer Ersatzzeichen angegeben werden. Hierzu benutzen Sie die Escapesequenzen *>* (engl. greater than), *<* (engl. less than), *"* (engl. quote) und *&* (engl. ampersand).

Häufig verwendete Symbole, wie ©, ® und ™ sind ebenfalls als Escapesequenz *©* (engl. copyright), *®* (engl. registered trademark) und *™* (engl. trademark) definiert.

Akzente werden nach folgendem Schema erzeugt:

& buchstabe akzent ;

Sie erzeugen also ein kleines n mit einer Tilde (ñ) durch *ñ* und ein großes o mit Umlautzeichen durch *Ö*.

Als allgemeines Verfahren, nach dem jedes beliebige Zeichen erzeugt werden kann, können Sie aber auch den jeweiligen Zeichencode angeben, beispielsweise *A* für A.

Bei Escapesequenzen muß die Groß-/Kleinschreibung beachtet werden!

8.3.3 Trennlinien

Sicher haben Sie schon oft WWW-Seiten mit den unterschiedlichsten horizontalen Trennlinien gesehen. Um es gleich vorwegzunehmen: Die meisten davon sind Bilder (siehe Kapitel 8.4). Die Linien, die Sie mit der Marke *<HR>* (engl. horizontale rule) erzeugen können, berücksichtigen automatisch die aktuelle Fensterbreite.

Das nächste Beispiel zeigt verschiedene Linienoptionen.

```
<!-- bspl08.htm -->
<HTML>
<HEAD>
<TITLE>Trennlinien</TITLE>
</HEAD>
<BODY>
<H1>Beispiele f&uuml;r Trennlinien</H1>
Einfache Linie<HR>
Halblange Linie links<HR WIDTH=50% ALIGN=LEFT>
Halblange Linie zentriert<HR WIDTH=50% ALIGN=CENTER>
Halblange Linie rechts<HR WIDTH=50% ALIGN=RIGHT>
Dicke Linie<HR SIZE=10>
</BODY>
</HTML>
```

Dies führt im Browser dann zu folgender Darstellung (siehe Abbildung nächste Seite).

Der Internet Explorer erkennt bei diesen Linien auch eine COLOR-Option wie bei Schriftarten, nicht jedoch der Netscape Navigator.

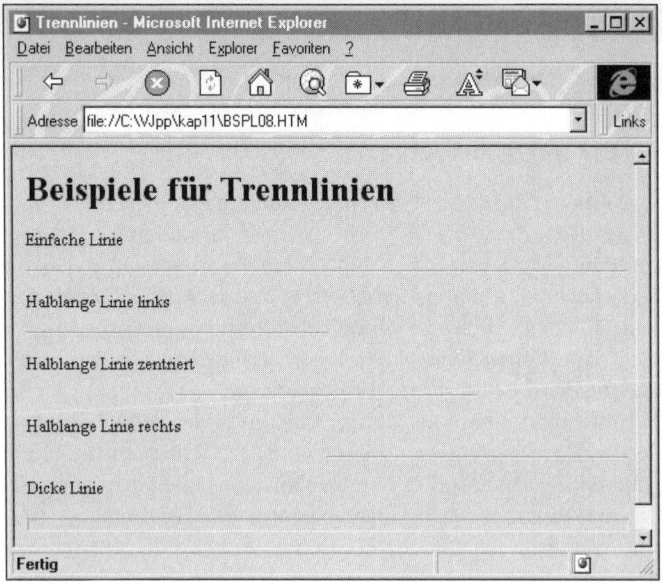

8.4 Bilder

Interessant werden Ihre Dokumente auch durch Fotos und Grafiken. Diese können in den verschiedensten Formaten vorliegen, am häufigsten werden jedoch die GIF- und JPEG-Dateien benutzt, weil sie komprimierte Formate darstellen und daher nicht so lange Übertragungszeiten beanspruchen wie die gleichen Bilder als Bitmap.
Sie sollten auch berücksichtigen, daß eventuell aufgrund der Browsereinstellungen oder der Dateiformate Ihre Bilder gar nicht angezeigt werden. Daher ist es ratsam, jedem Bild einen Ersatztext zuzuordnen, der in solchen Fällen statt des Bildes angezeigt wird. Manche Browser zeigen diesen Text auch dann an, wenn das Bild dargestellt und der Mauszeiger darauf positioniert wird.
Bilder werden mit der Marke *<IMG>* (engl. image) in Dokumente eingebaut. Den Dateinamen geben Sie hinter dem Zusatz *SRC* (engl. source) mit relativem oder absolutem Pfad an. Durch *ALT* wird der alternative Anzeigetext festgelegt.

Beispiel:

```
<IMG SRC="/msdev/tinyj.gif" ALT="MSJ++">
```

8.4.1 Größe und Ausrichtung

Wenn der Browser die Größe Ihres Bildes kennt, bevor es geladen ist, so kann er das Dokument bereits vorher korrekt formatieren, indem er den benötigten Platz berechnet und reserviert. Sie sollten daher die *<IMG>*-Marke durch die Angaben *HEIGHT* und *WIDTH* ergänzen. Die hier anzugebenden Pixelwerte können Sie ermitteln, wenn Sie Ihr Bild mit einem Grafikprogramm laden. Diese verfügen in der Regel über einen Befehl, der die Bildinformationen anzeigt.
Manche, aber eben nicht alle Browser können Bilder verkleinern und vergrößern, wenn die Angaben nicht mit der tatsächlichen Größe des Bildes übereinstimmen. Daher ist es ratsamer, das Bild vorher mit Hilfe eines Grafikprogrammes auf die passende Größe zu bringen.
Bei der Ausrichtung der Bilder müssen Sie zwischen der Ausrichtung am Dokument- bzw. Fensterrand und der Ausrichtung am umgebenden Text unterscheiden. Beide erfolgen durch den Zusatz *ALIGN*. Im ersten Fall steht er jedoch in der Absatzmarke *<P>*, im zweiten Fall bei der Bildmarke *<IMG>* selbst. Die HTML-Datei am Ende dieses Kapitels enthält einige Beispiele.

8.4.2 Hintergrund

Als Hintergrund für Ihre Dokumente können Sie zwischen dem Standard, einer anderen Hintergrundfarbe und einem Hintergrundmuster wählen. Alle diese Definitionen werden als Zusätze zur *<BODY>*-Marke angegeben.
Als Standard wird normalerweise ein grauer Hintergrund benutzt. Der Internet Explorer verwendet als Standardhintergrund jedoch die Systemeinstellung für den Anwendungshintergrund. Um diese Farbe beispielsweise in Pink zu ändern, ergänzen Sie die Marke für den Textkörper folgendermaßen:

```
<BODY BGCOLOR="#EF0098">
```

Für diese Farbangaben gilt das gleiche wie für die Schriftfarben.

Hinweis:
Sie können an dieser Stelle durch weitere Farbangaben festlegen, wie Text (*TEXT=*), noch nicht aufgerufene Verknüpfungen (*LINK=*), bereits einmal aufgerufene Links (*VLINK=*) und aktive Verknüpfungen (*ALINK=*) angezeigt werden sollen.

Hintergrundgrafiken werden durch den Zusatz *BACKGROUND* angegeben und bestehen aus mehr oder weniger kleinen Bildern, die vom Browser automatisch so oft wiederholt werden, bis der gesamte Fensterhintergrund ausgefüllt ist. Ein Beispiel für einen Bildhintergrund finden Sie ebenfalls am Ende dieses Kapitels.

8.4.3 Bilder als Hyperlink

Durch ein Bild läßt sich oft das Ziel eines Hyperlinks viel besser beschreiben als durch einen kurzen Text. Dazu ersetzen Sie einfach den Text in der Ankerdefinition durch ein Bild. Im folgenden Beispiel wird der Ankertext *Rowohlt Taschenbuch Verlag* durch das Verlagslogo ersetzt.

Ankertext:

```
<A HREF=
"http://www.rowohlt.de/rowohlt/rororo/0rororo.htm">
Rowohlt Taschenbuch Verlag</A>
```

Ankerbild:

```
<A HREF=
"http://www.rowohlt.de/rowohlt/rororo/0rororo.htm">
<IMG SRC=rororo.bmp></A>
```

Ein weiteres Beispiel ist in der HTML-Datei am Kapitelende enthalten.

8.4.4 Bildformate und Multimedia

Wie Sie gelernt haben, können Sie Verknüpfungen zu anderen Dokumenten auf dem gleichen Rechner in Ihr Dokument einbauen. Diese Links können dabei nicht nur auf weitere HTML-Dateien, sondern auch auf Bilder in den verschiedensten Formaten verweisen, wie TIFF und andere. Auch Sprache und Musik können Sie in Form von WAV-, AU- oder AIFF-Formaten einbinden, ja sogar Filmdateien können vorgeführt werden.

In der folgenden HTML-Datei haben wir eine Verknüpfung zu einer Klangdatei und weitere Beispiele zu den Erläuterungen dieses Kapitels zusammengestellt.

```
<!-- bspl09.htm -->
<HTML>
<HEAD>
<TITLE>Bilder</TITLE>
</HEAD>
<BODY BACKGROUND="/windows/streifen.bmp"
BGCOLOR="#000000" TEXT="#0000FF" LINK="#00FF00"
VLINK="#008888" ALINK="#FF0000">
<H1>Beispiele f&uuml;r Bilder</H1>
<B>
Sie können Bilder zentriert
<IMG SRC="/msdev/tinyj.gif" ALIGN=CENTER ALT="MSJ++">
 in Text einbauen,<P>
ihre Oberkante<IMG SRC="/msdev/tinyj.gif" ALIGN=TOP
ALT="MSJ++"> am Text ausrichten,<P>
den Standard<IMG SRC="/msdev/tinyj.gif" ALT="MSJ++">
 benutzen
oder als separaten Absatz anzeigen lassen, wie hier:
<P ALIGN=CENTER>
<IMG SRC="/msdev/tinyj.gif" ALT="MSJ++">
</P>
Sie können auch vergrößern:
<IMG SRC="/msdev/tinyj.gif" HEIGHT=64 WIDTH=90>
und verkleinern:
<IMG SRC="/msdev/tinyj.gif" HEIGHT=16 WIDTH=22>
<P>
Bilder können auch als Hyperlink  <A HREF="/windows/
 media/tada.wav">
<IMG SRC="/msdev/tinyj.gif" ALT="TADA"></A> dienen.
</B>
</BODY>
</HTML>
```

Im Internet Explorer führt diese HTML-Datei zu folgender Darstellung:

8.5 Tabellen

Mit Hilfe von Tabellen lassen sich umfangreiche Daten in einer übersichtlichen Form darstellen. Die Möglichkeiten, die Sie bisher kennengelernt haben, erlauben nur eine einspaltige Darstellung mit Hilfe der Listenmarken. Daher ist HTML um einige *Tags* erweitert worden, die ein anspruchsvolles Tabellenlayout ermöglichen.
Sehen Sie sich einmal die Tabelle im nächsten Beispiel an. Zwischen den Marken *<TABLE>* und *</TABLE>* wird sie definiert.

```
<!-- bspl10.htm -->
<HTML>
<HEAD>
<TITLE>Tabellen</TITLE>
</HEAD>
<BODY BGCOLOR="#FFFFFF" TEXT="#000000" LINK="#FFFFFF"
 VLINK="#008888" ALINK="#FF0000">

<H1>Beispiele f&uuml;r Tabellen</H1>

<TABLE BORDER=10>
   <CAPTION ALIGN=BOTTOM>Texttabelle</CAPTION>
<TR>
   <TH COLSPAN=2>Überschrift</TH>
</TR>
<TR>
   <TH BGCOLOR="red">1. Spalte</TH>
   <TH>2. Spalte</TH>
</TR>
<TR>
   <TD ALIGN=RIGHT>Z1S1</TD>
   <TD ROWSPAN=2 VALIGN=BOTTOM>Z1S2</TD>
</TR>
<TR>
   <TD>Z2S1</TD>
</TR>
</TABLE>

</BODY>
</HTML>
```

Wenn Sie die Definition mit dem Ergebnis, das im folgenden Bild dargestellt ist, vergleichen, wird sie verständlicher.

Der Zusatz *BORDER* bei der *<TABLE>*-Marke definiert die Breite des äußeren Rahmens und macht die inneren Trennlinien sichtbar. Die Breite dieser Feldabgrenzungen kann durch *CELLSPACING* angegeben werden. Mit *CELLPADDING* kann ein zusätzlicher Abstand der Tabellenfelder zur Feldgrenze festgelegt werden.

Die Marke *<CAPTION>* legt eine Tabellenbeschriftung fest, die durch *ALIGN* oberhalb (*TOP*) oder, wie hier, unterhalb der Tabelle angezeigt wird.

Für jede Zeile wird die Marke *<TR>* (engl. table row) benötigt. Wenn Sie für alle Felder einer Zeile Standardausrichtungen festlegen möchten, so können Sie *ALIGN=LEFT, CENTER* oder *RIGHT* für die horizontale und *VALIGN=TOP, MIDDLE* oder *BOTTOM* für die vertikale Ausrichtung in den spitzen Klammern mit angeben.

Zwischen *<TR>* und *</TR>* werden jetzt die Datenzellen einer Zeile beschrieben. Hierzu stehen Ihnen die Marken *<TH>* (engl. table header cell) und *<TD>* (engl. table data cell) zur Verfügung.

Durch *<TH>* werden Spaltenüberschriften festgelegt, die vom Browser in der Regel fett dargestellt werden. Normale Tabellenfelder beschreiben Sie durch *<TD>*. Sie können die Tabellenfelder durch folgende Attribute formatieren:

- *ALIGN* für die horizontale Ausrichtung
- *VALIGN* für die vertikale Ausrichtung
- *COLSPAN* für die Breitenangabe in Anzahl Zellen
- *ROWSPAN* für die Höhenangabe in Anzahl Zellen
- *WIDTH* für die Breitenangabe in Pixel
- *HEIGHT* für die Höhenangabe in Pixel
- *BGCOLOR* für die Hintergrundfarbe

Als Inhalt einer Zelle können Sie zwischen den Marken nicht nur Text, sondern auch Hyperlinks und Bilder angeben.

8.6 Sensitive Bilder

Eine besondere Form, Hyperlinks in Dokumente einzubauen, stellen Bilder mit empfindlichen Bereichen dar. Je nachdem, welche Stelle man anklickt, wird zu einem anderen Dokument verzweigt. Die Bilder, die dabei verwendet werden, enthalten Darstellungen, die man intuitiv mit dem Ziel der Verknüpfung in Verbindung bringt. Unser Beispiel soll nur das Prinzip zeigen, daher verwenden wir irgendein Bild aus dem Windows-Verzeichnis.

```
<!-- bspl11.htm -->
<HTML>
<HEAD>
<TITLE>MAPS</TITLE>
</HEAD>
<BODY>
<H1>Beispiele f&uuml;r Link-Maps</H1>

<IMG SRC="/Windows/kreise.bmp" HEIGHT=64 WIDTH=64
 BORDER=0 USEMAP="#LISTE">

<MAP NAME="LISTE">
<AREA SHAPE="RECT" COORDS="0,0,31,31" HREF="/windows/
 media/tada.wav" ALT="TADA">
<AREA SHAPE="RECT" COORDS="32,0,63,31" HREF="/windows/
 media/ringin.wav" ALT="RINGIN">
<AREA SHAPE="RECT" COORDS="0,32,31,63" HREF="/windows/
 media/chimes.wav" ALT="CHIMES">
<AREA SHAPE="RECT" COORDS="32,32,63,63"
HREF="/windows/media/ringout.wav" ALT="RINGOUT">
</MAP>
</BODY>
</HTML>
```

Sensitive Bilder bestehen aus zwei Teilen: dem Bild und einer Liste von URLs.
Das Bild wird zunächst, wie gewohnt, durch die *<IMG>*-Marke in das Dokument eingebaut. Durch den Zusatz *USEMAP* wird die Verbindung zu den Hyperlinks hergestellt. Als Wert wird in unserem Beispiel der Name eines Ankers aus dem gleichen Dokument angegeben. Sie können an dieser Stelle aber auch eine URL eintragen, wenn sich die Verknüpfungsliste woanders befindet.
Die Marke *<MAP>* beschreibt nun die Hyperlinks. Der hinter *NAME* angegebene Anker muß mit der Angabe zu *USEMAP* übereinstimmen. Mit Hilfe der Marke *<AREA>* werden nun Bereiche des Bildes definiert und mit einer URL verbunden. *SHAPE* gibt die Form des Bereiches an: *RECT, CIRCLE* oder *POLYGON.* Hinter *COORDS* wird dann der Ort des Bereiches festgelegt. Für *RECT* geben Sie hier die x/y-Koordinaten des linken, oberen und rechten, unteren Eckpunktes an. Für *CIRCLE* reichen die x/y-Koordinaten des Mittelpunktes und der Radius. Für *POLYGON* müssen Sie jeden Eckpunkt durch seine x/y-Koordinaten angeben. Alle Angaben werden in Pixel gemacht, wobei Sie ein Koordinatensystem, wie in der nächsten Abbildung gezeigt, über das Bild legen müssen.

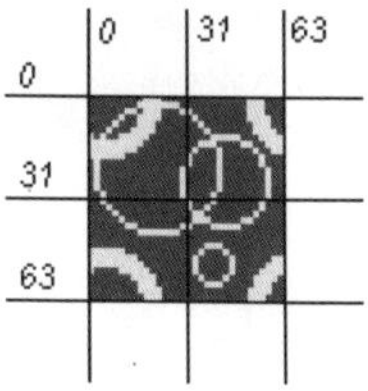

Der Nullpunkt befindet sich in der linken oberen Ecke.

8.7 Ausblick

Die Marken, die wir Ihnen in diesem Kapitel vorgestellt haben, bilden den Grundstock, mit dem Sie eigene Seiten erstellen können. HTML besteht aus einer ganzen Reihe weiterer Elemente. Als Stichworte seien hier nur *Frames* und *Formulare* genannt. Viele der Möglichkeiten von HTML werden nicht von allen Browsern unterstützt. Manche stellen

die Marken auch anders dar, und laufend werden neue Fähigkeiten implementiert.
Wenn Sie interessante Web-Seiten gefunden haben und wissen wollen, wie sie aufgebaut sind, dann schauen Sie sich doch einfach mit dem Befehl *Ansicht/Quelltext* bzw. *Ansicht/Dokumentenquelltext* die HTML-Syntax an. Oder Sie speichern die Seite und benutzen sie als Vorlage.
Gehen Sie in Ihren Dokumenten sparsam mit besonderen Effekten um, und vergessen Sie nicht, daß Ihre Informationen und nicht die HTML-Möglichkeiten im Vordergrund stehen sollen.
Alles Weitere erhalten Sie im Internet direkt von der Quelle:

http://www.w3.org.

9 Klassen dokumentieren

Java verfügt über ein Werkzeug (engl. tool), das Ihre Klassen und Methoden aufgrund des Quellcodes dokumentieren kann. Nicht alle Hersteller ergänzen ihre Entwicklungsumgebungen um dieses Tool. Es ist jedoch so mächtig, daß wir es in diesem Buch nicht auslassen wollen. In diesem Kapitel zeigen wir, wie Sie durch Kommentare im Quellcode HTML-Dokumentationen erzeugen können, die komplette Klassenhierarchien mit Links zu anderen Dokumenten enthalten.

9.1 Der Kommentar /**

Die Programmdokumentation sollte mit der Entwicklung parallel verlaufen. Zu diesem Zweck schreiben Programmierer mehr oder weniger umfangreiche Kommentare in den Quellcode. Dazu gehören in der Regel

- der Name der Funktion, Methode oder Klasse,
- die Parameterbeschreibung,
- die Beschreibung des Rückgabewerts,
- der Autor,
- das Erstellungsdatum und
- das Änderungsdatum.

Java kennt verschiedene Kommentarzeichen:

- für die interne Dokumentation // und die Kombination /* ... */,
- für die externe Dokumentation die Kombination /** ... */.

Mit interner Dokumentation ist diejenige gemeint, die im Code verbleibt und den Dateibearbeitern zur Verfügung steht. Die externe Dokumentation ist später unabhängig vom Code lesbar.
Wir schreiben zunächst unsere Dokumentationskommentare in unser

letztes Beispiel aus Kapitel 7. Der Code sieht danach etwa folgendermaßen aus:

```
// Applet01.java
import java.applet.*;
import java.awt.*;

/** Applet01 demonstriert den Grundaufbau von
*** Applets. Es ist das erste Beispiel im Kapitel 10.
*** @author H. Erlenk&ouml;tter/V. Reher
*** @version rororo; Jan. 97
*** @see Applet01#paint
*/
public class Applet01 extends Applet
{
   /** Die Methode paint ist von Component geerbt.
   *** Sie wird aufgerufen, wenn das Applet neu
   *** gezeichnet werden mu&szlig;.
   *** @param g Eine Referenz eines
            Grafikobjektes
   */
   public void paint(Graphics g)
   {
      g.drawString("Hier bin ich.",0,10);
   }
}
```

Grundsätzlich steht der Dokumentationskommentar vor Klassen, Interfaces, Konstruktoren und Methoden. Die Sternchen, Tabulatoren und Leerzeichen am Anfang einer Zeile werden später vom Auswertungsprogramm entfernt. Ansonsten wird der Text wie Fließtext behandelt. Das heißt, er wird so behandelt, als ob er in einer HTML-Datei stehen würde. Zeilenschaltungen und aufeinanderfolgende Leerstellen werden also auch entfernt. Wenn Sie spezielle Formatierungen vornehmen wollen, so müssen Sie HTML-Marken und Escapesequenzen in den Kommentar einfügen. Außer den Überschriftsmarken *<H1>* bis *<H6>* und der Trennlinie *<HR>* dürfen Sie alles benutzen.

Eine besondere Bedeutung kommt auch dem ersten Satz eines jeden Kommentars zu. Er wird für Definitionslisten extrahiert und sollte da-

her kurz und prägnant formuliert werden. Verwenden Sie auf keinen Fall Abkürzungen im ersten Satz! Das Dokumentationstool geht nämlich davon aus, daß dieser beim ersten Punkt endet.
In unserem Beispiel haben wir vier Wörter benutzt, die mit dem @-Zeichen beginnen und im Kommentar eine besondere Bedeutung haben. Sie markieren den ihnen folgenden Text bis zur nächsten Marke oder bis zum Kommentarende für spezielle Verwendungen und müssen klein geschrieben werden. Achten Sie darauf, daß die Marken entweder am Anfang einer Zeile stehen oder ihnen mindestens ein Sternchen (*) vorangestellt ist, sonst behandelt das Dokumentationsprogramm die Marke wie normalen Text.

Autor
Autorenangaben werden durch *@author* gekennzeichnet. Wenn Sie die Autorennamen jeweils einzeln mit dieser Marke aufführen, dann erscheinen sie in der Dokumentation als durch Kommas getrennte Aufzählung:

> **Author:**
> H. Erlenkötter, V. Reher

Version
Angaben zur Version oder zum Bearbeitungsdatum werden hinter *@version* geschrieben. Dabei muß der Text nicht wirklich eine Versionsnummer darstellen, sondern kann beliebig formuliert werden. In der Dokumentation taucht er in folgender Form auf:

> **Version:**
> rororo; Jan.97

Parameter
Für jeden Parameter eines Konstruktors oder einer Methode sollte *@param* benutzt werden. Schreiben Sie dahinter zuerst den Namen des Parameters und dann, durch Tabulator oder Leerzeichen getrennt, eine kurze Beschreibung. In der Dokumentation werden alle Parameter unter einer Überschrift zusammengefaßt.

> **Parameters:**
> g – Eine Referenz eines Grafikobjektes

Rückgabewert

Wenn eine Methode einen Wert zurückliefert, dann sollten Sie *@return* benutzen, um ihn kurz zu erläutern. In der Dokumentation wird dann der folgende Abschnitt erzeugt.

Returns:

Fehlerbehandlung

Die Marke *@exception* kann mehrmals benutzt werden und steht für Angaben zur Fehlerbehandlung zur Verfügung. Dahinter muß der Name einer Fehlerklasse, gefolgt von einer Beschreibung, stehen. Diese erscheint in der Dokumentation dann unter folgender Überschrift:

Throws:

Verweise

Durch *@see* werden Verweise angegeben. Der Text hinter dieser Marke muß ein Anker in der Dokumentation sein, denn im Dokument erscheint er als Link. Da das Tool automatisch für jede Klasse, jede Methode, jedes Interface und jeden Konstruktor einen Anker definiert, dürfen Sie diese hinter *@see* aufführen. Beachten Sie jedoch, daß Sie die vollständigen Bezeichnungen, inklusive eventuell vorhandener Parameter, benutzen müssen, beispielsweise *java.lang.Object#wait(int).* Das #-Zeichen trennt dabei die Methode von der Klasse. Alternativ können Sie auch die HTML-Marke *<A>* verwenden und selbst einen Link zu einem bekannten Ziel angeben.

See Also:
paint

9.2 Javadoc benutzen

Das Programm, das Ihren Quellcode zu einer HTML-Dokumentation verarbeitet, heißt JAVADOC.EXE und ist im Java-SDK von SUN enthalten. Microsofts Visual J++ verfügt über kein solches Programm.
Javadoc ist ein DOS-Programm und muß von der Kommandoebene gestartet werden. Dazu öffnen Sie also ein Eingabeaufforderungsfenster.

Die Aufrufsyntax sieht folgendermaßen aus:

javadoc [flags]* [klasse | package]*

Als Flags können Sie einen Stern oder folgende Schalter angeben:

-version	@version berücksichtigen
-author	@author berücksichtigen
-sourcepath	Suchpfad für Klassen; Verzeichnisse durch Kommas getrennt angeben
-classpath	Synonym für *sourcepath*
-doctype	Ausgabedateityp; entweder html (Standard) oder mif
-noindex	Kein Verzeichnis aller Konstruktoren und Methoden erzeugen
-notree	Keine Java-Klassenhierarchie erzeugen

Für unser Beispiel geben Sie folgenden Befehl ein:

javadoc -author -version -notree -noindex applet01.java

Programm und Tool müssen sich hier im gleichen Verzeichnis befinden. Wenn nicht, geben Sie zusätzlich *-sourcepath* oder *-classpath* an, gefolgt vom Verzeichnis der Klasse.
Das Programm erzeugt jetzt eine Datei APPLET01.HTML, die nicht nur unseren Kommentar enthält, sondern darüber hinaus Auswertungen der Java-API-Hierarchie zeigt. Die Bilder auf der nächsten Seite geben Ausschnitte dieses Dokumentes wieder.
Wenn Sie die Option *-noindex* weglassen, wird eine weitere HTML-Datei ALLNAMES.HTML erzeugt. Sie enthält eine alphabetische Liste aller Methoden und Konstruktoren. Hier taucht auch beispielsweise der erste Satz eines Kommentars wieder auf.
Rufen Sie Javadoc ohne den Parameter *-notree* auf, so erhalten Sie zusätzlich eine Datei TREE.HTML. Sie enthält den Hierarchiebaum für Ihre verwendeten Klassen und Interfaces. Die Links verweisen auf API-Dokumentationsdateien, die Ihnen wahrscheinlich fehlen. Auch der Link auf unsere Klasse *Applet01* muß noch angepaßt werden, damit er tatsächlich funktioniert.
Die Klassendokumentation beginnt mit der Darstellung der Elternklassen wie im folgenden Bild gezeigt.

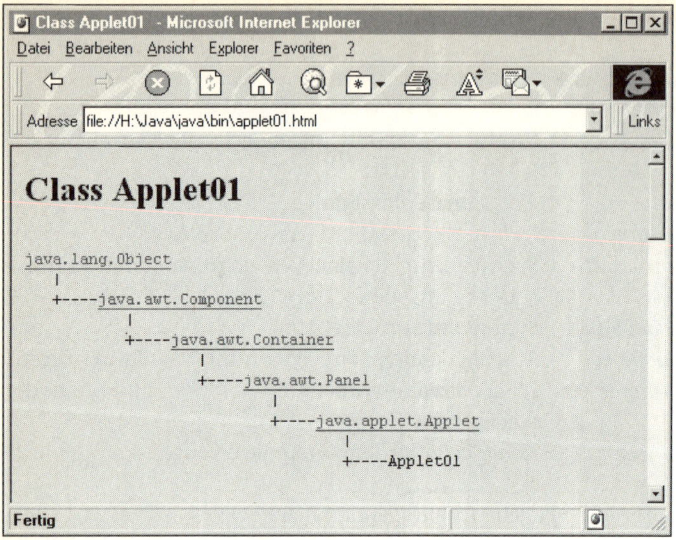

Dann folgt die generierte Beschreibung der Klasse:

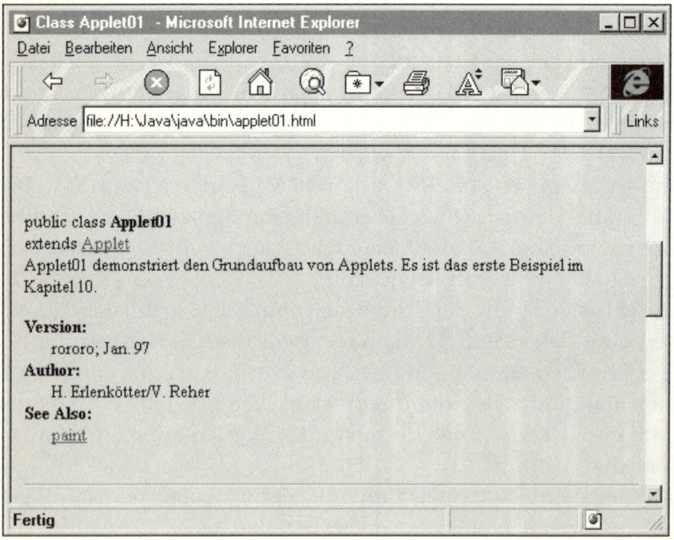

Der Klassenbeschreibung folgt jeweils eine Liste der Konstruktoren und der Methoden, die wir hier nicht abgebildet haben. Diesen Listen folgen die Detailbeschreibungen wie hier für *paint* gezeigt.

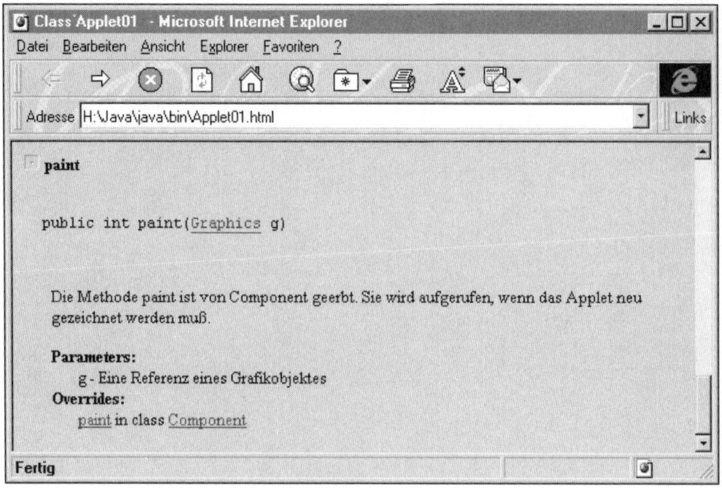

Der Abschnitt *Overrides* wird automatisch aufgrund der Ableitung unserer Klasse von *Applet* erzeugt.

9.3 Zusammenfassung

- Das Dokumentationswerkzeug Javadoc analysiert den Quellcode und erstellt HTML-Dateien mit Programmbeschreibungen.
- Der Text für die Dokumentation wird unter Verwendung der Kommentarzeichen /** und */ vor Klassen, Methoden usw. geschrieben.
- Spezielle Marken, die mit dem @-Zeichen beginnen, kennzeichnen Informationen zu Autoren, Version, Parametern, Rückgabewerten usw.

9.4 Aufgabe

Aufgabe 18

Benutzen Sie den Dokumentationskommentar, und erstellen Sie für das Programm aus Aufgabe 16 eine HTML-Datei.

10 Skripte und Applets

Wie Sie im Kapitel 7 gesehen haben, werden Applets in HTML-Dokumente eingebettet. Die Marken bilden dabei mit dem Text ein statisches Gerüst zur Darstellung des Applets. In diesem Kapitel wollen wir zeigen, wie Sie mit Hilfe einer Skriptsprache Methoden der Applets aufrufen und so Ihre Dokumente mit dynamischen Elementen versehen können.

10.1 CGI-Script, JavaScript oder VBScript

Vielleicht haben Sie bereits Laufschriften in HTML-Seiten gesehen. Diese werden meistens in der Sprache JavaScript verfaßt. Im Zusammenhang mit Web-Dokumenten tauchen aber immer wieder zwei weitere Begriffe auf: CGI-Script und VBScript.

10.1.1 CGI-Script

Die Abkürzung CGI steht für *Common Gateway Interface*. Dahinter verbirgt sich ein Verfahren, wie Computer über das World Wide Web mit Hilfe von Formularen Informationen austauschen können. CGI-Skripte laufen auf den Servern und arbeiten als Suchmaschinen, Online-Bestellsystem und ähnliches. Sie werden dabei nicht selbst übertragen, sondern tauschen mit den Browsern lediglich Daten aus. Wahrscheinlich haben Sie bereits eine der Internet-Suchhilfen benutzt, daher wollen wir an ihnen das Verfahren kurz erläutern.
Wenn Sie die Internet-Adresse eines solchen Servers aufrufen, erhalten Sie zunächst ein HTML-Formular, ähnlich dem im folgenden Bild. Es besteht aus Eingabefeldern, einer Schaltfläche zum Absenden des Formulars (*Submit*) und manchmal auch einer Schaltfläche, um die Eingabefelder auf Standardwerte zurückzusetzen (*Reset*). All diese Elemen-

te sind durch HTML-Marken definiert und mit Namen versehen worden.

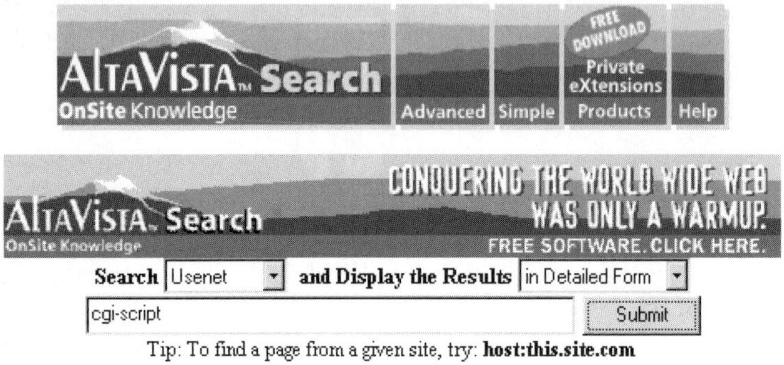

Wenn Sie nun Daten eingeben und die Taste *Submit* anklicken, dann baut der Browser aus den Formularinformationen eine URL zusammen, die folgendermaßen aussieht:

http://www.altavista.digital.com/cgi-bin/query?pg=q&what=
news&fmt=d&stq=10&q=cgi%2dscript

Sie ist so lang, daß sie hier zwei Zeilen in Anspruch nimmt, und besteht aus

1. dem Internet-Protokoll (*http*),
2. dem Host (*www.altavista.digital.com*),
3. der Aktion bzw. dem Skript (*cgi-bin/query*),
4. einem versteckten Eingabefeld mit Namen *pg* und seinem Wert *q*,
5. dem Namen des Auswahlfeldes für Search (*what*) und dem Code des ausgewählten Listeneintrages (*news*),
6. dem Namen des zweiten Auswahlfeldes (*fmt*) und seinem Codewert (*d*),
7. dem Code für die Länge des nächsten Feldinhaltes (*stq* = size of text q) und der Längenangabe *10* und
8. dem Namen des Eingabefeldes für den Suchtext (*q*) mit seinem Inhalt (*cgi%2dscript*).

Der Formularinhalt steht dabei hinter dem Fragezeichen in der Form *Name1=Wert1&Name2=Wert2* usw. Sonderzeichen werden hexadezi-

mal verschlüsselt, beispielsweise hier als *%2d* für den Bindestrich (ANSI-Code 45 = hex. 2D).
Der Server startet daraufhin das angegebene CGI-Script, das die Angaben hinter dem Fragezeichen decodiert und damit die vorprogrammierten Aktionen durchführt. Als Ergebnis schickt es zum Schluß in der Regel wieder HTML-Anweisungen an den Browser, damit dieser das Ergebnis, beispielsweise gefundene Web-Dokumente, dann anzeigen kann.

10.1.2 JavaScript und VBScript

Dateien in JavaScript und VBScript werden zusammen mit dem Dokument übertragen und vom Browser ausgeführt, soweit er dazu fähig ist. Sie ermöglichen im Gegensatz zur Beschreibungssprache HTML eine echte Programmierung und können dadurch zur Laufzeit dynamisch auf ihre Umgebung oder auf Anwenderaktionen reagieren. Das kleine Skript im nächsten Bild identifiziert den jeweiligen Browser anhand seines Produkt- und Codenamens.

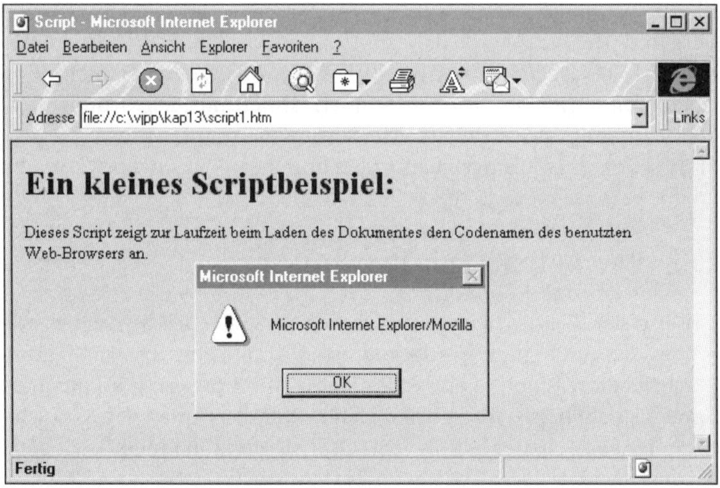

Dadurch, daß die Programmanweisungen übertragen und vom Browser interpretiert werden, bringen diese Skripte zwei Nachteile mit sich. Erstens führt der zusätzliche Code zu höheren Übertragungskosten, und zweitens verursachen Programmfehler unter Umständen Programmabstürze.

Der Unterschied zwischen den beiden Sprachen JavaScript und VBScript ist ungefähr der gleiche wie zwischen C und Basic; allerdings werden diesmal beide Sprachen interpretiert. Das folgende Beispiel zeigt eine Gegenüberstellung der beiden Sprachen.

JavaScript	VBScript
function Set_OnClick()	sub Set_OnClick
{	
document.A1.Set(x.value);	document.A1.Set x.value
}	end sub

In beiden Fällen wird eine Routine mit der gleichen Aufgabe definiert. Neben diesen Sprachunterschieden gibt es noch formale Differenzen. So werden bei VBScript Prozeduraufrufe oft über reine Namenskonventionen festgelegt, während sie bei JavaScript als Methoden definiert werden müssen.

Weil VBScript als proprietäre Sprache nur vom Microsoft Internet Explorer, JavaScript dagegen auch vom Netscape Navigator unterstützt wird und der Sprache Java nahekommt, werden wir uns in unseren Beispielen auf JavaScript beschränken. Wir wollen sie aber nicht zum Thema dieses Buches machen, sondern Ihnen nur den Grundaufbau zeigen, damit Sie verstehen, wie Skripte zusammen mit Applets in HTML-Dokumente eingebaut werden und die Applets steuern können.

10.2 Der Aufbau von JavaScript

Unser erstes, kleines Beispiel soll zunächst einmal demonstrieren, wie ein JavaScript-Programm aufgebaut ist und wie es in eine HTML-Datei geschrieben wird, ohne daß es Probleme mit Browsern gibt, die diese Sprache nicht beherrschen bzw. bei denen der Anwender den Skript-Interpreter abgeschaltet hat. Es zeigt eine Meldung in einem Dialogfeld an und benutzt die Statuszeile für Textausgaben.

```
<html>
<head>
<title>Aufbau von JavaScript</title>

<script language="JavaScript">                          //(1)
<!--                                                    //(2)
function Meldung(MeldeText)                             //(3)
{
   if (navigator.appCodeName=="Mozilla")                //(4)
   {
      alert(MeldeText);                                 //(5)
      window.status=document.lastModified;              //(6)
   }
}
// -->                                                  //(7)
</script>

</head>

<body onLoad="Meldung('Dieses Dokument enth&auml;lt
 JavaScript!')">
<a href="http://www.rowohlt.de" onMouseover= "window.
 status='Klick mich an!';return true"> rororo</a>

</body>
</html>
```

(1) Der gesamte JavaScript-Code steht zwischen den Marken *<script>* und *</script>*, nur einige Funktionsaufrufe stehen außerhalb. Durch den Zusatz *language=* wird die Skriptsprache für den Browser festgelegt. Für VBScript wird hier *language=VBScript* eingetragen.

(2) Damit die Browser, die kein JavaScript unterstützen und daher mit diesen Marken nichts anfangen können, den Code nicht innerhalb der Seite anzeigen, wird er als HTML-Kommentar geschrieben. Außerdem befindet sich das Skript in der Regel im Header-Teil des Dokumentes, darf aber auch zwischen den Body-Marken stehen.

(3) Hier wird eine Funktion definiert, die einen Parameter übernimmt.

In JavaScript gibt es keine Typdeklarationen für Variablen. Das Programm erkennt selbst, ob es sich um numerische oder alphanumerische Daten handelt, und konvertiert bei Bedarf auch. Die Namen der Funktionen und Variablen sollten nicht länger als 32 Zeichen sein und dürfen nur den Unterstrich (_) als Sonderzeichen enthalten. Es wird auch zwischen Groß- und Kleinschreibung unterschieden.

(4) JavaScript arbeitet mit Standardobjekten und ihren Eigenschaften bzw. Methoden. Die Schreibweise hat, wie bei C++ und Java, die Form *objekt.eigenschaft* bzw. *objekt.methode()*. Hier wird das Objekt *navigator* benutzt, das ist das Browserprogramm, um seine Eigenschaft *appCodeName* mit der Textkonstanten *Mozilla* zu vergleichen. Sowohl der Internet Explorer als auch der Navigator tragen diesen Codenamen. Daher können wir bei positivem Test sicher sein, einen JavaScript-fähigen Browser vor uns zu haben.

(5) Hinter dem Objekt *window* verbirgt sich eine Instanz der obersten Basisklasse der JavaScript-Klassenhierarchie. Es repräsentiert das Dokumentenfenster. Mit der Methode *alert* dieses Objektes kann ein einfaches Dialogfeld mit einem Hinweistext und einer OK-Taste angezeigt werden. Abgeschlossen wird jede Anweisung mit einem Semikolon.

(6) Die Eigenschaft *status* des Objektes *window* enthält den Statusleistentext. Er wird hier überschrieben von der Eigenschaft *lastModified* des Objektes *document*. Das ist das Änderungsdatum der aktuellen HTML-Datei. Dieses Datum wird automatisch in eine Zeichenkette umgewandelt.

(7) Der Kommentar muß hier auf spezielle Weise durch *//-->* geschlossen werden, denn er befindet sich noch innerhalb des Skriptes.

Damit ist das Skript im wesentlichen fertig. Es muß nur noch aufgerufen werden. Dies geschieht durch sogenannte Handlerfunktionen (engl. handle), die bei Eintritt bestimmter Ereignisse automatisch aufgerufen werden. Ihnen wird immer innerhalb einer HTML-Marke in Anführungszeichen der Code zugewiesen, den sie ausführen sollen. Unser kleines Beispiel verwendet zwei Handler:

onLoad="Meldung('Dieses Dokument enthält JavaScript!')"
Das Ereignis *Laden des Dokumentes* löst den Handler *onLoad* aus. Ihm wird hier bei der *Body*-Marke der Aufruf unserer Funktion *Meldung* zu-

gewiesen. Der Meldungstext muß aufgrund der Schachtelung von einfachen Anführungszeichen eingeschlossen werden. Bei der *Body*-Marke können Sie auch den Handler *onUnload* definieren, der beim Verlassen des Dokumentes aufgerufen wird.

onMouseover= "window.status='Klick mich an!';return true"
Dieser Handler wird aufgerufen, wenn sich der Mauszeiger über einem Verweis befindet. Hier wird keine Funktion zugewiesen, sondern gleich der Code aus zwei Anweisungen, die durch Semikolon getrennt sind. Mit *return true* wird hier sichergestellt, daß der Browser sofort die Statuszeile ändert und nicht erst die URL der Verknüpfung anzeigt. Bei Verknüpfungsmarken können Sie auch einen zweiten Handler verwenden, nämlich *onClick*.

Es gibt noch eine Reihe weiterer Ereignishandler, die aber alle in Verbindung mit Formularen bzw. Frames eingesetzt werden.

10.3 Skripte als Appletmotor

Mit Hilfe von JavaScript lassen sich die Methoden Ihrer Applets direkt aufrufen. Dadurch können Sie einem HTML-Programmierer ermöglichen, Ihre Applets nach seinem Bedarf als eine Art Funktionsbibliothek einzusetzen. Darüber hinaus können Applets durch JavaScript auf diese Weise Informationen erhalten, die ihnen normalerweise nicht zugänglich sind. Unser nächstes Beispiel demonstriert, wie ein Applet darauf reagieren kann, daß der Mauszeiger auf eine Verknüpfung bewegt wird.

10.3.1 Ein Ampel-Applet

Dazu wollen wir eine kleine Ampel realisieren, die durch eine Methode von JavaScript umgeschaltet werden kann. Das Applet muß dazu aus zwei Funktionen bestehen: Eine übernimmt die Darstellung der sichtbaren Elemente (*paint*), und die andere steuert die Veränderungen. Der Java-Code sieht folgendermaßen aus:

```
//*******************************************
// Ampel.java
import java.applet.*;
import java.awt.*;

public class Ampel extends Applet
{
   int m_nlampe=0;                                    //(1)
   public void paint(Graphics g)
   {
      g.setColor(Color.white);                        //(2)
      g.fillOval(5,5,40,40);
      g.fillOval(5,55,40,40);                         //(3)
      g.fillOval(5,105,40,40);
      switch (m_nlampe)                               //(4)
      {
      case 1:
         g.setColor(Color.red);                       //(5)
         g.fillOval(5,5,40,40);                       //(6)
         break;
      case 2:
         g.setColor(Color.yellow);
         g.fillOval(5,55,40,40);
         break;
      case 3:
         g.setColor(Color.green);
         g.fillOval(5,105,40,40);
      }
   }

   public void setLampe(int nr)                       //(7)
   {
      m_nlampe=nr;                                    //(8)
      repaint(100L);                                  //(9)
   }
}
```

(1) Wir brauchen eine Variable, um die Nummer der eingeschalteten Lampe zu speichern. Dazu definieren wir die Integer-Variable *m_nlampe.*

(2) Die Methode *paint* übernimmt die Darstellung und setzt dazu zunächst die Farbe des Grafikobjektes durch *setColor* auf weiß. Es werden so zuerst drei Lampen weiß und danach die eingeschaltete farbig gezeichnet. *Color.white* ist ein konstantes Farbobjekt der Klasse *Color.*

(3) Hier werden die drei Farbkreise durch *fillOval* gezeichnet. Diese Methode benutzt vier Parameter: die x- und y-Koordinate des linken, oberen Eckpunktes eines umschließenden Rechteckes sowie die Breite und Höhe dieses Rechtecks:

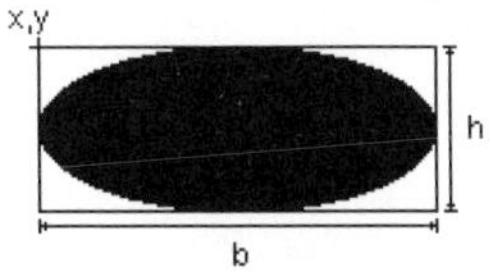

(4) Die Mehrfachverzweigung prüft die Variable *m_nlampe* und zeichnet die gewünschte Lampe farbig.

(5) Zuerst wird dazu die Farbe für das Grafikobjekt eingestellt.

(6) Danach wird mit *fillOval* in der neuen Farbe gezeichnet.

(7) Hier wird die Methode *setLampe* zum Umschalten definiert. Da sie von JavaScript benutzt werden soll, muß sie als *public* definiert werden. Der Parameter gibt die Nummer der einzuschaltenden Lampe an.

(8) Die Klasseneigenschaft *m_nlampe* wird vom Parameter gesetzt.

(9) Durch *repaint* wird ein Neuzeichnen mittels *paint* erzwungen. Wir benutzen hier eine der überladenen Methoden, um die Aktualisierung innerhalb von 0,1 Sekunden auszulösen. Der Parameter ist ein *Long*-Wert in Millisekunden.

Wenn Sie das Applet nun, wie in Kapitel 7 kennengelernt, in eine HTML-Seite einbinden und sich im Browser anschauen, dann zeigt es nur drei übereinanderstehende Kreise. Damit einer farbig dargestellt wird, muß noch die Methode *setLampe* angesprochen werden. Dies wollen wir auslösen, wenn der Mauszeiger über eine Verknüpfung fährt.

10.3.2 Die HTML-Seite

Für unsere Web-Seite brauchen wir nur wenig JavaScript-Code, den wir direkt in die Ereignishandler schreiben können. Daher ist es nicht nötig, die *<SCRIPT>*-Marken zu benutzen. Speichern Sie also die folgenden HTML-Anweisungen.

```
<html>
<head>
<title>Ampel</title>
</head>
<body>
<hr>
<applet
    code=Ampel.class
    name=A1
    width=50
    height=150 >
</applet>
<hr>
<a href="Ampel.java" onMouseOver=
 "document.A1.setLampe(1)">Rot</a><p>
<a href="Ampel.java" onMouseOver=
 "document.A1.setLampe(2)">Gelb</a><p>
<a href="Ampel.java" onMouseOver=
 "document.A1.setLampe(3)">Gr&uuml;n</a>
</body>
</html>
```

In der Markierung sehen Sie, daß dem Handler *onMouseOver* die Methode *setLampe* mit dem Parameter *1* zugewiesen wird. Weil das Applet ein Objekt mit dem Namen *A1* innerhalb der HTML-Datei ist, muß der vollständige Aufruf in der Form *Hauptobjekt.Unterobjekt.Methode* erfolgen. Dabei ist noch folgendes zu beachten:

document	referenziert immer die aktuelle HTML-Datei
A1	ist der durch *Name* bzw. *ID* in der <APPLET>-Marke festgelegte Name
setLampe()	ist eine *public*-Methode des Applets

Dasselbe gilt entsprechend für die beiden anderen Verknüpfungen. Die URLs verweisen alle drei auf den Appletcode im gleichen Verzeichnis und können natürlich durch beliebige andere ersetzt werden.

10.3.3 Das Ergebnis

Rufen Sie im Browser nun unser Dokument auf! Jedesmal, wenn Sie den Mauszeiger über einen Verweis bewegen, wird eine Ampellampe eingeschaltet, wie Sie im folgenden Bild sehen können. JavaScript erkennt dabei die Mausposition und ruft daraufhin eine Methode innerhalb unseres Java-Applets auf.

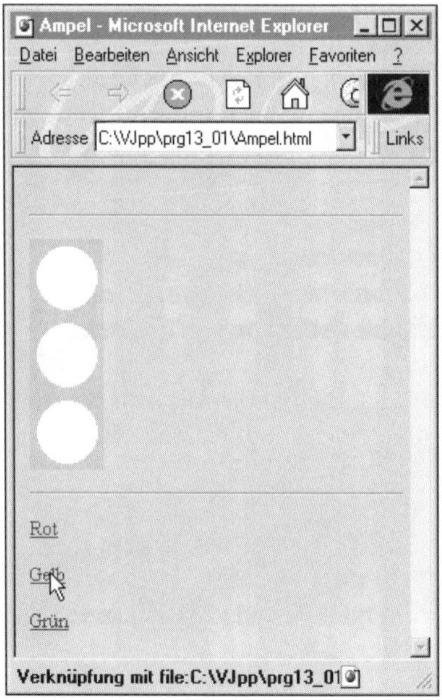

Damit wollen wir das Thema JavaScript beenden. Wer weiter experimentieren will, wird wenig Schwierigkeiten haben, denn die Syntax entspricht der von Java. Ansonsten finden Sie beim Hersteller die offizielle Dokumentation:
http://home.netscape.com/eng/mozilla/Gold/handbook/javascript/index.html

10.4 Zusammenfassung

- CGI-Skripte laufen auf dem Web-Server und werden nicht übertragen. JavaScript- und VBScript-Codes stehen in dem HTML-Dokument und werden übertragen.
- Die Syntax von JavaScript ist an C/C++ bzw. Java angelehnt, die von VBScript entspricht der von Basic. Beide werden vom Browser interpretiert.
- Die Skriptdefinitionen werden als HTML-Kommentar zwischen die Marken *<SCRIPT>* und *</SCRIPT>* geschrieben. Bei dieser Marke wird durch *language=JavaScript* bzw. *VBScript* die Sprache angegeben.
- Aufgerufen werden die Skriptroutinen durch Ereignishandler, die immer in HTML-Marken definiert werden.
- Wichtige Handler sind *onLoad, onClick* und *onMouseOver.*
- Methoden der Applets werden von JavaScript immer in der Form ***document***.*applet-id.methode(parameter)* aufgerufen.

10.5 Aufgabe

Aufgabe 19

Verändern Sie die HTML-Seite derart, daß die Handler die Appletmethode *setLampe* nicht direkt, sondern über eine Skriptfunktion aufrufen.

11 Die Kommandozentrale

Damit Applets von den Browsern einwandfrei dargestellt werden können, stellt ihre Klasse mehrere Methoden bereit, die bei Bedarf aufgerufen werden. Diese Funktionen stellen quasi die Schaltknöpfe dar, mit denen man die Applets startet, aktualisiert und beendet. Aufgabe des Programmierers ist ihre Verdrahtung, indem er den Funktionscode definiert. Dieses Kapitel beschäftigt sich mit diesen Klassenmethoden und der Parameterübergabe an Applets durch HTML.

11.1 Informationen bereitstellen

Applets sind keine selbständig lauffähigen Programme. Sie müssen von anderen Anwendungen, in die sie eingebettet sind, gestartet und gesteuert werden. Die Entwickler dieser Wirtsprogramme benötigen aber unter Umständen Informationen darüber, was das Applet macht, welche Version vorliegt usw. Zu diesem Zweck stellt das Java API die Methode *getAppletInfo* zur Verfügung. Sie wird von verschiedenen Programmen, wie beispielsweise dem Appletviewer von Sun, aufgerufen und kann auch von HTML-Autoren benutzt werden. Das folgende Programmbeispiel zeigt, wie diese Methode innerhalb einer Appletklasse definiert wird.

```
//****************************
// Beispiel
import java.applet.*
import java.awt.*

public class AppBspl extends Applet
{
```

```
      .
      .
      .
    public String getAppletInfo()
    {
       return   "Name: Fragmentbeispiel\r\n" +
                "Autor: Hans Mustermann\r\n" +
                "(C) Copyright 1997, SW GbR\r\n" +
                "Dies ist nur ein Beispiel.";
    }
      .
      .
      .
}
```

Die Funktion tut nichts anderes, als eine Zeichenkette zurückzugeben. Hier können Sie alles hineinschreiben, was Ihnen wichtig erscheint. Üblich sind der Name des Applets, Angaben zum Autor, zu Urheberrechten und Hinweise zur Verwendung. Um einen Zeilenwechsel festzulegen, benutzen Sie die Escapesequenz *\r\n* (Wagenrücklauf und Zeilenvorschub). C++-Programmierer sollten sich daran gewöhnen, daß *\n* allein für Multiplattformen nicht ausreicht, denn Applets müssen im Internet unter anderem auch von UNIX-Browsern angezeigt werden können.

Der Appletviewer von Sun zum Beispiel benutzt diese Funktion im Befehl *Applet/Info* und zeigt das Ergebnis folgendermaßen an:

Wie Sie sehen, ähnelt das Fenster den sogenannten *About*-Dialogfeldern der Windows-Programme.
Eine zweite Methode der Applet-Klasse wird benutzt, um Informationen über die Aufrufparameter auszugeben. Dies ist *getParameterInfo*, die ein mehrdimensionales Array von Zeichenketten liefert. Im nächsten Programmbeispiel sehen Sie eine Definition dieser Methode.

```
//*************************
// Beispiel
import java.applet.*
import java.awt.*

public class AppBspl extends Applet
{
   private final String PARAM_text = "text";         //(1)
   private final String PARAM_appletfarbe =
                              "appletfarbe";
   private final String PARAM_textfarbe =
                              "textfarbe";
      .
      .
      .
   public String[][] getParameterInfo()              //(2)
   {
      String[][] info =
      {
         {PARAM_text,"String","Anzuzeigender Text"},
         {PARAM_appletfarbe,"int","Hintergrundfarbe"},
         {PARAM_textfarbe,"int","Farbe für Text"},
      };
      return info;
   }
      .
      .
      .
}
```

(1) Die Namen der Parameter werden in der Regel als konstante Variablen (*final*) gespeichert, damit man bei Änderungen nur eine Stel-

le im Programm korrigieren muß. Näheres hierzu erläutern wir im Kapitel 11.2 zum Thema Parameterübergabe.

(2) Die Methode *getParameterInfo* ist eine *public*-Funktion und gibt ein Array von Arrays aus Zeichenketten zurück. Für jeden Parameter werden dabei der Name, sein Typ und eine Kurzbeschreibung angegeben. Ein Array wird dadurch definiert, daß die Elemente in geschweiften Klammern { ... } aufgezählt werden. Der Typ eines einfachen Zeichenketten-Arrays lautet *String []*. Hier werden also eckige Klammern benutzt. Sind, wie bei *getParameterInfo*, die einzelnen Elemente des Arrays wieder Arrays, erkennbar an den geschachtelten geschweiften Klammern, so lautet der Typ *String [] []*.

Auch diese Funktion wird beispielsweise durch den Befehl *Applet/Info* des Sun-Appletviewers aufgerufen, wie im folgenden Bild dargestellt.

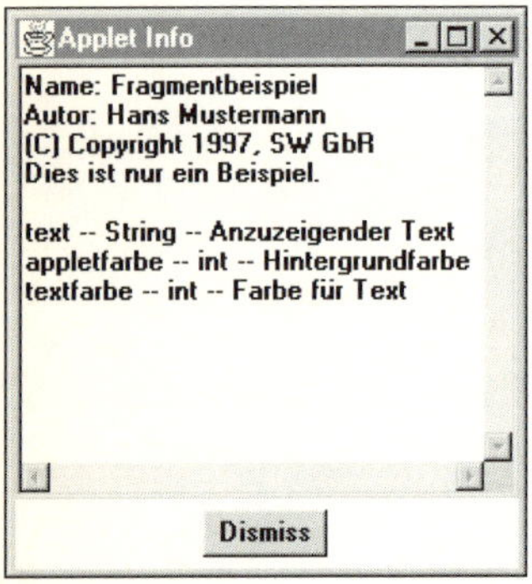

Im Beispiel zeigt das Applet an, daß es drei Parameter benutzt, einen vom Typ *String* und zwei *int*-Werte, mit denen Text sowie Vorder- und Hintergrundfarbe festgelegt werden können.

11.2 Parameter übergeben

Oft stellen Applets eine Funktionalität bereit, die von den HTML-Dokumenten durch Parameter gesteuert werden kann. Diese werden, wie Sie bereits im Kapitel 7.2.1 kurz gesehen haben, bei der <APPLET>-Marke festgelegt. Für das Applet aus dem vorherigen Kapitel kann die HTML-Datei beispielsweise folgende Marken enthalten:

```
<applet
   code=Standardmethoden.class
   id=Std
   width=320
   height=240 >
   <param name=text
      value="Dieser Text kommt von der HTML-Datei.">
   <param name=appletfarbe value=15600000>
   <param name=textfarbe value=00FF00>
</applet>
```

Hier werden dem Applet drei Parameter übergeben. Jedesmal wird eine Marke *<PARAM>* benutzt. Mit *NAME* wird der Parametername ohne Anführungszeichen und mit *VALUE* sein übergebener Wert festgelegt. Der erste Parameter erhält hier einen Text, der zweite eine Dezimalzahl und der dritte eine Hexadezimalzahl.
Im Gegensatz zu anderen Programmiersprachen, in denen Parameter der Hauptfunktion, beispielsweise *main*, oder dem Konstruktor übergeben werden, müssen Sie bei Applets jeden Parameter explizit mittels *getParameter* ermitteln und einer Variablen zuweisen. Wir zeigen dies im folgenden an einem Beispiel, das eine Zeichenkette anzeigt. Dieser Text sowie seine Farbe und die Hintergrundfarbe des Applets können per HTML als Parameter übergeben werden.

```
//*************************************************
// Standardmethoden.java:  Applet
import java.applet.*;
import java.awt.*;

public class Standardmethoden extends Applet
{
   private String m_text="Hier erscheint Text.";   //(1)
   private int m_appletfarbe = 16777215;           //(2)
   private int m_textfarbe = 0;                    //(3)

   private Color m_ctext;                          //(4)
   private Color m_cpanel;                         //(5)
```

```
private final String PARAM_text = "text";             //(6)
private final String PARAM_appletfarbe =
                     "appletfarbe";                   //(7)
private final String PARAM_textfarbe =
                     "textfarbe";                     //(8)

public String[][] getParameterInfo()
{
   String[][] info =
   {
      {PARAM_text,"String","Anzuzeigender Text"},
      {PARAM_appletfarbe,"int","Hintergrundfarbe"},
      {PARAM_textfarbe,"int","Farbe für Text"},
   };
   return info;
}

public void init()
{
   String param;                                      //(9)
   param = getParameter(PARAM_text);                  //(10)
   if (param != null)                                 //(11)
      m_text = param;                                 //(12)

   param = getParameter(PARAM_appletfarbe);
   if (param != null)
      m_appletfarbe=Integer.parseInt(param);          //(13)

   param = getParameter(PARAM_textfarbe);
   if (param != null)
      m_textfarbe=Integer.parseInt(param,16);         //(14)

   m_ctext = new Color(m_textfarbe);                  //(15)
   m_cpanel = new Color(m_appletfarbe);               //(16)
   setBackground(m_cpanel);                           //(17)
   setForeground(m_ctext);                            //(18)
}

public void paint(Graphics g)
```

```
    {
        g.drawString(m_text, 10, 20);
    }
}
```

(1) Für jeden Parameter benötigen Sie eine Variable, um den Wert zu speichern. Hier wird das Attribut *m_text* für die anzuzeigende Zeichenkette definiert. Wir weisen gleich einen Vorgabewert zu, damit es nicht zu Abstürzen kommt, falls kein Parameter übergeben wird.
(2) Genauso wird hier *m_appletfarbe* für die Hintergrundfarbe definiert. Farben werden durch Ganzzahlen beschrieben, die die Farbanteile (0–255) der Grundfarben Rot, Grün und Blau nach folgender Formel angeben: *rot**256*256+*grün**256+*blau*. Anders ausgedrückt enthält ein Farbwert in den Bits 0–7 den Blauanteil, in den Bits 8–15 den Grünanteil und in den Bits 16–23 den Rotanteil. Hier wird als Vorgabefarbe Weiß festgelegt.
(3) Für die Textfarbe wird *m_textfarbe* mit der Vorgabe Schwarz definiert.
(4) Die gerade definierten Ganzzahlen beschreiben zwar Farben, können jedoch von Java nicht direkt zum Zeichnen benutzt werden. Dazu benötigen wir Farbobjekte der Klasse *Color*. Die Eigenschaft *m_ctext* wird hier für die Vordergrundfarbe deklariert.
(5) Ebenso wird *m_cpanel* für die Hintergrundfarbe deklariert.
(6) Da die Parameter namentlich und nicht in einer vorher bestimmten Reihenfolge übergeben werden, wird hier eine konstante (*final*) Variable *PARAM_text* für den Namen des Anzeigetext-Parameters definiert. Dies hat den Vorteil, daß auch die Methode *getParameterInfo* diese Variable benutzen kann, um die Parameternamen auszugeben. Wenn also aus irgendwelchen Gründen die Parameterbezeichnung geändert werden muß, so ist nur hier eine Korrektur vorzunehmen. Der Variablenname ist übrigens frei vergebbar.
(7) Der nächste Parametername wird durch *PARAM_appletfarbe* definiert.
(8) Der letzte Parametername wird durch *PARAM_textfarbe* festgelegt.
(9) Die Parameter werden grundsätzlich als Zeichenkette übergeben. Deshalb benötigen wir zunächst eine Hilfsvariable, die wir hier *param* genannt haben, zur Zwischenspeicherung. Der Inhalt muß dann später in den jeweiligen Typ umgewandelt werden.

(10) Hier erfolgt die eigentliche Parameterübernahme. Die Methode *getParameter* benutzt ein Zeichenkettenargument *PARAM_text*, um in der HTML-Datei die *<PARAM>*-Marke mit der passenden *NAME*-Angabe zu suchen. Sie liefert den in HTML durch *VALUE* angegebenen Wert als Zeichenkette zurück.

(11) Wir müssen durch Vergleich mit *null* unbedingt testen, ob wirklich vom HTML-Dokument ein Wert festgelegt wurde. Nur dann darf der Rückgabewert von *getParameter* auch benutzt werden.

(12) Bei positivem Test erfolgt die Zuweisung.

(13) Wenn es sich bei einem Parameter nicht um eine Zeichenkette handelt, dann ist eine Umwandlung erforderlich. Die Klasse *Integer* stellt hier die Methode *parseInt* zur Verfügung, um eine Zeichenkette, die nur aus Ziffern und gegebenenfalls Vorzeichen besteht, in eine Ganzzahl umzuwandeln. Für Objekte der anderen Datentypenklassen gibt es entsprechende *parse*-Methoden bzw. eine Methode *valueOf*, um die korrekte Umwandlung durchzuführen.

(14) Die Methode *parseInt* ist so überladen, daß sie die Zeichenkette auch als Zahl eines anderen Zahlensystems interpretieren kann. Durch den zweiten Funktionsparameter 16 wird hier eine hexadezimale Angabe in einen Zahlenwert umgewandelt.

(15) Hier wird das Farbobjekt *m_ctext* durch den Operator *new* erzeugt. Es wird dabei der Konstruktor *Color* benutzt, der zur Initialisierung einen Ganzzahl-RGB-Wert benutzt. Dieser wird von *m_textfarbe* geliefert.

(16) Genauso wird mit *m_cpanel* für die Hintergrundfarbe verfahren.

(17) Die Applet-Elternklasse *Component* liefert die Methode *setBackground*, um die Hintergrundfarbe einzustellen. Es muß dafür ein Farbobjekt als Parameter übergeben werden.

(18) *Component* liefert ebenfalls die Methode *setForeground*, um die Vordergrundfarbe festzulegen, in der gezeichnet und geschrieben wird.

11.3 Eigenschaften initialisieren

Die Parameterübernahme erfolgte im vorherigen Beispiel in einer Funktion namens *init*. Diese Methode wird von den Browsern automatisch nach dem Konstruktor aufgerufen. Beide Funktionen können benutzt werden, um Eigenschaften zu initialisieren. Abgesehen von der Reihenfolge, in der sie aufgerufen werden, gibt es weitere Unterschiede zwischen ihnen, die für die Initialisierungen ausschlaggebend sind.

Konstruktor

Wenn der Konstruktor aufgerufen wird, existiert das Applet noch nicht. Über ihn werden die Konstruktoren der Elternklassen aufgerufen, wodurch danach erst die ererbten Methoden zur Verfügung stehen. Die Verwendung von *getParameter* im Konstruktor wird daher zu einem Laufzeitfehler führen. Normale Initialisierungen durch beispielsweise Zuweisungen der Vorgabewerte für die Appletparameter und andere Klasseneigenschaften sind hier möglich:

```
public Standardmethoden()
{
   m_text="Hier erscheint Text.";
   m_appletfarbe = 16777215;
   m_textfarbe = 0;
}
```

init

Die Methode *init* ist in gewisser Weise vergleichbar mit der Funktion *main* bei Java-Anwendungen. In beiden Fällen existiert das Programm bzw. Applet bereits, und die Debugger setzen bei diesen Funktionen auf. Hier stehen die Methoden ihrer Elternklassen zur Verfügung und können daher benutzt werden, um Eigenschaften zu initialisieren. Die Verwendung der Methoden *getParameter, setBackground* und *setForeground* sind Beispiele dafür.

11.4 Start und Stop

Wenn Browser eine Web-Seite anzeigen, die ein Applet enthält, wird dieses geladen und gestartet. Ruft der Anwender nun ein anderes Dokument auf, so wird das Applet nicht automatisch aus dem Arbeitsspeicher entfernt. Damit der Computer jetzt aber nicht nach und nach von den Applets durch CPU-aufwendige Prozesse, wie beispielsweise Animationen, lahmgelegt wird, gibt es die Klassenmethoden *start* und *stop*.

start

Jedesmal, bevor der Browser das Applet anzeigt, ruft er die Funktion *start* auf. Dies geschieht sowohl beim erstmaligen Anzeigen der Web-Seite als auch bei der Rückkehr von anderen Dokumenten. In dieser Funktion können also alle für die Darstellung des Applets wichtigen Anweisungen stehen, insbesondere die Aktivierung von Animationen.

stop

Umgekehrt wird jedesmal, wenn der Browser ein anderes Dokument anzeigen soll oder wenn er beendet wird, die Methode *stop* aufgerufen. Sie ist deshalb der ideale Platz, um alles, was in der Funktion *start* erzeugt wurde, wieder rückgängig zu machen.

Wenn wir unser Beispiel aus Kapitel 11.2 um ein paar Anweisungen und diese zwei Methoden erweitern, können Sie die Aufrufreihenfolge testen. Diese Erweiterungen bestehen aus einer Variablen, die mitzählt, wie oft das Applet verlassen wurde, und einer von ihr abhängigen Meldung. Wird das Applet zum ersten Mal angezeigt, dann soll dies eine Begrüßung sein. Danach soll die Meldung die Anzahl der Folgeaufrufe angeben.
Dazu müssen wir zunächst die beiden Variablen deklarieren. Die folgenden Anweisungen stehen am Anfang der Appletklasse.

```
private int m_count;
private String m_msg;
```

Die Initialisierung dieser Variablen wollen wir im Konstruktor vornehmen. Fügen Sie den Konstruktor (siehe Kapitel 11.3) der Klasse hinzu, und ergänzen Sie ihn um folgende Anweisungen:

```
m_count=0;
m_msg=null;
```

Die Anzeige der Meldung übernimmt wieder die Methode *paint*:

```
public void paint(Graphics g)
{
   g.drawString(m_text, 10, 20);
   g.drawString(m_msg, 10, 35);
}
```

Die Methode *start* paßt vor der Anzeige den Inhalt von *m_msg* an. Dieser ist abhängig von der Zählvariablen *m_count*.

```
public void start()
{
   if (m_count==0)
      m_msg="Sie sind neu hier.";
   else
      m_msg="Sie waren "+m_count+"mal weg.";
}
```

Die Methode *stop* zählt nur mit, wie oft sie aufgerufen wurde. Dadurch weiß das Applet, wie oft zu einem anderen Web-Dokument gewechselt worden ist.

```
public void stop()
{
   m_count++;
}
```

Das Applet zeigt sich im Browser dann beispielsweise so:

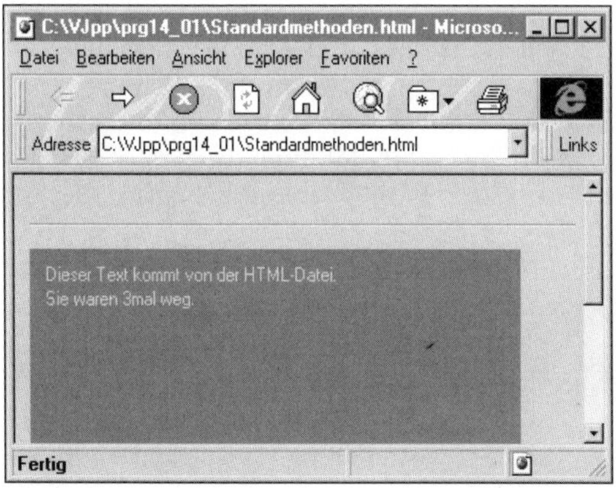

11.5 Das Ende eines Applets

Spätestens dann, wenn ein Browser beendet wird, müssen die Applets alle in Anspruch genommenen Ressourcen wieder freigeben. Zu diesem Zweck wird beim Beenden der Applets zuerst deren Methode *stop* und danach *destroy* aufgerufen. So wird also zuerst alles beendet, was auch beim vorübergehenden Verlassen des Applets gestoppt wird. In *destroy* kann dann der Rest erledigt werden, der für einen ordentlichen Abschluß notwendig ist. Dies können beispielsweise von *init* gestartete Animationen oder separate Programmabläufe (Threads) sein.

11.6 Zusammenfassung

- Die Appletklasse verfügt über einen Satz von Methoden, die es den Browsern und Appletviewern gestatten, Objekte dieser Klasse zu steuern. Je nach Situation wird eine einzelne Methode oder eine bestimmte Folge von ihnen aufgerufen. Dies sind

beim Laden:	Konstruktor → init → start → paint
zum Aktualisieren:	paint
beim Wechseln:	stop
bei der Rückkehr:	start
beim Beenden:	stop → destroy

- Alle diese Methoden sind vom Typ *public void* und übernehmen keine Parameter.
- Appletparameter müssen explizit mit der Methode *getParameter* ermittelt werden.
- Diese Funktion sucht im HTML-Dokument nach einer <PARAM>-Marke, bei der die Angabe zu NAME mit ihrem Parameter übereinstimmt, und liefert den durch VALUE gekennzeichneten Wert als Zeichenkette.
- Die Methode *getAppletInfo* liefert eine Zeichenkette und wird in der Regel überschrieben, um Autoren- und Copyrightinformationen auszugeben.
- Um die Parameterinformationen zu dokumentieren, wird *getParameterInfo* benutzt. Diese Methode liefert ein Array von Arrays von Zeichenketten. Bei n Parametern sind dies $n \times 3$ Zeichenketten.

11.7 Aufgaben

Aufgabe 20

Warum werden die Appletparameternamen in Variablen gespeichert und nicht als Literale im Programm verwendet?

Aufgabe 21

Mit der Appletmethode *resize(int breite, int höhe)* können Sie die Größe bestimmen. Legen Sie zwei zusätzliche Parameter für das Applet fest, und benutzen Sie sie, um variable Größen zu ermöglichen. In welcher Funktion müssen Sie *resize* aufrufen?

Aufgabe 22

Ergänzen Sie das Programm um zusätzliche Zählvariablen für die Standardmethoden *init, start* und *destroy,* und lassen Sie ihre Werte anzeigen.

12 Ereignisse verarbeiten

Applets verfügen nicht nur über eine vorgegebene Funktionalität, sondern können, wie andere Programme auch, interaktiv Eingaben des Anwenders verarbeiten. Wir zeigen Ihnen in diesem Kapitel die wichtigsten Ereignisse, auf die Applets reagieren, und wie Sie sie benutzen können.

12.1 Das Konzept

Bevor wir uns ein Beispiel ansehen, möchten wir zuerst das Grundprinzip erläutern, nach dem Applets Eingaben verarbeiten. Denjenigen von Ihnen, die sich bereits mit der Windows-Programmierung beschäftigt haben, wird das Folgende bekannt vorkommen. Aber Vorsicht: Das Konzept ist zwar ähnlich, bei Java handelt es sich jedoch um ein plattformunabhängiges Verfahren.

12.1.1 Ereignisse

Jedesmal, wenn eine Taste gedrückt, die Maus bewegt, das Applet verdeckt wird usw., wird ein Objekt der Klasse *Event* erzeugt. Jedem für das Applet wichtige Ereignis entspricht also ein Programmobjekt, das durch seine Attribute das jeweilige Ereignis genauer beschreibt.
Diese Attribute besitzen alle das Zugriffsprivileg *public* und haben im einzelnen folgende Bedeutung:

Object target	gibt das Objekt an, für das das Ereignis eingetreten ist.
long when	gibt Datum und genaue Uhrzeit des Ereignisses an.
int id	ist eine Zahl, die den Ereignistyp beschreibt. Wenn eine Taste betätigt wird, kann man hierüber beispielsweise feststellen, ob es sich um eine normale oder um eine Sondertaste handelt.

int modifiers	gibt an, ob [⇧]- (1), [Strg]- (2), [Alt]- (8) oder rechte Maustaste (4) gedrückt sind. Eine Kombination entspricht der Summe der Werte. Um festzustellen, ob eine der Tasten gedrückt ist, stehen die Methoden *shiftDown, controlDown* und *metaDown* zur Verfügung.
int x	enthält für Mausereignisse die x-Koordinate des Cursors.
int y	enthält für Mausereignisse die y-Koordinate des Cursors.
int key	enthält bei Tastaturereignissen den Tastencode.
int clickCount	enthält nur bei Mausklicks einen Wert, nämlich ihre Anzahl. Dadurch können Doppelklicks festgestellt werden.
Object arg	steht für besondere Ereignisse bereit, die zusätzliche Daten benötigen.
Event evt	enthält ggf. das Folgeereignis.

Uns stehen mit einem Ereignisobjekt also alle Informationen zur Verfügung, um genau festzustellen, wann was passiert ist. Bleibt nur die Frage: Wie kommen wir an das Objekt heran?

12.1.2 Ereignishandler

Im vorherigen Kapitel 11 haben Sie bereits kennengelernt, wie in bestimmten Situationen ganz spezielle Klassenmethoden der Applets aufgerufen werden. Bei den Ereignissen verhält es sich ähnlich.
Immer, wenn ein Ereignis eintritt, wird eine zentrale Methode der Applets aufgerufen, die diese von ihrer Elternklasse *Component* geerbt haben. Sie heißt *handleEvent* und erhält eine Referenz des Ereignisobjekts als Parameter übergeben. Ihre Definition lautet:

```
public boolean handleEvent(Event evt);
```

Der Rückgabewert gibt an, ob das Ereignis verarbeitet wurde (*true*) oder ob das Elternobjekt die Verarbeitung übernehmen soll (*false*). Die Methode *handleEvent* ist die Drehscheibe der Ereignisverarbeitung. Sie macht in der Basisversion nichts anderes, als den Ereignistyp festzustellen und das Objekt an spezielle Ereignisfunktionen, auch Handler-

funktionen oder kurz Handler genannt, weiterzureichen, wobei jeweils die wichtigen Attribute des Ereignisobjektes, wie beispielsweise Mauskoordinaten oder Tastencode, als separate Parameter übergeben werden.
Diese speziellen Handler sind alle *public*, geben einen *boolean*-Wert zurück und sind im einzelnen zuständig für:

gotFocus(Event evt, Object what)	Erhalt des Eingabefokus
lostFocus(Event evt, Object what)	Verlust des Eingabefokus
mouseEnter(Event evt, int x, int y)	Maus tritt ins Applet ein
mouseExit(Event evt, int x, int y)	Maus hat Applet verlassen
mouseDown(Event evt, int x, int y)	Maustaste wurde gedrückt
mouseDrag(Event evt, int x, int y)	Maus wird gezogen
mouseUp(Event evt, int x, int y)	Maustaste wurde losgelassen
mouseMove(Event evt, int x, int y)	Maus wird bewegt
keyDown(Event evt, int key)	Tastaturtaste wurde gedrückt
keyUp(Event evt, int key)	Tastaturtaste wurde losgelassen
action(Event evt, Object what)	fast alles andere

Wenn unsere Applets nun auf Ereignisse reagieren sollen, so müssen wir die zuständige Handlerfunktion in der Appletklasse überschreiben und mit der gewünschten Funktionalität ausstatten. Sie können aber auch die Funktion *handleEvent* überschreiben, wenn Sie die komplette Ereignisverarbeitung selbst steuern wollen.

12.2 Der Fokus wechselt

Nach seinem Start besitzt meistens der Web-Browser den Fokus. Das heißt nichts anderes, als daß er im Brennpunkt aller Aktivitäten steht. Er erhält alle Tastatur- und Mauseingaben. Andere Programme und auch das Applet erhalten unter anderem den Fokus, wenn sie mit der Maus angeklickt werden. Das folgende Beispiel zeigt, wie ein Applet diesen Fokuswechsel erkennen und darauf reagieren kann.

```
//*****************************************************
// Fokusereignisse
import java.applet.*;
import java.awt.*;

public class Fokusereignisse extends Applet
{
   private String m_text="Hallo!";
   public void paint(Graphics g)
   {
      g.drawString(m_text, 50, 100);
   }

public boolean gotFocus(Event evt, Object what)    //(1)
   {
      setBackground(Color.white);
      m_text="Hallo!";
      repaint();
      return true;                                 //(2)
   }

public boolean lostFocus(Event evt, Object what)   //(3)
   {
      setBackground(Color.gray);
      m_text="Tschüß";
      repaint();
      return true;
   }
}
```

(1) Die Methode *gotFocus* wird aufgerufen, wenn das Applet den Fokus erhält. Die Parameter sind das Ereignisobjekt und das Objekt, das das Ereignis betrifft. Um auf den Fokuserhalt reagieren zu können, müssen wir diese Funktion überschreiben. Wir ändern nur die Hintergrundfarbe, definieren den Anzeigetext und fordern mit *repaint* eine Bildschirmaktualisierung an.

(2) Wir geben *true* zurück, denn wir haben das Ereignis vollständig behandelt. Soll das Elternobjekt die Verarbeitung fortsetzen, muß *false* zurückgegeben werden.

(3) Ähnlich verfahren wir mit der Methode *lostFocus*, die aufgerufen wird, wenn das Applet den Eingabefokus verliert.

Lassen Sie sich nun im Browser die HTML-Seite mit diesem Applet anzeigen, und klicken Sie abwechselnd auf das Applet und seine Umgebung. Nach dem Start ist das Applet zunächst hellgrau. Dies entspricht dem Standard. Wenn Sie es anklicken, erhält es den Fokus. Aufgrund dieses Ereignisses wird *gotFocus* aufgerufen und stellt die Farbe Weiß ein. Klicken Sie anschließend neben das Applet, wird zum ersten Mal *lostFocus* aufgerufen und stellt Dunkelgrau als Hintergrundfarbe ein. Zusätzlich zeigen die Texte den Fokuswechsel an.

12.3 Die Maus wird benutzt

Die meisten Ereignisse treten im Zusammenhang mit der Maus auf. Java kennt eigentlich nur eine Maustaste, deshalb gibt es beispielsweise für Mausklicks auch nur eine Handlerfunktion. Dennoch besteht die Möglichkeit, auch auf die rechte Maustaste zu reagieren. Wir zeigen dies im Kapitel 12.3.2. Doch zunächst wollen wir uns zwei Mausereignissen zuwenden, die unabhängig vom Eingabefokus sind.

12.3.1 Die Maus kommt und geht

Egal, ob das Applet den Fokus besitzt oder nicht, es erhält immer dann, wenn der Cursor die sichtbare Appletgrenze überschreitet, ein Ereignisobjekt übergeben. Tritt er in die Appletfläche ein, so wird das Objekt der Methode *mouseEnter* übergeben, und verläßt er sie, erhält es *mouseExit*.

Das folgende Beispiel macht diese Ereignisse sichtbar, indem es an der Eintrittsstelle des Cursors zunächst einen Punkt zeichnet und bei seinem Austritt die beiden Übergangsstellen durch eine Linie verbindet.

```
//****************************************************
// Grenzgaenger.java
import java.applet.*;
import java.awt.*;
```

```
public class Grenzgaenger extends Applet
{
   Point m_eintritt;                                    //(1)
   Point m_ausgang;                                     //(2)

   public Grenzgaenger()
   {
      m_eintritt=new Point(159,119);                    //(3)
   }

   public void paint(Graphics g)
   {
      if (m_ausgang != null)                            //(4)
         g.drawLine(m_eintritt.x,m_eintritt.y,
                    m_ausgang.x,m_ausgang.y);           //(5)
      else
         g.fillOval(m_eintritt.x-3,m_eintritt.y-3,
                    5,5);                               //(6)
   }

   public boolean mouseEnter(Event evt, int x, int y)
   {
      m_eintritt = new Point(x,y);                      //(7)
      m_ausgang = null;                                 //(8)
      repaint();
      return true;
   }

   public boolean mouseExit(Event evt, int x, int y)
   {
      m_ausgang = new Point(x,y);                       //(9)
      repaint();
      return true;
   }
}
```

(1) Die Klasse *Point* dient zum Verwalten von Punktkoordinaten, die in ihren *public*-Klassenvariablen *x* und *y* gespeichert werden. Wir benutzen *m_eintritt* für die Koordinaten des Cursor-Eintrittspunktes.

(2) In dem Punktobjekt *m_ausgang* speichern wir später die Koordinaten des Austrittspunktes.

(3) Im Konstruktor unserer Appletklasse initialisieren wir das Punktobjekt für die Eintrittskoordinaten mit Hilfe des *Point*-Konstruktors. Er benötigt zwei Parameter, nämlich eine x- und y-Koordinate. Wir geben hier den Mittelpunkt des Applets als Ausgangspunkt an.

(4) Solange der Austrittspunkt noch unbekannt ist, soll *paint* nur einen Punkt, ansonsten eine Linie zeichnen. Dies können wir durch Vergleich mit *null* feststellen.

(5) Die *Graphics*-Methode *drawLine* verbindet die durch die Koordinatenparameter angegebenen Punkte durch eine Linie.

(6) Die Methode *fillOval* kennen Sie bereits aus Kapitel 10.3.1. Da die Kreise und Ellipsen immer rechts unterhalb des angegebenen Punktes liegen, ziehen wir den gerundeten, halben Durchmesser ab.

(7) Wenn der Cursor auf das Applet bewegt wird, erfolgt der Aufruf von *mouseEnter*. Deshalb werden hier die Ereigniskoordinaten im Objekt *m_eintritt* gespeichert. Statt den Konstruktor zu benutzen, hätten wir auch *m_eintritt.move(x, y)* verwenden können. Diese *Point*-Methode verschiebt quasi den Punkt, indem es ihm die neuen Koordinaten zuweist. Daher also der englische Name *move*.

(8) Da der Cursor gerade «hereingekommen» ist, wird der Austrittspunkt ungültig. Deshalb weisen wir ihm *null* zu.

(9) Sobald der Mauszeiger die Appletfläche verläßt, wird die Methode *mouseExit* aufgerufen. Hier werden nun die Koordinaten des Austrittspunktes gespeichert.

12.3.2 Malen mit der Maus

Die Appletbedienung bzw. die Eingabe durch Benutzer erfolgt mit der Maus durch Bewegen, Klicken und Ziehen. Nur wenn es den Fokus besitzt, erhält das Applet diese Mausereignisse. Am besten lassen sie sich an einem kleinen Malprogramm demonstrieren.

Zuvor jedoch noch ein paar Worte zu den Maltechniken. Grundsätzlich können Sie zwischen freihändigem und geometrischem Zeichnen unterscheiden. Sie haben bereits einige Methoden der *Graphics*-Klasse kennengelernt, wie beispielsweise *drawLine* und *fillOval*. Sie eignen sich für beide Techniken, müssen aber jeweils anders eingesetzt werden. Während sich geometrische Objekte durch einige wenige Punkte (siehe Kapitel 10.3.1 und 12.3.1) und gegebenenfalls ihre Abmessungen beschreiben lassen, stellen Freihandobjekte eine dichte Folge von kleinen Punkten oder ganz kurzen Linien dar. Wir demonstrieren im folgenden Beispiel das freihändige Malen als Punktfolge.

Ziehen und Bewegen

Das Beispiel soll folgende Funktionen realisieren:

- Wenn die Maus bewegt wird, dann soll in der Statuszeile die Cursorposition angezeigt werden.
- Wenn sie gezogen, also bei gedrückter Maustaste bewegt wird, dann soll gezeichnet werden.

Unser Appletcode sieht folgendermaßen aus:

```
//**************************************************
// Malen.java
import java.applet.*;
import java.awt.*;

public class Malen extends Applet
{
   Point m_punkt;                                    //(1)

   public Malen()                                    //(2)
   {
      m_punkt= new Point(-1,-1);
   }

   public void paint(Graphics g)
   {
      g.fillOval(m_punkt.x,m_punkt.y,1,1);           //(3)
      showStatus("(x/y): ("+m_punkt.x+"/"
                      +m_punkt.y+")");               //(4)
   }

   public boolean mouseDrag(Event evt, int x, int y)
   {
      m_punkt.move(x,y);                             //(5)
```

```
        repaint(m_punkt.x,m_punkt.y,1,1);                  //(6)

        return true;
    }

    public boolean mouseMove(Event evt, int x, int y)
    {
        showStatus("(x/y): ("+x+"/"+y+")");               //(7)
        return true;
    }
}
```

(1) Im Punktobjekt *m_punkt* speichern wir die Koordinaten des von *paint* zu zeichnenden Punktes.

(2) Im Appletkonstruktor wird das Objekt initialisiert. Wir verwenden hier negative Koordinaten, damit nicht schon zu Beginn ein Punkt gezeichnet wird. Sie können hier auch andere, außerhalb des Applets liegende Koordinaten angeben.

(3) Wenn *paint* das Applet aktualisiert, zeichnet es zuerst an den durch *m_punkt* angegebenen Koordinaten einen 1×1 Pixel großen Punkt.

(4) Mit *showStatus* wird eine Zeichenkette in der Statuszeile ausgegeben. Hier besteht sie aus dem festen Text *(x/y):* und den eingeklammerten Cursorkoordinaten. Dadurch, daß der Operator + hier mit Zeichenketten verwendet wird, werden die *int*-Werte in Zeichenketten konvertiert. Der Parameter muß immer eine Zeichenkette sein.

(5) Wenn die Maus bei gedrückter Maustaste bewegt wird, erhält die Methode *mouseDrag* das Ereignisobjekt. Die Methode *move* überschreibt die Koordinaten von *m_punkt* mit den aktuellen Werten.

(6) Die Parameter von *repaint* geben den zu aktualisierenden Bereich an. Daher wird hier das Pünktchen gezeichnet, während der Rest sichtbar bleibt. Ohne diese Parameter würde das gesamte Applet aktualisiert, und nur der letzte Punkt bliebe übrig.

(7) Wird die Maus bewegt, ohne daß eine Taste gedrückt ist, dann wird *mouseMove* aufgerufen. Damit nicht ständig neu gezeichnet werden muß, geben wir hier direkt die Mauskoordinaten in der Statusleiste aus.

Das folgende Bild zeigt das Ergebnis unserer Arbeit.

Wenn Sie das Applet ausprobieren, so beachten Sie bitte, daß die Cursorposition nur angezeigt werden kann, wenn das Applet den Fokus besitzt. Sie müssen es also unter Umständen erst anklicken.

Die Dichte der Pünktchen beim Zeichnen hängt davon ab, wie schnell Sie die Maus ziehen. Es werden nämlich immer zuerst alle Ereignisse verarbeitet und danach erst wird *paint* aufgerufen. Folgen die Mausereignisse also zu schnell aufeinander, kann *paint* nicht mehr dazwischengeschoben werden und zeichnet somit nur noch den letzten erkannten Punkt.

Wenn Sie einmal die Größe des Browserfensters verändern, dann wird das gesamte Applet neu gezeichnet, und weg ist das Bild! Dies liegt daran, daß wir die gezeichneten Punkte nicht speichern. Bevor wir unser Beispiel um weitere Methoden zur Verarbeitung der Mausereignisse erweitern, wollen wir daher zuerst die Möglichkeit schaffen, unsere Kritzeleien zu sichern.

Um eine passende Speicherform zu finden, sollten Sie immer genau überlegen, wie die Struktur der zu speichernden Objekte aussieht. In unserem Fall wollen wir eine Zeichnung speichern. Diese besteht aus Strichen oder besser Kurven, die wiederum aus Punkten bestehen. Für solche komplexen Strukturen müssen meistens eigene Klassen definiert werden. Eine Möglichkeit wäre es natürlich, direkt von der Klasse *Object* abzuleiten. Dann müßten wir aber sehr viel Funktionalität programmieren. Viel besser ist es, im *Package java.util* nach einer geeigneten Elternklasse zu suchen. Hier finden Sie die Klasse *Vector*, die sich für unsere Zwecke anbietet. Objekte dieser Klasse können beliebige Objekte in einem dynamisch wachsenden bzw. schrumpfenden Array speichern. Wir werden sie also benutzen, um die einzelnen Striche unserer Zeichnung zu speichern. Die einzelnen Striche bestehen aber auch wieder aus einer unterschiedlichen Zahl anderer Objekte, nämlich den Punkten. Also muß unsere *Vector*-Klasse wiederum *Vector*-Objekte speichern, die dann die *Point*-Objekte aufnehmen. Wir definieren unsere Klasse daher folgendermaßen:

```
class Zeichnung extends Vector
{
   Vector m_kurve;                                      //(1)

   public Zeichnung(int startGroesse,
                    int zuwachs)                        //(2)
   {
      super(startGroesse,zuwachs);
   }

   public final void erzeugeKurve()                     //(3)
   {
      m_kurve = new Vector(100,50);
   }

   public final void fuellKurve(int x, int y)           //(4)
   {
      m_kurve.addElement(new Point(x,y));
   }

   public final void beendeKurve()                      //(5)
   {
      addElement(m_kurve);
   }
```

```
    public final void zeichneKurve(Graphics g)          //(6)
    {
        for (int i=0;i<elementCount;i++)                 //(7)
        {
            Vector strich=(Vector)elementAt(i);
            for (int j=0;j<strich.size()-1;j++)
                g.drawLine(((Point)strich.elementAt(j)).x,
                    ((Point)strich.elementAt(j)).y,
                    ((Point)strich.elementAt(j+1)).x,
                    ((Point)strich.elementAt(j+1)).y);
        }
        if(m_kurve!=null)                                //(8)
        for (int i=0;i<m_kurve.size()-1;i++)
        {
                g.drawLine(((Point)m_kurve.elementAt(i)).x,
                    ((Point)m_kurve.elementAt(i)).y,
                    ((Point)m_kurve.elementAt(i+1)).x,
                    ((Point)m_kurve.elementAt(i+1)).y);
        }
    }

    public final void entleereZeichnung()                //(9)
    {
        removeAllElements();
    }
}
```

Sie erhält gleich alle Methoden, um neue Kurven anzulegen, Punkte darin zu speichern, Kurven der Zeichnung hinzuzufügen, die Zeichnung anzuzeigen und sie zu löschen.

(1) Die Klasse enthält ein Objekt *m_kurve*, das die Kurve speichert, die gerade noch gezeichnet wird. Erst wenn ein Linienzug fertig ist, wird er dem Zeichnungsobjekt hinzugefügt.

(2) Der Konstruktor unserer Klasse ruft nur den Konstruktor der Elternklasse auf und übernimmt als Parameter zwei *int*-Werte, die dafür notwendig sind. Der erste Parameter legt die Anfangskapazität fest, der zweite definiert die Portion, um die das Objekt bei Bedarf wächst.

(3) Die Methode *erzeugeKurve* macht nichts anderes, als das Klassenobjekt *m_kurve* zu initialisieren, damit anschließend Punkte gespeichert werden können. Es kann anfangs 100 Punkte aufnehmen und wächst bei Bedarf um jeweils 50 Punkte.

(4) Mit *fuellKurve* werden die Punkte einer Kurve gespeichert. Die *Vector*-Methode *addElement* fügt das als Parameter angegebene neue Element dem *Vector*-Objekt hinzu. Hier ist es ein neues *Point*-Objekt mit den Koordinaten, die als Methodenparameter übergeben werden.

(5) Wenn eine Linie gezeichnet worden ist, kann *beendeKurve* es dem Zeichnungsobjekt hinzufügen. Auch hier wird die Methode *addElement* benutzt, nur diesmal für das Klassenobjekt selbst.

(6) Die Anzeige der Zeichnung wird auch von der Klasse selbst mit Hilfe der Methode *zeichneKurve* übernommen. Dazu benötigt sie ein *Graphics*-Objekt. Die Methode zeichnet zuerst alle abgeschlossenen Linien und danach die aktuelle Kurve.

(7) In dieser Schleife werden alle fertigen Kurven gezeichnet. Die einzelnen Elemente werden über den Index *i* angesprochen, der bei 0 beginnt. Die Klassenvariable *elementCount* enthält die aktuelle Elementanzahl und ist *protected*. Sie können *elementCount* deshalb nur hier in der abgeleiteten Klasse benutzen. Von *elementAt* wird das *Vector*-Element zurückgegeben, das durch den Index beschrieben wird. Die *Vector*-Klasse kennt nicht die Typen ihrer Elemente und kann keine automatische Umwandlung vornehmen, daher muß der Typ, hier *Vector*, immer in Klammern als *Cast* vorangestellt werden. Da *strich* ein Objekt der *Vector*-Klasse ist, kann hier aufgrund des Zugriffsprivilegs *protected* nicht *elementCount* benutzt werden. Statt dessen verwenden wir die Methode *size*, um die Anzahl der Punkte zu ermitteln. Damit die Linie auf jeden Fall geschlossen ist, wird auch nicht mehr jeder Punkt einzeln, sondern durch *drawLine* eine Linie von einem Punkt zum nächsten gezeichnet.

(8) Hier wird die Schleife für die Punkte der unfertigen Kurve durchlaufen, falls sich bereits eine Linie in Arbeit befindet. Das wird durch den Vergleich mit *null* überprüft. Dies ist hier erforderlich, weil die Methode *size* eingesetzt wird, um den Endwert des Schleifenzählers zu bestimmen. Wenn aber das Objekt dieser Methode nicht existiert, führt der Aufruf zu einem Fehler, den allerdings die Browser meistens geflissentlich übergehen.

(9) Zum Schluß wird *entleereZeichnung* definiert, um mit der *Vector*-Methode *removeAllElements* alle Striche unserer Zeichnung zu löschen.

Diese Klasse haben wir zusammen mit der Appletklasse in der gleichen Datei definiert. Fügen Sie also den Code hinter das Applet ein.

Klicken

Jetzt wollen wir den Zeichenvorgang verbessern, indem wir einerseits unsere neue Klasse einsetzen und andererseits weitere Mausereignisse verwenden. Unser Applet soll folgendermaßen arbeiten:

- Durch Drücken der Maustaste wird der erste Punkt einer Linie festgelegt.
- Solange die Taste gedrückt bleibt, soll gezeichnet werden.
- Wenn die Taste losgelassen wird, ist der Endpunkt der Linie erreicht.

Dazu ändern Sie die Appletklasse wie folgt ab:

```
//****************************************************
// Malen.java
import java.applet.*;
import java.awt.*;
import java.util.Vector;                              //(1)

public class Malen extends Applet
{
   Point m_punkt;
   Zeichnung m_bild;                                  //(2)

   public Malen()
   {
      m_punkt= new Point(-1,-1);
      m_bild = new Zeichnung(100,50);                 //(3)
   }

   public void paint(Graphics g)
   {
      m_bild.zeichneKurve(g);                         //(4)
```

```
    showStatus("(x/y): ("+m_punkt.x
                         +"/"+m_punkt.y+")");
  }

  public boolean mouseDown(Event evt, int x, int y)
  {
    m_bild.erzeugeKurve();                     //(5)
    return true;
  }

  public boolean mouseUp(Event evt, int x, int y)
  {
    m_bild.beendeKurve();                      //(6)
    return true;
  }

  public boolean mouseDrag(Event evt, int x, int y)
  {
    m_bild.fuellKurve(x,y);                    //(7)
    m_punkt.move(x,y);
    repaint(m_punkt.x-20,m_punkt.y-20,40,40);
    return true;
  }

  public boolean mouseMove(Event evt, int x, int y)
  {
    showStatus("(x/y): ("+x+"/"+y+")");
    return true;
  }
}
```

(1) Unser Zeichnungsobjekt gehört zu einer von *Vector* abgeleiteten Klasse, die in der gleichen Datei definiert ist. Wir haben sie hier nur separat beschrieben. *Vector* gehört zum *Package java.util* und wird hier importiert.

(2) Unser Zeichnungsobjekt wird deklariert.

(3) Wir initialisieren es im Appletkonstruktor mit der Anfangsgröße 100 und der Zuwachsrate von 50 Elementen. Der Zeichnungskonstruktor gibt diese Werte an den *Vector*-Konstruktor weiter.

(4) Die Methode *paint* zeichnet das Objekt nicht selbst, sondern ruft dessen Methode *zeichneKurve* auf. Das Grafikobjekt *g* muß natürlich als Parameter übergeben werden.
(5) Wenn die Maustaste gedrückt wird, soll ein neuer Strich gezogen werden. Da in diesem Fall *mouseDown* das Ereignisobjekt erhält, wird hier unsere Methode *erzeugeKurve* aufgerufen.
(6) Da beim Loslassen der Maustaste ein Ereignis an *mouseUp* übergeben wird, gehört hier der Aufruf von *beendeKurve* hin.
(7) Die Methode *mouseDrag* übernimmt wieder das Speichern der Punkte. Dazu wird diesmal *fuellKurve* benutzt. Mit *repaint* wird hier nur ein kleiner Bereich um den aktuellen Punkt angegeben, um unnötige Flackereffekte zu vermeiden.

Wenn Sie jetzt zeichnen und danach die Browsergröße verändern, bleibt die Grafik erhalten. Auch die einzelnen Linien sind nun geschlossen.

Rechte Maustaste

Wie Sie leicht ausprobieren können, ist es egal, ob Sie mit der rechten oder linken Maustaste zeichnen. Java macht da keinen großen Unterschied. Es werden immer die gleichen Ereignishandler aufgerufen. Im Ereignisobjekt ist jedoch die Information gespeichert, welche Taste benutzt wurde. Mit der Methode *metaDown* kann getestet werden, ob es sich um die rechte Maustaste handelt. Wenn Sie *mouseDown* so ändern, wie im folgenden Programmteil gezeigt, dann können Sie mit einem rechten Mausklick die Farben invertieren.

```
public boolean mouseDown(Event evt, int x, int y)
{
    if(evt.metaDown())
    {
        Color hg=getBackground();
        setBackground(getForeground());
        setForeground(hg);
    }
    m_bild.erzeugeKurve();
    repaint();
    return true;
}
```

Für die rechte Taste liefert *metaDown* den Wert *true*. In dem Fall werden durch einen Ringtausch mittels der Farbvariablen *hg* Vorder- und Hintergrundfarbe ausgetauscht. Die Methode *repaint* muß eingebaut werden, damit die Invertierung direkt sichtbar wird.
Wenn Sie danach mit der rechten Maustaste klicken, erhalten Sie ein Negativ ihrer Zeichnung.

Doppelklick

Auch für Doppelklicks gibt es keinen eigenen Ereignishandler. Wir können nur wiederum das Ereignisobjekt abfragen, wie oft die Taste gedrückt worden ist. Dies ist in der Klassenvariablen *clickCount* gespeichert. Die folgende Programmänderung verwendet unsere Zeichnungsmethode *entleereZeichnung*, um durch einen Doppel- bzw. Mehrfachklick die Skizze zu löschen.

```
public boolean mouseDown(Event evt, int x, int y)
{
   if(evt.metaDown())
   {
      Color hg=getBackground();
      setBackground(getForeground());
      setForeground(hg);
   }
   m_bild.erzeugeKurve();
   if (evt.clickCount > 1)
      m_bild.entleereZeichnung();
   repaint();
   return true;
}
```

Beachten Sie, daß hier wiederum kein Unterschied zwischen Doppelklicks mit der rechten oder linken Taste gemacht wird.

Ein Ereignis kommt selten allein

Die Mausereignisse dürfen Sie nie isoliert betrachten, wenn Sie sich nicht über manche Effekte wundern wollen. So kann offensichtlich das Ereignis *mouseUp* nur nach *mouseDown* auftreten. Dies ist kein größeres Problem, da beide in separaten Handlerfunktionen bearbeitet werden. Was ist aber mit einem Doppelklick? Hier wird die gleiche

Methode wie für einfache Klicks aufgerufen, und da ein Doppelklick hier nur zwei einfache Klicks kurz hintereinander sind, wird sie eben zweimal aufgerufen: zuerst für einen normalen Mausklick und danach für den zweiten Klick! Sie können deshalb nicht verhindern, daß bei einem Doppelklick immer auch dasselbe passiert, was bei normalem Klicken passieren soll, denn die Funktion kann nicht voraussehen, ob ein zweiter Klick folgt.

Natürlich treten bei Doppelklicks auch die Ereignisse *mouseUp* zweimal auf. Um wenigstens grob zu sehen, welche Ereignisse noch auftreten, fügen Sie am besten Zählvariablen in unser Beispiel ein. Definieren Sie am Anfang der Klasse folgende *int*-Variablen:

```
    int m_d=0;              // für die Methode mouseDown
    int m_u=0;              // für die Methode mouseUp
    int m_m=0;              // für die Methode mouseMove
    int m_z=0;              // für die Methode mouseDrag
    int m_p=0;              // für die Methode paint
```

In jede der erwähnten Funktionen fügen Sie danach die jeweilige Variable mit dem Inkrementoperator ein. Fügen Sie ebenfalls die *showStatus*-Anweisung ein, bzw. ändern Sie sie, wie hier beispielhaft für *paint* gezeigt. Die Buchstaben stehen für **D**own, **Z**iehen, **U**p, **M**ove und **P**aint.

```
m_p++;
showStatus("D"+m_d+" Z"+m_z+" U"+m_u
                        +" M"+m_m+" P"+m_p);
```

Wenn Sie danach den Browser starten und der Mauszeiger sich nicht über dem Applet befindet, zeigt die Statuszeile folgendes an:

D0 Z0 U0 M0 P1

Es ist also nur einmal *paint* aufgerufen worden. Stellen Sie nun den Mauszeiger über das Applet, und laden Sie die HTML-Seite per Tastatur erneut (F5 beispielsweise beim Internet Explorer, Strg+R beim Netscape Navigator). Danach sieht die Statuszeile so aus:

D0 Z0 U0 M2 P1

Es wurde also bereits *mouseMove* verarbeitet, ohne daß die Maus wirklich bewegt wurde. Ein Doppelklick verändert die Anzeige jetzt wie folgt:

```
D2 Z2 U2 M4 P5
```

Daß aufgrund des Doppelklicks zwei *mouseDown*- und zwei *mouseUp*-Ereignisse eintreten, war uns bereits klar. Es sind aber anscheinend noch jeweils zweimal die Funktionen *mouseDrag, mouseMove* und viermal *paint* aufgerufen worden. Wer Lust dazu hat und die Mühe nicht scheut, kann die genaue Folge mit dem Debugger ermitteln. Die Folge lautet

mouseMove → mouseDown → paint
→ mouseDrag → paint → mouseUp
→ mouseMove → mouseDown → paint
→ mouseDrag → paint → mouseUp

Abgesehen von den *paint*-Aufrufen, die ja programmiert sind, wird also offensichtlich wenigstens einmal, sobald die Taste oben ist, *mouseMove* und, sobald sie unten ist, *mouseDrag* aufgerufen, unabhängig davon, ob die Maus tatsächlich bewegt wird.

12.4 Tasten werden gedrückt

Für die Tastatur werden zwei Ereignismethoden aufgerufen: *keyDown*, sobald eine Taste gedrückt, und *keyUp*, sobald sie losgelassen wird. Wenn ein Applet also Texteingaben verarbeiten soll, können Sie jeden Tastendruck sowohl in der einen als auch in der anderen Methode verarbeiten. Zeichenwiederholungen bei gedrückter Taste können jedoch nur mit *keyDown* realisiert werden. Wir benutzen in unserem folgenden kleinen Schreibapplet die Methode *keyUp*.

```
//**************************************************
// Tastatur.java
import java.applet.*;
import java.awt.*;
```

```
public class Tastatur extends Applet
{
   String m_text;                                   //(1)

   public Tastatur()
   {
      m_text= new String("");                       //(2)
   }

   public void paint(Graphics g)
   {
      g.drawString(m_text,10,10);                   //(3)
   }

   public boolean keyUp(Event evt, int nKey)        //(4)
   {
      if (evt.id==evt.KEY_RELEASE && nKey > 0)      //(5)
      {
         char[]temp = new char[1];                  //(6)
         temp[0]=(char)nKey;                        //(7)
         m_text=m_text.concat(new String(temp));    //(8)
         repaint();
      }
      return true;
   }
}
```

(1) Wir speichern unsere Texteingabe in einem *String*-Objekt *m_text.*

(2) Im Konstruktor wird es durch einen Leerstring initialisiert.

(3) Mit *paint* wird die Zeichenkette in der linken, oberen Ecke des Applets angezeigt.

(4) Sobald eine gedrückte Taste wieder losgelassen wird, erhält *keyUp* das Ereignis und den Unicodewert *nKey* der Taste. Die Methode muß das Zeichen nun im *String*-Objekt speichern und eine Aktualisierung auslösen.

(5) Jede Taste, die losgelassen wird, löst dieses Ereignis aus, auch die Funktionstasten und die Modifizierertasten [Alt], [⇧] und [Strg]. Das Ereignis enthält in *id* die Information, welcher Tastentyp der Auslöser war. In der Eventklasse sind Konstanten definiert, die für den Vergleich benutzt werden können. Für normale, losgelassene

Tasten ist *id* gleich *KEY_RELEASE* und für losgelassene Funktionstasten *KEY_ACTION_RELEASE*. Entsprechend gelten für gedrückte Tasten die Werte *KEY_PRESS* und *KEY_ACTION*. Um die Modifizierertasten abzufangen, wird überprüft, ob der Wert in *nKey* größer als null ist, denn nur dann handelt es sich um ein druckbares Zeichen. Ansonsten würden binäre Nullen in die Zeichenkette gelangen, die die Anzeige unterbrechen.

(6) Wir können das einzelne Zeichen, das dazu noch als Codewert vorliegt, nicht einfach an die Zeichenkette *m_text* anhängen. Wir definieren hier zuerst ein Zeichenarray *temp*. Der Typ eines Arrays für Zeichen ist *char []*. Der Operator *new* schafft hier Platz für ein einziges Zeichen.

(7) Auf das erste und hier einzige Element mit dem Index 0 speichern wir das eingegebene Zeichen. Durch den Cast *(char)* wird der Codewert *nKey* als Zeichen gespeichert.

(8) Jetzt können wir die *String*-Methode *concat* benutzen, um an die Zeichenkette *m_text* eine weitere Zeichenkette anzuhängen. Diese wird aus dem Zeichenarray mit Hilfe von *new* erzeugt, wobei der überladene Konstruktor von *String* benutzt wird, der ein Array zur Initialisierung verwendet.

Starten Sie nun das Applet, und achten Sie darauf, daß es den Fokus besitzt. Sie können dann per Tastatur Texte eingeben. Allerdings verfügt unser Beispiel über keine Editiermöglichkeiten.

Zum Schluß noch ein Hinweis zu den Modifizierertasten [Alt], [Strg] und [⇧]. Wenn Sie benutzt werden, steht in *nKey* der modifizierte Wert, also beispielsweise für [A] 97 und für [⇧]+[A] 65. Sie brauchen hier also nicht die Modifizierertasten abzufragen, obwohl es natürlich auch funktioniert. Die [Alt]-Taste wird jedoch fast immer von Windows abgefangen.

12.5 Zusammenfassung

- Ereignisse sind Objekte der Klasse *Event*. Sie enthalten Angaben über Typ (*Event.id*), Ort (*Event.x, Event.y*) und Zeit (*Event.when*) des Ereignisses und für wen (*Event.target*) es gilt. Für Mausereignisse wird die Klickanzahl (*Event.clickCount*) und für Tastaturereignisse der Zeichencode (*Event.key*) gespeichert.

- Jedes Ereignis wird an die Methode *handleEvent* übergeben, die den Typ prüft und dann spezialisierte Funktionen aufruft. Diese Ereignishandler geben *true* zurück, wenn die Behandlung abgeschlossen ist, und *false*, wenn ein Elternobjekt die Verarbeitung fortsetzen soll.
- Den Fokus hat ein Applet dann, wenn es alle Tastatur- und Mausereignisse erhält.
- Unabhängig vom Fokus treten die Ereignisse für *mouseExit* und *mouseEnter* immer ein. Dadurch kann das Applet feststellen, ob sich der Mauszeiger über ihm befindet.
- Wenn der Fokus wechselt, werden *gotFocus* beim Fokuserhalt und *lostFocus* beim Fokusverlust aufgerufen.
- Die Mausereignisse *mouseMove*, *mouseDown*, *mouseDrag* und *mouseUp* sind eng miteinander verknüpft und treten immer gemeinsam auf.
- Rechte Maustaste, Mehrfachklicks, Modifizier- und Sondertasten können nur durch Abfragen des Ereignisobjektes verarbeitet werden. Dafür stehen Methoden wie *metaDown()*, Variablen wie *countClick* und Konstanten wie *KEY_PRESS* zur Verfügung.
- Bei Tastaturereignissen werden *keyDown* und *keyUp* aufgerufen. Sie erhalten den Unicodewert des Zeichens übergeben.
- Die Klasse *Vector* gehört zum *Package java.util* und kann beliebige Objekte in einem dynamischen Array speichern.
- Die Methode *showStatus* zeigt eine Zeichenkette in der Statuszeile an.

12.6 Aufgaben

Aufgabe 23

Erstellen Sie ein Applet, das, sobald sich die Maus über ihm befindet, die Meldung *Herzlich willkommen! Bitte klicken Sie hier.* in der Statuszeile erscheinen läßt. Die Meldung soll unabhängig vom Fokus erscheinen.

Aufgabe 24

Verändern Sie unser Beispiel aus Kapitel 12.4 derart, daß durch einen Doppelklick der angezeigte Text gelöscht werden kann.

13 Multithreading

Einen Großteil ihres Siegeszuges im Internet haben die Applets sicherlich ihrer Fähigkeit, Animationen darzustellen, zu verdanken. Animationen, wie auch andere Programme, die permanent Ausgaben erzeugen, verlangen Multithreading. Diese Technik wollen wir Ihnen in diesem Kapitel an Praxisbeispielen näher erläutern.

13.1 Threads und Prozesse

Die heutigen Betriebssysteme können fast alle mehrere Programme zur selben Zeit ausführen. Beispielsweise können Sie mit der Textverarbeitung weiterschreiben, während ein anderer Text gerade gedruckt wird. Für dieses Verfahren benutzt man die englischen Ausdrücke Multiprocessing oder auch Multitasking. Jedes Programm stellt dabei einen eigenen Prozeß dar, der vom Betriebssystem einen separaten Bereich im Arbeitsspeicher zugewiesen bekommt. Die verschiedenen Prozesse werden in der Regel vom Betriebssystem gestartet und angehalten.
Die Programme, die Sie in den vorherigen Kapiteln kennengelernt haben, sind alle so aufgebaut, daß der Computer für diesen Prozeß immer nur eine Anweisung zu einem Zeitpunkt ausführen muß. Die Programmanweisungen reihen sich zeitlich hintereinander. Sie bilden quasi den roten Faden (engl. thread), dem man folgen muß, um die Programmaufgabe nachzuvollziehen. Wenn ein Applet nun mehrere Threads benutzt, dann gibt es mehrere zeitlich parallele Anweisungsfolgen. Threads werden in der Regel vom Programm selbst gestartet und angehalten.
Ein Multitasking-Betriebssystem kann also mehrere Prozesse bzw. Programme gleichzeitig ausführen, wobei ein Programm wiederum aus mehreren Threads bestehen kann, die zur selben Zeit ablaufen. Diese Gleichzeitigkeit kann natürlich auf einem Einprozessorsystem nur da-

durch simuliert werden, daß die CPU in schneller Folge alle Prozesse und Threads reihum stückchenweise abarbeitet.
Auf die Vorteile des Multiprocessing brauchen wir wohl nicht näher einzugehen; warum aber sind Threads notwendig? Stellen Sie sich vor, ein Applet soll laufend die aktuelle Zeit anzeigen. Dazu braucht *paint* nur die folgende Anweisung auszuführen:

```
g.drawString("Zeit: " + new Date().toLocaleString(), 10, 10);
```

So weit ist das kein Problem. Damit die Zeitanzeige aber ständig aktualisiert wird, müßte diese Anweisung in einer Endlosschleife stehen. Dann wird *paint* aber nicht beendet und andere Methoden, beispielsweise die Ereignishandler, können nicht aufgerufen werden. Wenn die Zeitanzeige aber von einem anderen Thread ausgeführt würde, dann kann der Hauptthread auf die Ereignisse wie bisher reagieren. Wir brauchen also Multithreading. Die Tatsache, daß wir zur Erklärung hier Applets benutzen, bedeutet aber nicht, daß Threads ausschließlich hier eingesetzt werden können. Auch Java-Applikationen und natürlich andere Programmiersprachen können Threads erzeugen.

13.2 Ein Kaleidoskop

Um zu sehen, wie Threads erzeugt und gestartet werden, wollen wir als erstes ein Applet erstellen, das einen sich drehenden Kreis aus Farbsegmenten zeigt. Im Bild auf der nächsten Seite sehen Sie das fertige Applet. Der Kreis wird nach wie vor vollständig von der Methode *paint* gezeichnet. Damit er sich jedoch ständig drehen kann, wird ein zweiter Thread benötigt, dessen Aufgabe es im wesentlichen ist, durch *repaint*-Aufrufe eine laufende Aktualisierung zu bewirken.
Programme, die Threads erzeugen, sind auch dafür verantwortlich, diese wieder zu vernichten. Die geeigneten Methoden (siehe Kapitel 11.4) hierfür sind

- die Funktion *start*, um Threads zu erzeugen, und
- die Funktion *stop*, um sie wieder zu zerstören.

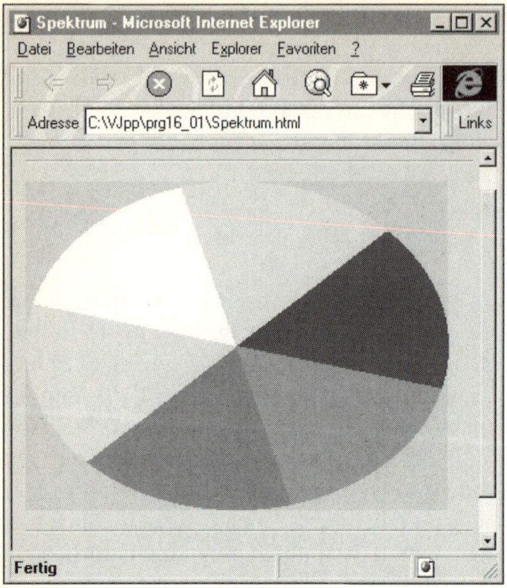

Schauen wir uns das Programm im einzelnen an. Es enthält den Code für beide Threads, denn sie müssen sich den Arbeitsspeicher teilen.

```
//*************************************************
// Spektrum.java
import java.applet.*;
import java.awt.*;

public class Spektrum extends Applet
                         implements Runnable        //(1)
{
   int m_start;                                     //(2)
   int m_width;                                     //(3)
   int m_height;                                    //(4)
   Thread m_Spektrum = null;                        //(5)

   public Spektrum()
   {
```

```
      m_start=180;                                    //(6)
   }

   public void init()
   {
      m_width=size().width;                           //(7)
      m_height=size().height;                         //(8)
   }

   public void paint(Graphics g)
   {

      for (int i=1;i<=6;i++)                          //(9)
      {
         switch(i)                                    //(10)
         {
         case 1:
            g.setColor(Color.red);
            break;
         case 2:
            g.setColor(Color.orange);
            break;
         case 3:
            g.setColor(Color.yellow);
            break;
         case 4:
            g.setColor(Color.green);
            break;
         case 5:
            g.setColor(Color.blue);
            break;
         case 6:
            g.setColor(Color.magenta);
         }
         g.fillArc(0,0,m_width,m_height,
                        m_start,-60);                 //(11)
         m_start-=60;                                 //(12)
         m_start%=360;                                //(13)
```

```
        }
    }

    public void start()
    {
        if (m_Spektrum == null)                              //(14)
        {
            m_Spektrum = new Thread(this);                   //(15)
            m_Spektrum.start();                              //(16)
        }

    public void stop()
    {
        if (m_Spektrum != null)                              //(17)
        {
            m_Spektrum.stop();                               //(18)
            m_Spektrum = null;                               //(19)
        }
    }

    public void run()                                        //(20)
    {
        while (true)                                         //(21)
        {
            try                                              //(22)
            {
                repaint();                                   //(23)
                m_start-=5;                                  //(24)
                Thread.sleep(30);                            //(25)
            }
            catch (InterruptedException e)                   //(26)
            {
                stop();                                      //(27)
            }
        }
    }
}
```

(1) Applets, die Threads erzeugen wollen, müssen das Interface *Runnable* implementieren. Dieses definiert nur eine einzige Methode, nämlich *run*, die der Startpunkt für neue Threads ist.
(2) Damit wir die einzelnen Kreissegmente der Farbscheibe zeichnen können, deklarieren wir die *int*-Variable *m_start* für den Startwinkel des ersten Segmentes. Die Bewegung erzeugen wir später, indem wir diesen Startwinkel verändern.
(3) Damit wir den Kreis genau der Appletgröße anpassen können, deklarieren wir die *int*-Variable *m_width* für die Breite.
(4) Aus dem gleichen Grunde brauchen wir die *int*-Variable *m_height*.
(5) Hier wird ein Objekt der Klasse *Thread* deklariert und mit *null* initialisiert. Dieses Objekt ist notwendig, da der Systemzustand gespeichert werden muß, wenn die CPU andere Threads bearbeitet. Glücklicherweise brauchen wir uns darum aber nicht weiter zu kümmern.
(6) Die Winkelangaben für Kreisbögen und -segmente erfolgen in Grad und beginnen mit 0 Grad bei 3 Uhr. Negative Werte laufen im Uhrzeigersinn, positive entgegengesetzt. Wir wollen bei 9 Uhr beginnen, deshalb initialisieren wir *m_start* im Konstruktor mit 180 Grad.
(7) In der Methode *init* ermitteln wir die aktuelle Appletgröße durch die Methode *size*. Diese liefert ein Objekt der Klasse *Dimension*, welche über zwei Klassenvariablen für Höhen- und Breitenangabe verfügt. Wir speichern den Inhalt von *width* in *m_width* für die Breite.
(8) Ähnlich verfahren wir mit *height* für die Höhe.
(9) In *paint* wird jetzt der Farbkreis gezeichnet. Wir benutzen eine Zählschleife, um die sechs Farbsegmente nacheinander zu zeichnen.
(10) Mit Hilfe der Mehrfachverzweigung *switch* stellen wir für jeden Durchlauf der Zählschleife mittels *setColor* eine andere Farbe ein.
(11) Die *Graphics*-Methode *fillArc* zeichnet Tortenstücke. Die ersten vier Parameter haben die gleiche Bedeutung wie die der Methode *fillOval*. Sie beschreiben das umschließende Rechteck. Der fünfte Parameter gibt den Startwinkel und damit die Lage des Segmentes an. Der sechste beschreibt den Öffnungswinkel, also die Größe. Der Wert –60 bewirkt, daß von 180 Grad (9 Uhr) bis 120 Grad (11 Uhr) gezeichnet wird.
(12) Nachdem ein Segment gezeichnet worden ist, muß *m_start* um 60

Grad, hier im Uhrzeigersinn, verändert werden, damit das nächste daran angeschlossen werden kann.

(13) Um den Bewegungseffekt zu erzielen, wird *m_start* später laufend verändert. Dadurch treten Winkel über 360 Grad auf, die wir durch diese Modulo-Operation auf den Rest von 360 Grad reduzieren.

(14) Die Methode *start* soll den Thread erzeugen. Dazu wird jedoch vorher überprüft, ob das Objekt *m_Spektrum* noch nicht erzeugt wurde. Nur wenn der Vergleich mit *null* positiv ist, soll das Objekt initialisiert werden.

(15) Dies geschieht durch den *Thread*-Konstruktor. Der hier benutzte überladene Konstruktor verwendet einen Parameter, nämlich ein Objekt, das das *Runnable*-Interface implementiert, und das heißt, daß es die Methode *run* enthält. Dies ist hier unser Applet selbst.

(16) Durch Aufruf der *Thread*-Methode *start* wird wiederum *run* aufgerufen und damit *m_Spektrum* ausgeführt. Ab jetzt arbeiten zwei verschiedene Programmabläufe nahezu unabhängig voneinander im gleichen Speicherbereich.

(17) Umgekehrt arbeiten wir in *stop*. Hier muß durch die *if*-Anweisung geprüft werden, ob der Thread auch wirklich existiert.

(18) Dann kann er durch die Methode *stop* abrupt abgebrochen werden.

(19) Wir setzen das Objekt wieder auf *null*, für den Fall, daß der Browser von anderen Web-Seiten zum Applet zurückkehrt. Dadurch funktioniert die *if*-Abfrage in *start* wieder einwandfrei.

(20) Wenn ein zusätzlicher Thread gestartet wird, beginnt er immer hier seine Arbeit. Er endet automatisch, wenn *run* beendet wird.

(21) Oft laufen die Threads, wie auch hier, in einer Endlosschleife. Dies ist kein Problem, da sie ja separat arbeiten und den Browser nicht blockieren. Außerdem kann *stop* sie abbrechen, egal in welchem Zustand sie sich gerade befinden.

(22) Das Schlüsselwort *try* leitet einen Anweisungsblock ein, für den eine Fehlerbehandlung eingerichtet ist. Wenn während der Ausführung des Blocks ein Fehler auftritt, wird ein Fehlerobjekt erzeugt, *Exception* genannt.

(23) Durch *repaint* sorgt der Thread dafür, daß der Browser das Applet neu zeichnet, indem dieser *paint* aufruft.

(24) Zusätzlich verändert er die Variable *m_start*, damit die Scheibe beim nächsten Mal um 5 Grad im Uhrzeigersinn gedreht gezeichnet wird.

(25) Anschließend wird der Thread durch die Methode *sleep* 30 Millisekunden lang ausgesetzt. Während dieser Zeit beansprucht er die CPU in keiner Weise.

(26) Durch *catch* wird eine zu *try* gehörige Fehlerbehandlungsroutine festgelegt. Sie ist nur für die Fehlerklasse zuständig, deren Objekt als Parameter angegeben ist. Hier ist es ein Objekt der Klasse *InterruptedException*, das von *sleep* erzeugt werden kann, wenn während dieser Zeit der Thread von anderen Threads abgebrochen wird. Welche Exception eine Methode erzeugen kann, können Sie an ihrer Deklaration sehen, beispielsweise für *sleep: public static void sleep(long millis) throws InterruptedException;*. Sobald ein solcher Fehler auftritt, wird die Verarbeitung hier fortgesetzt.

(27) In einem solchen Fehlerfall wird *stop* aufgerufen, womit sichergestellt ist, daß der Thread vernichtet wird.

13.3 Threads pausieren

Im nächsten Schritt wollen wir die Möglichkeit hinzufügen, das Applet mit der Maus anzuhalten und wieder zu starten. Das ist jetzt gar kein großer Aufwand mehr. Wir wählen eine Lösung, die es erlaubt

- mit der rechten Maustaste zu stoppen und
- mit der linken Maustaste fortzufahren.

Dazu fügen wir die Methode *mouseDown* mit folgendem Funktionskörper der Applet-Klasse hinzu.

```
public boolean mouseDown(Event evt, int x, int y)
{
   if (evt.metaDown()) m_Spektrum.suspend();     //(1)
   else m_Spektrum.resume();                     //(2)
   return true;
}
```

(1) Wenn die rechte Taste (siehe Kapitel 12.3.2) gedrückt wurde, wird die *Thread*-Methode *suspend* aufgerufen. Sie hält den Thread an, vernichtet ihn aber nicht. Er führt nur ab jetzt keine Anweisungen mehr aus.

(2) Die linke Taste sorgt dafür, daß *resume* aufgerufen wird. Diese Methode hebt die Suspendierung auf.

Es macht nichts, wenn Sie nicht in der vorgesehenen Reihenfolge klicken. Falls *resume* für einen laufenden und *suspend* für einen pausierenden Thread aufgerufen wird, passiert einfach gar nichts.
Um zu überprüfen, daß der Thread weiterexistiert, wenn er anhält, können Sie folgende Anweisung in die Funktion *paint* einbauen.

```
showStatus("Threads: "+m_Spektrum.activeCount());
```

Dadurch wird die Anzahl aller im Augenblick laufenden, zusammengehörigen Threads in der Statuszeile angezeigt. Lassen Sie sich nicht dadurch irritieren, daß mehr als zwei angezeigt werden. Es sind eben auch noch weitere Threads daran beteiligt, ein Applet laufen zu lassen. Entscheidend ist hier, ob sich die Zahl verändert, wenn Sie mit der rechten Maustaste klicken.
Die Gegenprobe können Sie machen, indem Sie statt der *Thread*-Methoden *suspend* und *resume* unsere Applet-Methoden *stop* und *start* in *mouseDown* aufrufen.

```
public boolean mouseDown(Event evt, int x, int y)
{
   if (evt.metaDown()) stop();
   else start();
   return true;
}
```

Jetzt wird der Thread nicht angehalten, sondern beendet, und er wird nicht fortgesetzt, sondern neu erzeugt. In der Statuszeilenanzeige ändert sich entsprechend jedesmal der Wert um eins.

13.4 Anzeige stabilisieren

Sicherlich stört Sie bereits das unangenehme Flackern der Anzeige. Dies liegt daran, daß die Applet-Fläche vor jedem Neuzeichnen erst einmal gelöscht wird. Dies verursacht nicht unsere Methode *paint*; aber die wird ja auch nicht direkt vom Browser aufgerufen. Übernommen wird das Löschen von der Methode *update*, die, als Reaktion auf eine *repaint*-Anweisung, vom Browser zuerst aufgerufen wird und dann selbst *paint* aufruft.

Die Standardimplementierung von *update* sieht folgendermaßen aus:

```
public void update(Graphics g)
{
   g.setColor(getBackground());
   g.fillRect(0, 0, width, height);
   g.setColor(getForeground());
   paint(g);
}
```

Die Methode benutzt also das *Graphics*-Objekt, um mit der Applethintergrundfarbe die gesamte Fläche auszufüllen. Dies kommt einem Löschen des vorherigen Inhalts gleich. Danach wird für *g* die Appletvordergrundfarbe eingestellt und *paint* aufgerufen.
Wenn wir nun *update* überschreiben, müssen wir unter anderem entscheiden, wann die Appletfläche gelöscht werden muß, und dies dann auch selbst übernehmen. Für unser Kaleidoskop ist dies recht einfach. Da wir keine andere Stelle des Applets beschreiben bzw. darauf zeichnen und der Kreis sich selbst immer komplett überlagert, können wir auf das Löschen verzichten. Deshalb brauchen wir auch nicht die Hintergrundfarbe zu übernehmen. Auf die Einstellung der Vordergrundfarbe kann ebenfalls verzichtet werden, da wir ja in *paint* sowieso andere Farben einstellen. Unsere überschriebene Methode ist also ganz simpel:

```
   public void update(Graphics g)
   {
      paint(g);
   }
```

Wenn Sie nun diese Methode der Appletklasse hinzufügen und danach die geänderte Version testen, werden Sie eine eindeutig bessere Darstellung erhalten.

13.5 Synchronisierung

Ein anderes Problem beim Multithreading sind die gleichzeitigen Zugriffe auf Objekte und Variablen. Wer bereits einmal netzwerkfähige Programme erstellt hat, ist mit diesem Problem in gewisser Weise vertraut. Denn nichts ist fataler als beispielsweise die gleichzeitige Änderung derselben Kundendaten einer Datenbank durch mehrere Prozesse.

Beim Multithreading treten genau die gleichen Probleme auf. Betrachten Sie einmal unsere Methode *paint*, die vom ersten Thread ausgeführt wird, und die Funktion *run* des zweiten Threads. In der ersten wird *m_start* benutzt, um die Position jedes der sechs Segmente zu ermitteln. In der zweiten wird *m_start* um einen festen Winkel verschoben, um den Kreis zu drehen. Es ist wohl leicht einzusehen, daß aufgrund der frei wählbaren Zeitangabe für *sleep* die Möglichkeit besteht, daß der selbständige Thread *m_Spektrum* beim Zeichnen dazwischenfunken kann, indem er *m_start* verändert, obwohl der Kreis noch nicht fertig gezeichnet ist. Dadurch würden in unserem Beispiel Spalten entstehen.

Dies ist zwar für unser Beispiel kein größeres Problem. Auch die Browser sind gegenüber vielen solcher Kollisionen nicht besonders empfindlich, jedoch sollten Sie von vornherein bei der Entwicklung von Multithreadingprogrammen festhalten, welche Methoden kritisch sind in Hinblick auf die gemeinsamen Datenzugriffe. Ähnlich wie bei Netzwerkanwendungen können Sie dann auch hier Daten sperren. Diese Sperrung betrifft allerdings das gesamte Objekt.

Um beispielsweise zu verhindern, daß irgend etwas mit den Daten unseres Applets passiert, während gezeichnet wird, modifizieren Sie zuerst die Methodendefinition von *paint* folgendermaßen:

```
synchronized public void paint(Graphics g)
{
    .
    .
    .
```

Wenn eine solche, durch *synchronized* beschriebene Funktion durchlaufen wird, sperrt Java das Objekt, zu dem die Methode gehört, für alle anderen *synchronized*-Methoden. Dies ist in unserem Fall das Applet. Damit *m_start* also nicht vom zweiten Thread verändert werden kann, müßten wir nun eigentlich auch *run* synchronisieren. Das geht aber nicht! Das Applet könnte dann, solange der zweite Thread läuft, nicht gezeichnet werden. Statt den Startwinkel aber direkt zu verändern, könnten wir die folgende Methode definieren, die dies übernimmt.

```
    private synchronized void moveArc(int m)
    {
       m_start-=m;
    }
```

In *run* wird diese dann statt der Zuweisung aufgerufen.

```
    moveArc(5);
```

Jetzt können *moveArc* und *paint* nur noch alternativ durchlaufen werden. Eine Kollision der beiden Threads beim Zugriff auf *m_start* kann jetzt nicht mehr auftreten.

13.6 Bildanimationen

Im vorherigen Beispiel haben wir den Animationseffekt dadurch erzielt, daß die Grafik ständig vom Programm mit kleinen Veränderungen neu gezeichnet wurde. Dies ist ideal für einfache und geometrische Darstellungen, denn außer der HTML-Seite und dem Appletcode muß nichts im Internet übertragen werden. Wenn aber film- bzw. videoähnliche Animationen vom Applet angezeigt werden sollen, dann müssen die Grafiken bereits als Dateien vorliegen. Das Format dieser Bilddateien kann entweder GIF (Graphics Interchange Format) oder JPEG (Joint Photographic Experts Group) sein. Andere Formate müssen mit Hilfsprogrammen zuerst konvertiert werden.
Um eine Bildanimation zu erstellen, besteht also Ihre erste Aufgabe darin, den Bewegungsablauf in eine Folge von Einzelbildern zu zerlegen. Dies können Sie entweder wie in den Trickfilmstudios machen, indem Sie jedes Bild einzeln malen, oder Sie verwenden beispielsweise Techniken zur Videobearbeitung. Sie brauchen zwischen 16 bis 25 Bilder für jede Sekunde Spielzeit. Der Wert kann aber auch darunter liegen. Durch Verändern der späteren Anzeigegeschwindigkeit kann man trotzdem flimmerfreie Animationen erhalten. Bedenken Sie aber, daß diese Bilder übers Netzwerk übertragen und in den Arbeitsspeicher des Rechners geladen werden müssen. Wenn Sie also nicht wollen, daß der Download Ihrer Dokumente von den Nutzern aus Ungeduld ständig abgebrochen wird, bevor die Animation anlaufen kann, sollten Sie den Speicherbedarf im Auge behalten.

Damit das Applet die Bilder später in der gewünschten Reihenfolge abspielen kann, müssen Sie die Dateinamen auf fortlaufende Nummern enden lassen, also zum Beispiel BILD01.GIF, BILD02.GIF usw. Unser Applet hat sonst keine andere Möglichkeit, die korrekte Reihenfolge zu ermitteln.

Wir wollen nun ein Beispiel erstellen, das die Angaben zu den Bilddateien über Parameter aus der HTML-Datei erhält. Dadurch kann es ohne Änderungen fast beliebige Bildfolgen und auch Ausschnitte davon abspielen. Als Parameter benötigt das Applet:

- den Namensstamm der Dateien, das heißt den Namen ohne Endnummer (zweistellige Nummern reichen immer),
- die Dateierweiterung (GIF oder JPG),
- die Anzeigegeschwindigkeit in Bildern pro Sekunde,
- die Nummer des ersten Bildes und
- die Nummer des letzten Bildes.

Der erste Thread des Programms übernimmt die Initialisierung der Parameter, das Starten und Beenden des zweiten Threads und die Anzeige. Der zweite Thread ist für alle zeitintensiven Vorgänge zuständig, um den ersten so früh wie möglich zu entlasten. Er lädt alle Bilder und steuert die Bildfolge, die *paint* anzeigt. Während der Ladephase benutzt er ein Objekt einer speziellen Klasse, um den Ladevorgang zu überwachen: den *MediaTracker*.

Unser Applet sieht folgendermaßen aus:

```
//*****************************************************
// Film.java
import java.applet.*;
import java.awt.*;

public class Film extends Applet implements Runnable
{
   Thread     m_Film = null;                          //(1)

   private Graphics m_Graphics;                       //(2)
   private Image    m_Images[];                       //(3)
   private int      m_nCurrImage;                     //(4)
   private int      m_nImgWidth  = 0;                 //(5)
```

```
    private int     m_nImgHeight = 0;                    //(6)
    private boolean  m_fAllLoaded = false;               //(7)

    private String m_film = "image";                     //(8)
    private String m_ext = "gif";                         //(9)
    private int m_bps = 15;                              //(10)
    private int m_von = 1;                               //(11)
    private int m_bis = 20;                              //(12)

    private final String PARAM_film = "film";            //(13)
    private final String PARAM_ext = "ext";
    private final String PARAM_bps = "bps";
    private final String PARAM_von = "von";
    private final String PARAM_bis = "bis";

    public String[][] getParameterInfo()                 //(14)
    {
       String[][] info =
       {
          { PARAM_film, "String",
                   "Präfix der Bilddateien" },
          { PARAM_ext, "String",
                   "Suffix (GIF oder JPG)" },
          { PARAM_bps, "int",
                   "Bilder pro Sekunde" },
          { PARAM_von, "int", "Erstes Bild" },
          { PARAM_bis, "int", "Letztes Bild" },
       };
       return info;
    }

    public void init()                                   //(15)
    {
       String param;
       param = getParameter(PARAM_film);
       if (param != null)
          m_film = param;
       param = getParameter(PARAM_ext);
       if (param != null)
          m_ext = param;
```

```
    param = getParameter(PARAM_bps);
    if (param != null)
       m_bps = Integer.parseInt(param);
    param = getParameter(PARAM_von);
    if (param != null)
       m_von = Integer.parseInt(param);
    param = getParameter(PARAM_bis);
    if (param != null)
       m_bis = Integer.parseInt(param);
 }

 private void displayImage(Graphics g)                   //(16)
 {
    if (!m_fAllLoaded)                                   //(17)
       return;
    g.drawImage(m_Images[m_nCurrImage],                  //(18)
       (size().width - m_nImgWidth)   / 2,
       (size().height - m_nImgHeight) / 2, null);
 }

 public void paint(Graphics g)
 {
    if (m_fAllLoaded)                                    //(19)
    {
       Rectangle r = g.getClipRect();                    //(20)
       g.clearRect(r.x, r.y,
                       r.width, r.height);               //(21)
       displayImage(g);                                  //(22)
    }
    else
       g.drawString("Bilder werden geladen...",
                       10, 20);                          //(23)
 }

 public void start()                                     //(24)
 {
    if (m_Film == null)
    {
       m_Film = new Thread(this);
```

```
      m_Film.start();
    }
  }

  public void stop()                                   //(25)
  {
    if (m_Film != null)
    {
      m_Film.stop();
      m_Film = null;
    }
  }

  public void run()                                    //(26)
  {
    m_nCurrImage = 0;                                  //(27)
    if (!m_fAllLoaded)                                 //(28)
    {
      repaint();                                       //(29)
      m_Graphics = getGraphics();                      //(30)
      m_Images = new Image[m_bis-m_von+1];             //(31)
      MediaTracker tracker =
                  new MediaTracker(this);              //(32)
      String strImage;                                 //(33)
      for (int i = m_von; i <= m_bis; i++)             //(34)
      {
        strImage = m_film                              //(35)
                  + ((i < 10) ? "0" : "")
                  + i
                  + "."
                  + m_ext;
         m_Images[i - m_von] =                         //(36)
                  getImage(getDocumentBase(),
                     strImage);
             tracker.addImage(m_Images[i-m_von]
                     ,0);                              //(37)
      }

      try
      {
```

```
            tracker.waitForAll();                        //(38)
            m_fAllLoaded=!tracker.isErrorAny();          //(39)
         }
         catch (InterruptedException e)
         {
         }

         if (!m_fAllLoaded)                              //(40)
         {
            stop();                                      //(41)
            m_Graphics.drawString("Ladefehler",
                     10, 40);                            //(42)
            return;
         }

         m_nImgWidth  =
               m_Images[0].getWidth(this);               //(43)
         m_nImgHeight =
               m_Images[0].getHeight(this);              //(44)
      }
      repaint();                                         //(45)

      while (true)                                       //(46)
      {
         try
         {
            displayImage(m_Graphics);                    //(47)
            m_nCurrImage++;                              //(48)
            if (m_nCurrImage == m_bis - m_von +1)
               m_nCurrImage = 0;                         //(49)
            Thread.sleep(1000/m_bps);                    //(50)
         }
         catch (InterruptedException e)
         {
            stop();
         }
      }
   }
}
```

(1) Unser Thread-Objekt heißt *m_Film*.
(2) Der zweite Thread benötigt ein Grafikobjekt für seine Ausgaben. Dieses müssen wir selbst erzeugen und speichern es in *m_Graphics*.
(3) Um alle Bilder speichern zu können, brauchen wir ein Array von Bildobjekten der Klasse *Image*.
(4) Die Nummer des aktuell angezeigten Bildes aus der Folge wird in *m_nCurrImage* gespeichert.
(5) Damit wir die Animation im Applet zentrieren können, brauchen wir die Bildabmessungen. Wir gehen davon aus, daß alle Bilder gleich groß sind, und speichern in *m_nImgWidth* die Breite.
(6) Für die Höhe verwenden wir *m_nImgHeight*.
(7) Die logische Variable *m_fAllLoaded* merkt sich den Ladezustand der Bilder. Anfangs sind sie noch nicht geladen, daher wird mit *false* initialisiert. Nach erfolgreichem Laden wird *m_fAllLoaded* auf *true* gesetzt. Dadurch kann ein von *start* erzeugter neuer Thread immer feststellen, ob Bilder geladen werden müssen.
(8) Der Parameter *m_film* enthält den Namensstamm der Bilder. Wenn er in der HTML-Seite nicht angegeben wird, sucht unser Applet Bilder mit den Namen IMAGE*nn*.
(9) Durch den Parameter *m_ext* wird die Dateinamenserweiterung und damit das Dateiformat festgelegt. Es soll standardmäßig *GIF* sein. Diese Dateien werden am häufigsten benutzt und benötigen auch den geringeren Speicherplatz.
(10) Durch den Parameter *m_bps* werden die anzuzeigenden **B**ilder **p**ro **S**ekunde festgelegt. Der Standardwert soll 15 betragen.
(11) Damit auch beliebige Ausschnitte aus einer Bildfolge gezeigt werden können, speichert der Parameter *m_von* die Nummer des ersten Bildes. Wenn die HTML-Seite jedoch nichts vorgibt, soll mit dem 1. Bild begonnen werden.
(12) Der Parameter *m_bis* enthält die Nummer des letzten Bildes. Dies ist in der Regel auch die Anzahl der Bilder, deshalb muß er immer angegeben werden. Nur der Ordnung halber wird auch er vorbelegt.
(13) Die Namen der Parameter werden wieder als konstante Zeichenketten definiert.
(14) Die Informationsmethode *getParameterInfo* liefert den HTML-Autoren die Parameterangaben.
(15) Die Methode *init* übernimmt die Parameter (siehe Kapitel 11.2) in gewohnter Weise.

(16) Die Bildanzeige haben wir in *displayImage* ausgelagert. Diese Funktion wird sowohl von *paint* als auch von *run* aufgerufen und erhält ein Grafikobjekt als Parameter.

(17) Sie prüft zuerst die Variable *m_fAllLoaded*, um festzustellen, ob alle Bilder geladen sind. Ist das nicht der Fall, gibt sie die Verarbeitung sofort zurück.

(18) Die Methode *drawImage* zeichnet die Bildobjekte. Als ersten Parameter erhält sie über den Index *m_nCurrImage* aus dem Bildarray das zu zeichnende Objekt. Der zweite und dritte Parameter legen die Position fest. Die x- und y-Koordinate der linken, oberen Ecke des Bildes werden hier aus Applet- (*size()*) und Bildgröße (*m_nImgWidth* und *m_nImgHeight*) so ermittelt, daß das Bild zentriert dargestellt wird. Der vierte Parameter gibt ein sogenanntes *ImageObserver*-Objekt an, das den Ladezustand des Bildes kontrolliert. Wir übergeben hier *null*, weil wir die alternative Technik mit einem *MediaTracker* nutzen.

(19) Da *paint* im ersten Thread sofort nach *start* aufgerufen wird, müssen wir zuerst prüfen, ob vom zweiten Thread schon alle Bilder geladen worden sind.

(20) Ist das der Fall, dann wird zuerst mit *getClipRect* ein Rechteckobjekt erzeugt, das in Größe und Position dem Grafikkontext entspricht. Das heißt, es entspricht der Zeichenfläche unseres Applets.

(21) Die *Graphics*-Methode *clearRect* benutzt nun diese Objektvariablen, um ein ausgefülltes, rahmenloses Rechteck in der Hintergrundfarbe zu zeichnen. Dadurch wird die Appletfläche gelöscht.

(22) Zum Schluß ruft *paint displayImage* auf und übergibt das eigene Grafikobjekt zum Zeichnen.

(23) Sind noch nicht alle Bilder geladen, zeigt *paint* einen Hinweis an. Wir haben hier einen deutschen Text benutzt. Sie sollten aber überlegen, ob im internationalen Netz englische Meldungen nicht sinnvoller sind.

(24) Der Thread wird wieder in *start* erzeugt.

(25) Von *stop* wird er jedesmal wieder beendet.

(26) Hiermit startet wieder der zweite Thread. Die Methode *run* besteht, grob betrachtet, aus zwei Teilen: dem Ladevorgang der Bilder ((28) bis (44)) und der Animation ((45) bis (50)).

(27) Die Nummer des aktuellen Bildes wird vor dem Laden mit null initialisiert.

(28) Der Thread prüft zuerst, ob die Bilder bereits geladen sind, denn jedesmal, wenn der Browser zur Appletseite zurückkehrt, wird von *start* ein neuer Thread erzeugt. Eventuell hat also bereits ein Vorgänger die Bilder in den Arbeitsspeicher gebracht.

(29) Zuerst wird durch *repaint* veranlaßt, daß beim ersten Thread *paint* aufgerufen wird. Dadurch kann die Lademeldung angezeigt werden.

(30) Da *run* kein Grafikobjekt übergeben bekommt, muß es sich selbst eines besorgen. In *m_Graphics* wird das von *getGraphics* ermittelte Grafikobjekt unseres Applets gespeichert.

(31) Hier wird das Bildarray initialisiert. Die Anzahl der Elemente ergibt sich aus der Differenz zwischen der größten und kleinsten Bildnummer (*m_bis* - *m_von*) plus 1. Durch *new* wird das Array vom Typ *Image* mit dieser Anzahl erzeugt.

(32) Hier kommt der *MediaTracker* ins Spiel. Sein Konstruktor benötigt als Parameter ein *Component*-Objekt, auf dem die Bilder gezeichnet werden sollen. Dies ist hier unser Applet selbst, daher wird *this* übergeben. *MediaTracker* sind Hilfsobjekte, die den eigentlichen Ladevorgang übernehmen und überwachen. Die Klasse enthält Methoden, um die zu ladenden Bilder festzulegen, den Ladevorgang anzustoßen und den Status abzufragen.

(33) Um die Dateinamen der Bilder aus unseren Parametern und der Nummer zusammenzusetzen, deklarieren wir ein *String*-Objekt.

(34) Die Zählschleife soll für jedes durch die Parameter angegebene Bild durchlaufen werden. Daher beginnt die Zählvariable *i* beim Wert von *m_von* und läuft bis *m_bis*.

(35) Hier wird der Dateiname zusammengesetzt. Er beginnt mit dem Namensstamm *m_film*. Danach wird, falls *i* nur einstellig ist, eine Null, ansonsten ein Leerstring eingefügt. Dahinter kommt die Zahl, gefolgt vom Punkt und der Namenserweiterung.

(36) Hier wird das Bildarray gefüllt, dessen Index bei 0 beginnt. Weil *i* jedoch von *m_von* bis *m_bis* läuft, wird hier der Ausdruck *i-m_von* für den Index benutzt, damit der Anfangswert 0 ist. Die Methode *getImage* liefert die Bildobjekte, lädt aber nicht die Bilddatei. Deshalb tritt auch kein Fehler auf, wenn kein Bild an der durch *getDocumentBase* angegebenen URL mit dem in *strImage* gespeicherten Namen existiert. Für den Speicherort der Bilder können Sie auch bei lokalen Web-Seiten keinen Pfad angeben, sondern nur eine URL. Wenn die Bilder zusammen mit dem

HTML-Dokument gespeichert sind, verwenden Sie *getDocumentBase*, um diese URL zu ermitteln. Befinden die Bilder sich beim Applet, dann benutzen Sie *getCodeBase*.

(37) Jedes Bildobjekt wird anschließend durch die *MediaTracker*-Methode *addImage* dem Tracker hinzugefügt. Der zweite Parameter 0 legt eine ID fest, unter der das jeweilige Bild überwacht wird. Mehrere Bilder, hier sind es sogar alle, können die gleiche ID tragen. Damit ist die Zählschleife abgeschlossen.

(38) Durch *waitForAll* wird der Ladevorgang gestartet. Der Tracker wartet so lange, bis alle Bilder geladen sind. Treten Fehler auf, so wird mit dem nächsten Bild weitergemacht. Sie können für *waitForAll* auch ein Zeitspanne in Millisekunden als Parameter angeben, um eine Höchstwartezeit festzulegen. Neben *waitForAll* gibt es auch die Methode *waitForID*, um die Bilder einer speziellen ID zu laden. In unserem Beispiel haben *waitForAll* und *waitForID(0)* jedoch die gleiche Wirkung.

(39) Wenn kein Fehler vom Tracker festgestellt wurde, liefert seine Methode *IsErrorAny false* zurück. Durch den Negationsoperator *!* wird dann *m_fAllLoaded* auf *true* gesetzt.

(40) Es wird nun geprüft, ob danach *m_fAllLoaded* immer noch auf *false* steht.

(41) Falls ja, wird die Methode *stop* aufgerufen, die wiederum den Thread beendet.

(42) Zusätzlich wird eine Fehlermeldung ausgegeben. Dazu wird das in *m_Graphics* gespeicherte Grafikobjekt für das Applet benutzt.

(43) Für den Fall, daß der Thread nicht abgebrochen wurde, müssen wir jetzt noch Breite und Höhe der Bilder bestimmen. Da sie alle gleich groß sein sollen, benutzen wir zum Vermessen das erste Bild im Array mit dem Index 0. Die Breite des Bildes wird von der Image-Methode *getWidth* ermittelt. Als Parameter wird das Objekt angegeben, das darauf wartet, daß die Bilder geladen werden. Das ist hier unser Applet. Wenn die Breite nicht ermittelt werden kann, weil das Bild noch nicht geladen ist, gibt *getWidth* –1 zurück, ansonsten die Bildbreite.

(44) In ähnlicher Weise wird die Höhe festgestellt.

(45) Die komplette Animation übernimmt hier der zweite Thread. Daher wird zuerst *repaint* aufgerufen, damit *paint* die Appletfläche löscht.

(46) Hier beginnt die Endlosschleife für die Animation.

(47) Der Aufruf von *displayImage* zeigt das aktuelle Bild (siehe (16)).

(48) Danach wird *m_nCurrImage* durch den Inkrementoperator *++* erhöht.

(49) Falls dadurch der höchste Index des Arrays (siehe (31)) überschritten wird, wird er wieder auf 0 zurückgestellt.

(50) Bevor die Schleife erneut durchlaufen wird, sorgt *sleep* dafür, daß der Thread entsprechend der Anzeigegeschwindigkeit kurz aussetzt. Die Zeitangabe erfolgt in Millisekunden, daher der Ausdruck *1000/m_bps*.

Wenn alle Parameter angegeben werden, enthält die HTML-Seite beispielsweise die folgende Marke:

```
<applet
    code=Film.class
    id=Film
    width=320
    height=240 >
    <param name=film value="images/img00">
    <param name=ext value="gif">
    <param name=bps value=45>
    <param name=von value=6>
    <param name=bis value=12>
</applet>
```

Der Dateinamensstamm enthält hier eine relative Pfadangabe bezogen auf das Verzeichnis der HTML-Datei.

Hinweis:
Wenn dieses Applet auch für Diashows eingesetzt werden soll, muß die Bildfolge unter einem Bild pro Sekunde liegen. Dazu brauchen Sie nur den *sleep*-Parameter mit 10 zu multiplizieren. Er wird dann als *Bilder pro 10 Sekunden* interpretiert. Für Diavorführungen geben Sie nun beispielsweise in der HTML-Datei für *bps* 2 an, um alle 5 Sekunden ein Bild anzuzeigen. Animationen brauchen jetzt einen zehnfachen Wert, also zum Beispiel oben statt der 6 eine 60.

13.7 Hintergrundmusik

Um unserem Applet den letzten Pfiff zu geben, wollen wir zusätzlich Hintergrundmusik abspielen. Dies kann durch nur wenige Anweisungen eingebaut werden, jedoch ist das Format der Audiodateien eingeschränkt, die Applets abspielen können. Die Musik muß als sogenannte AU-Datei vorliegen. Sie benötigen also unter Umständen ein Hilfsprogramm, das die im PC-Bereich eher üblichen WAV-Dateien konvergiert.
Für unsere Musik benötigen wir zunächst eine Objektvariable der Klasse *AudioClip*. Fügen Sie dazu die folgende Zeile an den Beginn der Applet-Klasse ein.

```
AudioClip m_ac;
```

Als nächstes fügen Sie in die Methode *stop* den Aufruf der *AudioClip*-Methode *stop* hinzu.

```
m_ac.stop();
```

Dadurch wird sichergestellt, daß die Musik nicht weitergespielt wird, wenn der Browser zu anderen WWW-Dokumenten wechselt.
Das Laden und Starten der Musik übernimmt wieder unser zweiter Thread. Dazu fügen Sie an den Anfang der Methode *run* die folgenden drei Anweisungen ein.

```
String musik = new String("sounds/"+"jamba.au");
m_ac = getAudioClip(getCodeBase(),musik);
m_ac.loop();
```

Wie bei den Bildern erzeugen wir auch hier zuerst ein *String*-Objekt für den Dateinamen. Dieser darf auch relative Pfadangaben enthalten. Ähnlich wie *getImage* ein *Image*-Objekt liefert, gibt *getAudioClip* ein *AudioClip*-Objekt zurück. Der erste Parameter ist wieder eine URL, der zweite der Dateiname. Die dritte Anweisung ruft die *AudioClip*-Methode *loop* auf, um die Musik im Autorepeat-Verfahren abzuspielen. Ohne Schleifenprogrammierung können Sie so ein kurzes Musikstück immer wieder von vorn abspielen lassen.

Außer den beiden Methoden *stop* und *loop*, die wir hier benutzt haben, bietet die Klasse *AudioClip* noch *play*, um die Musik ein einziges Mal abzuspielen. Wenn Musik nur einmal gespielt werden soll, können Sie auch darauf verzichten, ein *AudioClip*-Objekt anzulegen. Die folgende Anweisung lädt und spielt die angegebene Datei ab.

```
    play(getCodeBase(),"sounds/geogoril.au");
```

Diese Methode *play* gehört zur Klasse Applet.

Sowohl Audiodateien als auch Animationsbildfolgen finden Sie in den Unterverzeichnissen DEMO bzw. SAMPLES der verschiedenen Java-Entwicklungssysteme.

13.8 Zusammenfassung

- Ähnlich wie Betriebssysteme mehrere Prozesse kontrollieren, kann ein Programm mehrere Verarbeitungsabläufe steuern. Threads sind keine separaten Instanzen eines Programmes, sondern sie teilen sich den gleichen Arbeitsspeicher.
- Applets, die zusätzliche Threads erzeugen wollen, müssen das Interface *Runnable* implementieren. Dieses besteht aus der einzigen Methode *run*.
- Die Threads werden durch ihre Methoden *start* und *stop* aktiviert und beendet. Diese Funktionen werden in den gleichnamigen Applet-Methoden aufgerufen.
- Die Applet-Methode *update* ist *paint* vorgelagert und löscht die Appletfläche vor dem *paint*-Aufruf.
- Durch den Zusatz *synchronized* werden Funktionen gesperrt. Von allen Threads kann immer nur einer eine einzige dieser Funktionen durchlaufen.
- Objekte der Klasse *MediaTracker* überwachen und steuern den Ladevorgang von Bilddateien. Dies können GIF- und JPEG-Dateien sein.
- Die Methoden der Klasse *AudioClip* ermöglichen das Abspielen von Musikdateien. Diese müssen das AU-Format besitzen.

13.9 Aufgaben

Aufgabe 25

Was bedeutet bei Funktionsdefinitionen der Zusatz *synchronized*?

Aufgabe 26

Verändern Sie das Kaleidoskop-Applet derart, daß über einen Parameter die Drehrichtung der Scheibe festgelegt werden kann. Fügen Sie in der HTML-Datei eine zweite Applet-Marke ein, und lassen Sie beide Scheiben gegenläufig drehen.

Aufgabe 27

Erstellen Sie ein Applet, das beim Anzeigen und Verlassen eine andere Audiodatei spielt. Die Dateinamen sollen per Parameter angegeben werden.

14 Das Package AWT

Applets sind verwandt mit dem Package *java.awt*. Die Abkürzung *awt* steht dabei für *Abstract Window Toolkit*. Mit Hilfe der Klassen dieses Packages können Kontrollelemente, Fenster mit Menüs, Dialogfelder usw. realisiert werden. Dieses Kapitel soll Ihnen die Grundprinzipien erläutern, nach denen diese Klassen arbeiten.

14.1 Kontrollelemente

Zunächst wollen wir uns eine Gruppe von Klassen ansehen, die eine ganze Reihe von Bedienungselementen bereitstellt. Dazu gehören Texte, Eingabefelder, Kontrollfelder, Schaltflächen usw. Obwohl solche Kontrollelemente oft direkt durch Skriptsprachen in die HTML-Dokumente eingebaut werden, können sie durch das AWT auch von Applets verwendet werden.

14.1.1 Kontrollelemente erzeugen

Das Bild auf der nächsten Seite zeigt ein Applet mit den verschiedensten Kontrollelementtypen. Das sind im einzelnen

- eine Beschriftung,
- ein einzeiliges Texteingabefeld,
- eine Auswahlliste,
- ein mehrzeiliges Texteingabefeld mit Bildlaufleisten,
- eine Optionsgruppe,
- drei Rollbalken bzw. Schieberegler,
- zwei Schaltflächen und
- ein Kontrollfeld.

Mit ihrer Hilfe kann unser Beispielapplet Anwendereingaben in unterschiedlichen Schriftarten anzeigen und für den Vorder- und Hintergrund eine Farbe einstellen, deren Rot-, Grün- und Blauanteil durch die Schieberegler festgelegt wird.

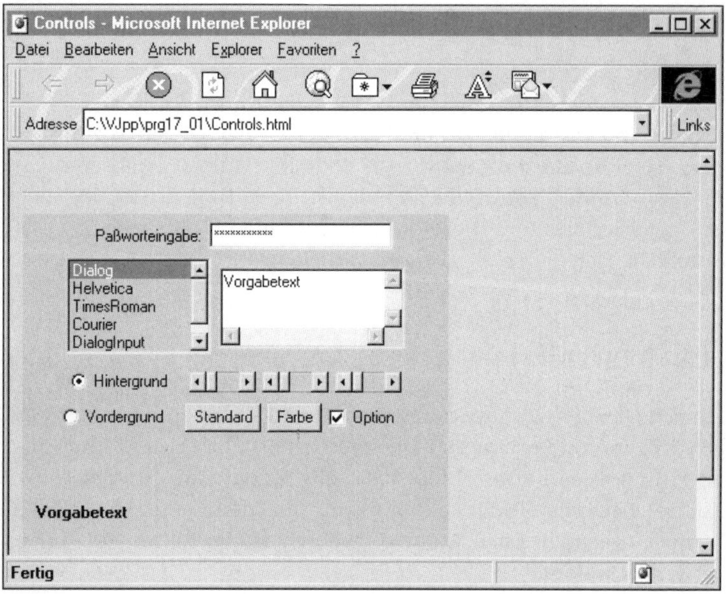

Der folgende Code zeigt zunächst nur, wie solche Kontrollelemente erzeugt werden. Die Funktionalität werden wir in einem zweiten Schritt hinzufügen.

```
//*****************************************************
// Controls.java
import java.applet.*;
import java.awt.*;

public class Controls extends Applet
{
   private String[] m_fonts;                        //(1)
```

```
    private Color m_vg;                                      //(2)
    private Color m_hg;
    private Color m_currvg;
    private Color m_currhg;

    private Button m_weiss =
       new Button("Standard");                               //(3)
    private Button m_farbe = new Button("Farbe");
    private CheckboxGroup m_vghg =
       new CheckboxGroup();                                  //(4)
    private Checkbox m_ovg =
       new Checkbox("Vordergrund",m_vghg,false);             //(5)
    private Checkbox m_ohg =
       new Checkbox("Hintergrund",m_vghg,true);
    private Checkbox m_kaestchen =
       new Checkbox("Option",null,true);                     //(6)
    private Label m_beschreibung =
       new Label("Paßworteingabe:",Label.RIGHT);             //(7)
    private List m_liste = new List(5,false);                //(8)
    private Scrollbar m_rot =                                //(9)
       new Scrollbar(Scrollbar.HORIZONTAL,0,10,0,255);
    private Scrollbar m_gruen =
       new Scrollbar(Scrollbar.HORIZONTAL,0,10,0,255);
    private Scrollbar m_blau =
       new Scrollbar(Scrollbar.HORIZONTAL,0,10,0,255);
    private TextField m_eingabe =
       new TextField("Vorgabetext",20);                      //(10)
    private TextArea m_notiz =
       new TextArea("Vorgabetext",3,20);                     //(11)

    public void init()
    {
       m_vg=getForeground();                                 //(12)
       m_currvg=getForeground();
       m_hg=getBackground();
       m_currhg=getBackground();
       m_fonts = getToolkit().getFontList();                 //(13)
       resize(320, 240);
       add(m_beschreibung);                                  //(14)
```

```
        m_eingabe.setEchoCharacter('*');                    //(15)
        add(m_eingabe);
        for(int i=0;i<m_fonts.length;i++)                   //(16)
        {
           m_liste.addItem(m_fonts[i],i);                   //(17)
        }
        m_liste.select(0);                                  //(18)
        add(m_liste);
        m_liste.makeVisible(0);                             //(19)
        add(m_notiz);
        add(m_ohg);
        add(m_ovg);
        add(m_weiss);
        add(m_farbe);
        add(m_kaestchen);
        add(m_rot,5);                                       //(20)
        add(m_gruen,6);
        add(m_blau,7);
    }

    public void paint(Graphics g)
    {
        g.setFont(new Font(m_liste.getSelectedItem(),
                 m_kaestchen.getState() ?
                    Font.BOLD : Font.PLAIN,
                       12));                                //(21)
        g.drawString(m_notiz.getText(), 10, 235);           //(22)
    }
```

(1) Für die verfügbaren Schriftarten definieren wir ein Array von Zeichenketten, das die Namen der Fonts speichern soll. Wie Sie sehen werden, sind die Applet-Schriftarten nicht mit denen Ihrer Textverarbeitung identisch.

(2) Für die Farbeinstellungen werden vier Objekte deklariert: *m_vg* (Standardvordergrund), *m_hg* (Standardhintergrund), *m_currvg* (aktueller Vordergrund) und *m_currhg* (aktueller Hintergrund).

(3) Kontrollelemente sind Objekte einer speziellen Klasse. Hier wird eine Schaltfläche – sie gehört zur Klasse *Button* – durch den Opera-

tor *new* mit Hilfe des Konstruktors erzeugt. Als Parameter wird immer die Schaltflächenbeschriftung angegeben. Solche *Button*-Objekte werden benutzt, um Aktionen auszulösen: Über *Standard* sollen die ursprünglichen Farbeinstellungen und über *Farbe* die des Anwenders angezeigt werden.

(4) Es gibt zwei Varianten für Optionsschaltflächen: sich gegenseitig ausschließende, die meistens als runde, sogenannte *Radiobuttons* dargestellt werden, und voneinander unabhängige, sogenannte *Checkbuttons*. Radiobuttons müssen als Gruppe zusammengefaßt werden. Die Objekte der Klasse *CheckboxGroup* repräsentieren solche Gruppen. Hier wird *m_vghg* für die Umschaltgruppe zwischen Vorder- und Hintergrund erzeugt.

(5) Jede einzelne Option wird als Objekt der Klasse *Checkbox* erzeugt. Der erste Parameter ist die Beschriftung, die rechts von der Schaltfläche angezeigt wird. Als zweites wird das Gruppenobjekt angegeben. Durch *true* bzw. *false* wird im dritten Parameter der Optionsstatus ein- bzw. ausgeschaltet. Bei gruppierten Optionen kann nur eine den Status *true* besitzen.

(6) Unabhängige Optionsschaltflächen werden ebenfalls als Objekte der Klasse *Checkbox* erzeugt, wobei als zweiter Parameter statt einer Gruppe *null* angegeben wird.

(7) Beschriftungen gehören zur Klasse *Label*. Ihr Konstruktor erhält hier als erstes den Text und als zweites die Textausrichtung übergeben.

(8) Listen werden durch die Klasse *List* realisiert. Der erste Parameter des Konstruktors gibt an, wieviel Elemente sichtbar sein sollen. Durch den zweiten wird festgelegt, ob immer nur ein (*false*) Element oder ob mehrere (*true*) vom Anwender ausgewählt werden können.

(9) Die Schieberegler gehören zur Klasse *Scrollbar*. Der erste Parameter ist entweder *Scrollbar.HORIZONTAL* oder *Scrollbar.VERTICAL* und legt die Orientierung des Reglers fest. Die vier folgenden ganzzahligen Werte geben der Reihe nach die Startposition, die Größe, den Minimal- und den Maximalwert des Reglerknopfes an. Die Knopfgröße bestimmt gleichzeitig, um welchen Betrag er verschoben wird, wenn man mit der Maus auf den Regelbereich klickt. Da die RGB-Komponenten durch Werte von 0 bis 255 beschrieben werden, sind dies auch die Minimal- und Maximalwerte unserer Regler.

(10) Einfache, einzeilige Eingabefelder werden von *TextField* repräsentiert. Hier wird der überladene Konstruktor benutzt, der als ersten Parameter den Feldinhalt und als zweiten die Feldgröße entgegennimmt. Die Feldgröße begrenzt nicht die Textlänge. Bei Bedarf wird der Inhalt automatisch verschoben.

(11) Mehrzeilige Eingabefelder, oft auch Memofelder genannt, gehören zur Klasse *TextArea*. Die Parameter geben Feldinhalt, Feldhöhe und -breite an.

(12) Unsere Farbvariablen werden durch die Funktionsaufrufe mit den aktuellen Werten für Vorder- und Hintergrundfarbe initialisiert.

(13) Die Komponenten werden tatsächlich von Methoden eines *Toolkit*-Objektes erzeugt, das zu jedem Applet gehört und für die plattformabhängige Implementierung zuständig ist. Dieses Objekt wird durch die *Component*-Methode *getToolkit* ermittelt. Die Methode *getFontList* der Klasse *Toolkit* stellt die verfügbaren Schriftarten fest und gibt ihre Namen als ein Array von Strings zurück.

(14) Durch *add* müssen alle Kontrollelemente der Reihe nach, so wie sie von links oben nach rechts unten erscheinen sollen, dem Applet hinzugefügt werden. Das erste Element ist unsere Beschriftung *m_beschreibung*.

(15) Bevor wir *add* für das Eingabefeld aufrufen, legen wir für das Objekt durch die *TextField*-Methode *setEchoCharacter* ein Maskierungszeichen fest. Egal, welche Taste gedrückt wird, angezeigt wird immer nur dieses Zeichen, üblicherweise ein Sternchen. Im Objekt wird aber die tatsächliche Eingabe gespeichert. Auf diese Weise können Sie beispielsweise Paßworteingaben erstellen.

(16) Auch unsere Fontliste muß noch vorbereitet werden. Innerhalb dieser Zählschleife werden alle Schriftarten in die Liste eingetragen. Die Variable *length* enthält die Anzahl der Arrayelemente. Beachten Sie, daß der Arrayindex, wie auch der Listenindex, mit 0 beginnt. Daher darf die Zählschleife nur bis *length – 1* laufen.

(17) Die Methode *addItem* fügt der Liste eine Zeichenkette hinzu. Mit dem zweiten Parameter kann der neue Eintrag auch an einer bestimmten Stelle eingeschoben werden. Da wir hier die Fontnamen hintereinander eintragen, kann der Parameter *i* auch weggelassen werden.

(18) Durch die Methode *select* wird über den Listenindex festgelegt, welcher Eintrag bereits ausgewählt sein soll. Dies ist notwendig, da *paint* sonst über keine Schriftart verfügt.

(19) Durch *makeVisible* wird hier die Liste gerollt, bis das erste Element (Index 0) sichtbar ist. Während Einträge und Selektion vor dem *add*-Aufruf erfolgen müssen, kann *makeVisible* nur funktionieren, wenn die Liste bereits angezeigt wird.

(20) Diese Version von *add* benutzt einen zweiten Parameter, um an einer bestimmten Position ein Objekt einzufügen. Diese Zahl entspricht der Nummer des Elementes, die sich ergibt, wenn Sie alle Objekte von links oben nach rechts unten abzählen und dabei mit null beginnen. Hier wird *m_rot* also zwischen *m_ohg* und *m_ovg* eingeschoben. Die Positionsangabe muß immer kleiner als die Zahl der bereits eingefügten Elemente sein.

(21) Hier stellt *paint* die gewünschte Schriftart ein. Der erste Parameter des *Font*-Konstruktors ist der Name der Schrift, der zweite ihr Stil und der dritte ihre Größe. Die Methode *getSelectedItem* liefert die markierte Zeichenkette aus einem *List*-Objekt, hier also einen Fontnamen. Von *getState* wird bei angekreuzten Optionsobjekten *true*, ansonsten *false* zurückgegeben. Der kompliziert aussehende Ausdruck für den zweiten Parameter hat die Form *Test ? Ja-Wert : Nein-Wert* und ermöglicht *if-then-else*-Anweisungen als Ausdruck. Er bewirkt hier, daß bei angekreuzter Option der Stil *Font.BOLD*, ansonsten *Font.PLAIN* eingestellt wird. Ein weiterer Stil ist *Font.ITALIC*, der durch Addition auch mit *BOLD* kombiniert werden kann.

(22) Zum Schluß zeichnet *paint* den Inhalt unseres Memofeldes. Wenn dieses Zeilenschaltungen enthält, erscheinen in der Anzeige an diesen Stellen sonderbare Zeichen, da *drawString* keine Sonderzeichen kennt.

Wenn Sie das Applet nun erstellen und aufrufen, erhalten Sie eine Anzeige, wie im vorherigen Bild gezeigt. Das Applet reagiert aber noch nicht auf Veränderungen. Diese Funktionalität müssen wir im nächsten Schritt einbauen.

14.1.2 Ereignisse behandeln

Wenn Sie diese Kontrollelemente bedienen, treten Ereignisse auf, die den Objekten übergeben werden. Dabei wird ein Ereignishandler aufgerufen, den wir zwar bereits erwähnt (siehe Kapitel 12.1.2), aber noch nicht erläutert haben: die Funktion *action*. Diese Methode gibt in allen

Klassen einfach *false* zurück, so daß die Verarbeitung von den übergeordneten Objekten übernommen werden kann. Wir können daher *action* in unserer Appletklasse überschreiben, um auf die Ereignisse zu reagieren. Wenn die Kontrollelemente dies selbst übernehmen sollen, dann müssen Sie sie als abgeleitete Klassen realisieren.
Um die Funktionalität einzubauen, fügen Sie nun für *action* unserer Appletklasse den folgenden Code hinzu.

```
public boolean action(Event evt, Object obj)      //(1)
{
   Object ctrl=evt.target;                        //(2)
   if (ctrl instanceof Button)                    //(3)
   {
      String s=(String)obj;                       //(4)
      if (s.compareTo("Standard")==0)             //(5)
      {
         m_currvg=m_vg;                           //(6)
         m_currhg=m_hg;
      }
      else
      {
         if (m_ovg.getState())                    //(7)
         {
            m_currvg=new Color(m_rot.getValue(),
                     m_gruen.getValue(),
                     m_blau.getValue());          //(8)
         }
         else
         {
            m_currhg=new Color(m_rot.getValue(),
                     m_gruen.getValue(),
                     m_blau.getValue());          //(9)
         }
      }
   }

   setForeground(m_currvg);                       //(10)
   setBackground(m_currhg);
```

```
        repaint();                                          //(11)
        return true;
    }
```

(1) Als ersten Parameter erhält *action* immer ein Ereignisobjekt. Der zweite hängt davon ab, für welche Klasse das Ereignis gilt. Für Schaltflächen wird hier zum Beispiel die Beschriftung als *String*-Objekt, für Optionsschaltflächen *Boolean.TRUE* übergeben.

(2) Um später feststellen zu können, für welche Klasse das Ereignis eintrat, wird die Ereignisvariable *target* benutzt. Wir müssen *ctrl* als Objekt der allgemeinen Basisklasse *Object* definieren, da wir die Klasse nicht vorher kennen.

(3) Hier wird getestet, ob das Zielobjekt zur Klasse *Button* gehört. Genaugenommen prüft der Operator *instanceof*, ob der Cast *(Button)ctrl* keinen Fehler liefert.

(4) Falls das Ereignis für eine unserer beiden Schaltflächen auftrat, ist der zweite Parameter von *action* ein *String*-Objekt und enthält die Beschriftung der Schaltfläche. Hier wird *obj* deshalb als *String* gecastet und gespeichert.

(5) Die Methode *compareTo* der *String*-Klasse prüft, ob das Objekt mit der konstanten Zeichenkette übereinstimmt. Das Ergebnis ist null bei Gleichheit, kleiner als null, falls die Zeichenkette vor dem Objekt einsortiert werden müßte, und ansonsten größer als null.

(6) Wenn beide Tests positiv sind, wurde also die Schaltfläche *Standard* benutzt. In diesem Fall werden die Variablen für die aktuellen Farben wieder auf die Startwerte zurückgesetzt.

(7) Im anderen Fall sollen im *else*-Zweig die Benutzereinstellungen verwendet werden. Dazu wird zunächst geprüft, ob die Einstellungen für den Vorder- oder Hintergrund gelten. Die Methode *getState* liefert *true* bzw. *false* für den Status der Optionsschaltflächen.

(8) Hier wird die Farbe für den Vordergrund eingestellt. Der Konstruktor erhält die drei Farbanteile als Parameter. Der Wert wird jeweils durch *getValue* aus den Einstellungen der drei Schiebereglerobjekte ermittelt.

(9) Für den Hintergrund wird die Einstellung im *else*-Zweig erledigt.

(10) Die eigentliche Farbeinstellung für das Applet führen *setForeground* und *setBackground* durch.

(11) Zum Schluß wird durch *repaint* das Neuzeichnen angefordert.

Die Methode *action* wird nicht für alle Kontrollelemente und Ereignisse aufgerufen. Je nach Zielobjekt wird im zweiten Parameter ein Objekt einer anderen Klasse übergeben. Die folgende Tabelle gibt einen Überblick über die von *action* verwalteten Ereignisse und Zielobjekte.

target	**obj**	**Ereignis**
Button	Beschriftung/String	Mausklick
Checkbox	Status/Boolean	Mausklick
List	Eintrag/String	[↵]-Taste und Doppelklick
TextField	Inhalt/String	[↵]-Taste

Treten für andere Kontrollelemente Ereignisse auf, so werden diese den Zielobjekten ebenfalls übergeben.

Scrollbar

Die Schieberegler erhalten fünf verschiedene Ereignistypen. Dies sind

- SCROLL_ABSOLUTE, wenn der Regler bewegt wurde,
- SCROLL_LINE_DOWN, wenn die linke bzw. untere Pfeilschaltfläche angeklickt wurde,
- SCROLL_LINE_UP, wenn die rechte bzw. obere Pfeilschaltfläche angeklickt wurde,
- SCROLL_PAGE_DOWN, wenn auf den linken bzw. unteren Leistenbereich geklickt wurde,
- SCROLL_PAGE_UP, wenn auf den rechten bzw. oberen Leistenbereich geklickt wurde.

TextArea

Die Memofelder werden immer darüber informiert, wann ihre Bearbeitung beginnt und endet:

- LOST_FOCUS beim Fokusverlust und
- GOT_FOCUS beim Fokuserhalt.

TextField

Ein Eingabefeld kann die Tastatureingabe kontrollieren. Es erhält

- KEY_PRESS, wenn eine Taste gedrückt wird, und
- KEY_RELEASE, wenn eine Taste losgelassen wird.

List

Die Listenfelder erhalten die Ereignisse

- LIST_SELECT, wenn ein Eintrag markiert wird, und
- LIST_DESELECT, wenn eine Markierung aufgehoben wird.

Damit diese Ereignisse bearbeitet werden können, müssen wir den Hauptereignishandler *handleEvent* überschreiben. Diese Funktion prüft normalerweise, um welchen Ereignistyp es sich handelt, und ruft dann für die wichtigsten Ereignisse die passenden Handler auf, wie beispielsweise *mouseDown, mouseEnter, action* usw. Die gerade beschriebenen Ereignisse für die Kontrollelemente werden jedoch nicht behandelt.

```
public boolean handleEvent(Event evt)
{
    if (evt.id == evt.ACTION_EVENT)                      //(1)
    {
        action(evt,evt.arg);                             //(2)
    }
    if (evt.id==evt.SCROLL_ABSOLUTE)                     //(3)
    {
        Scrollbar s=(Scrollbar)evt.target;               //(4)
        showStatus("Farbwert: "+s.getValue());           //(5)
    }
    return false;                                        //(6)
}
```

Die Funktion *handleEvent* übernimmt nur einen Parameter, nämlich das Ereignisobjekt. Sie muß für die Ereignisse, die sie nicht direkt behandeln will, die anderen Standardhandler aufrufen. In unserem Beispiel ist dies nur die Methode *action*. Im einzelnen macht *handleEvent* folgendes:

(1) Die *Event*-Variable *id* wird überprüft, ob es sich um ein Ereignis *ACTION_EVENT* handelt.

(2) In diesem Fall wird *action* aufgerufen. Der Methode wird das Ereignis selbst und als zweiter Parameter die extrahierte *Event*-Variable *arg* übergeben.

(3) Hier wird das zusätzliche Ereignis *SCROLL_ABSOLUTE* behandelt.

(4) Das Zielobjekt wird per Cast typisiert und gespeichert. Eine Instanzabfrage ist nicht notwendig, da dieses Ereignis nur für die Klasse *Scrollbar* auftritt.
(5) In der Statuszeile lassen wir die aktuelle Einstellung des Schiebereglers anzeigen.
(6) Wir müssen *false* zurückgeben, weil wir die Tastaturereignisse der Textfelder nicht selbst behandeln.

Wenn ein Applet auf weitere Standardereignisse reagiert, muß *handleEvent* auch diese korrekt an die jeweiligen Handler weitergeben oder die Verarbeitung selbst übernehmen.

14.2 Layoutvarianten

Sie haben sich vielleicht gewundert, daß wir die verschiedenen Komponenten dem Applet nicht an ganz bestimmten Koordinaten hinzugefügt haben. Dies war nicht notwendig, denn Applets haben als Großelternklasse die Klasse *Container*, die mittels sogenannter *Layout-Manager* die Anordnung der Bedienungselemente selbst übernimmt.
Es gibt verschiedene *LayoutManager*-Klassen, denen jeweils ein anderes Layoutkonzept zugrunde liegt.

- *FlowLayout* ist der Standard-*LayoutManager* und ordnet die Komponenten im Applet von oben links nach unten rechts an. Paßt ein Element nicht mehr in eine Zeile, kommt es an den Anfang der nächsten Zeile.
- *BorderLayout* wird ebenfalls recht häufig benutzt und ordnet die Elemente an den vier Seiten und im Zentrum an. Die Methode *add* benutzt in diesem Fall zwei Parameter: als erstes eine Zeichenkette für die Position und als zweites die hinzuzufügende Komponente. Als Position können Sie «North», «South», «West», «East» oder «Center» angeben.
- *GridLayout* ordnet die Komponenten in einem Raster aus gleich großen Zellen an.
- *GridBagLayout* kann Zellen unterschiedlicher Größe für die Anordnung benutzen.
- *CardLayout* plaziert die Elemente auf sich gegenseitig verdeckende Karten. Jeweils eine dieser Karten kann sichtbar gemacht werden.

Wir haben in unserem Applet nicht ausdrücklich ein Layout festgelegt, deshalb wird *FlowLayout* verwendet. Das bedeutet, daß das Layout von der Appletbreite abhängig ist. Ändert die HTML-Seite dieses Maß in der <APPLET>-Marke, so erhalten Sie unter Umständen eine komplett andere Darstellung. *FlowLayout* ordnet die Kontrollelemente nur relativ zueinander an.

Die anderen *LayoutManager* erlauben es, die Komponenten an festen Appletpositionen zu plazieren. Der mächtigste und auch komplizierteste Manager von ihnen ist *GridBagLayout.* Mit ihm wollen wir das Layout unseres Applets verändern. Das nächste Bild zeigt, wie es später aussieht.

Beachten Sie, daß oben und unten im Applet Platz übrigbleibt, nicht aber rechts und links.

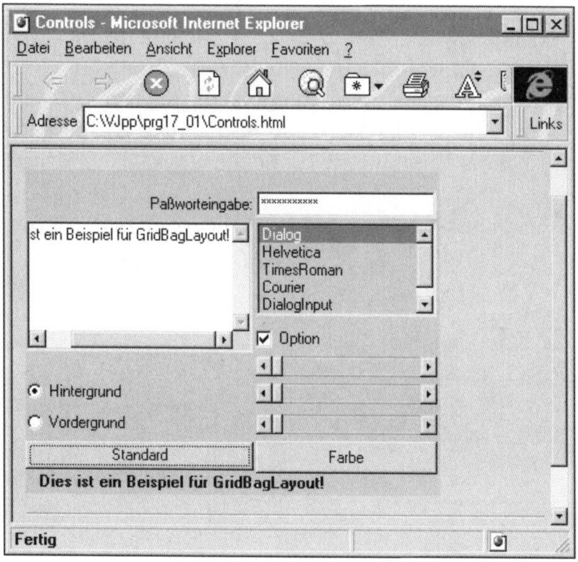

Um unsere Programmänderungen besser verstehen zu können, legen wir zunächst ein Gitter über das Applet, wobei darauf geachtet werden muß, daß zwar Linien durch Komponenten hindurchgehen können, aber niemals mehrere Elemente sich in einer Gitterzelle befinden. Das Ergebnis zeigt das folgende Bild.

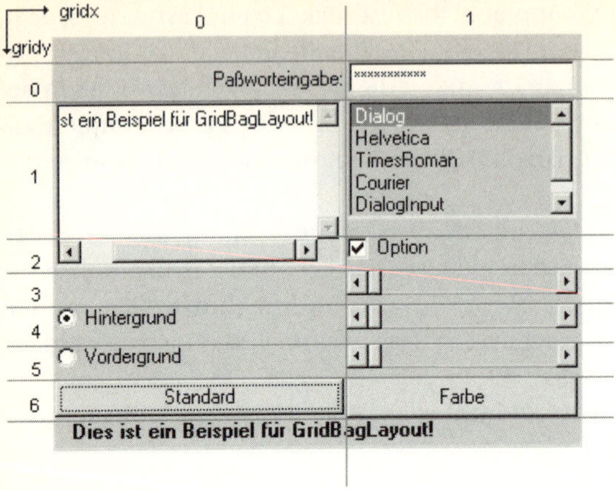

Die Regeln, nach denen *GridBagLayout* die Kontrollelemente im Gitter anordnet, werden von Objekten der Klasse *GridBagConstraints* verwaltet. Dazu legen sie zunächst ein Koordinatensystem an, dessen Nullpunkt oben links im Applet liegt. Die horizontale Position der Komponenten wird in der Variablen *gridx* und die vertikale in *gridy* gespeichert.
Weitere Variablen von *GridBagConstraints* verdeutlicht das nächste Bild.

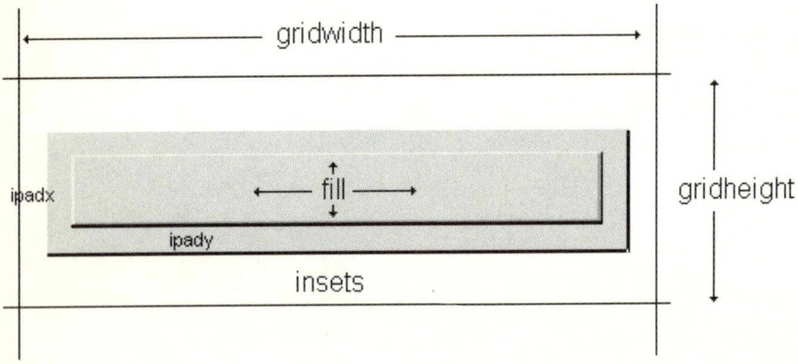

Die Breite und Höhe, gemessen in Gitterzellen, wird durch *gridwidth* und *gridheight* angegeben. Ihre Standardwerte sind 1.
Durch *insets*, dies sind Objekte der Klasse *Insets*, wird der freizuhalten-

de Rand zwischen Komponente und Gitter festgelegt. Die Standardwerte lauten für alle vier Seiten 0.
Die Elemente können zum Teil auch vergrößert werden. Die Pixel, die jeweils rechts und links hinzuzufügen sind, gibt *ipadx* an. Wieviel oben und unten hinzukommen, speichert *ipady*. Beide enthalten standardmäßig 0.
Soll ein Element auf maximale Größe gebracht werden, wird die Variable *fill* benutzt. Auch sie enthält normalerweise 0.
Ist eine Komponente kleiner als die Gitterzelle, legt *anchor* ihre Lage fest. Der Standard bewirkt ein Zentrieren.
Zum Schluß gibt es zwei weitere Variablen, die festlegen, was mit dem Platz geschieht, der von den Elementen nicht benötigt wird. Dies sind *weightx* und *weighty*. Ihre Werte sind anfangs 0.
Um das neue Layout zu realisieren, brauchen Sie nur die Methode *init* zu verändern. Sie sieht danach folgendermaßen aus:

```
public void init()
{
   m_vg=getForeground();
   m_currvg=getForeground();
   m_hg=getBackground();
   m_currhg=getBackground();
   m_fonts = getToolkit().getFontList();
   resize(320, 240);
   GridBagLayout design=new GridBagLayout();       //(1)
   GridBagConstraints regel = new
                    GridBagConstraints();          //(2)
   setLayout(design);                              //(3)
   regel.insets=new Insets(0,0,2,2);               //(4)
   regel.anchor=GridBagConstraints.EAST;           //(5)
   design.setConstraints(m_beschreibung,
                    regel);                        //(6)
   add(m_beschreibung);
   m_eingabe.setEchoCharacter('*');
   regel.anchor=GridBagConstraints.CENTER;
   regel.gridwidth=
          GridBagConstraints.REMAINDER;            //(7)
   design.setConstraints(m_eingabe,regel);
   add(m_eingabe);
```

```
regel.weightx=1;                                          //(8)
regel.fill=GridBagConstraints.BOTH;                       //(9)
regel.gridheight=2;                                       //(10)
regel.gridwidth=
         GridBagConstraints.RELATIVE;                     //(11)
design.setConstraints(m_notiz,regel);
add(m_notiz);
for(int i=0;i<m_fonts.length;i++)
{
   m_liste.addItem(m_fonts[i],i);
}
m_liste.select(0);
regel.weightx=0;                                          //(12)
regel.fill=GridBagConstraints.BOTH;
regel.gridheight=1;                                       //(13)
regel.gridwidth=GridBagConstraints.REMAINDER;
design.setConstraints(m_liste,regel);
add(m_liste);
m_liste.makeVisible(0);
regel.anchor=GridBagConstraints.WEST;
design.setConstraints(m_kaestchen,regel);
add(m_kaestchen);
regel.gridx=1;                                            //(14)
regel.anchor=GridBagConstraints.CENTER;
regel.fill=GridBagConstraints.HORIZONTAL;
regel.gridwidth=GridBagConstraints.REMAINDER;
design.setConstraints(m_rot,regel);
add(m_rot);
regel.gridx=GridBagConstraints.RELATIVE;
regel.anchor=GridBagConstraints.WEST;                     //(15)
regel.fill=GridBagConstraints.NONE;
regel.gridwidth=GridBagConstraints.RELATIVE;
design.setConstraints(m_ohg,regel);
add(m_ohg);
regel.anchor=GridBagConstraints.CENTER;
regel.fill=GridBagConstraints.HORIZONTAL;
regel.gridwidth=GridBagConstraints.REMAINDER;
design.setConstraints(m_gruen,regel);
add(m_gruen);
```

```
    regel.anchor=GridBagConstraints.WEST;
    regel.fill=GridBagConstraints.NONE;
    regel.gridwidth=GridBagConstraints.RELATIVE;
    design.setConstraints(m_ovg,regel);
    add(m_ovg);
    regel.anchor=GridBagConstraints.CENTER;
    regel.fill=GridBagConstraints.HORIZONTAL;
    regel.gridwidth=GridBagConstraints.REMAINDER;
    design.setConstraints(m_blau,regel);
    add(m_blau);
    regel.gridwidth=GridBagConstraints.RELATIVE;
    design.setConstraints(m_weiss,regel);
    add(m_weiss);
    regel.ipadx=3;                                 //(16)
    regel.ipady=3;                                 //(17)
    design.setConstraints(m_farbe,regel);
    add(m_farbe);
}
```

(1) Wenn Sie einen anderen als den Standard-*LayoutManager* benutzen wollen, müssen Sie ein Objekt der gewünschten Klasse erzeugen, wie hier für *GridBagLayout*. Der Konstruktor benutzt keine Parameter.

(2) Für diesen *LayoutManager* benötigen Sie zusätzlich mindestens ein Objekt der Klasse *GridBagConstraints*, das die Regeln für das Layout enthält.

(3) Die Großelternklasse der Applets ermöglicht, mit der Methode *setLayout* den neuen *LayoutManager* festzulegen.

(4) Die Variable *insets* unseres *GridBagConstraints*-Objektes wird hier durch ein neues Objekt der Klasse *Insets* ersetzt. Die Parameter geben der Reihe nach den Pixelabstand für oben, links, unten und rechts an. Damit die Komponenten sich nicht berühren, reicht es, wenn wir rechts und unten 2 Pixel frei lassen. Dies gilt so lange, bis etwas anderes festgelegt wird.

(5) Die Lage der Elemente innerhalb einer Zelle wird nach den Himmelsrichtungen benannt und in der Variablen *anchor* gespeichert. Durch *EAST* wird die Beschriftung an den rechten Rand gelegt. Dadurch steht sie direkt vor dem zugehörigen Eingabefeld. Die ande-

ren Ankermöglichkeiten sind neben *CENTER* noch *SOUTHEAST, SOUTH, SOUTHWEST, WEST, NORTHWEST, NORTH* und *NORTHEAST.*

(6) Durch die Methode *setConstraints* unseres *GridBagLayout*-Objektes werden die Layoutregeln für eine Komponente übernommen. Danach kann das jeweilige Objekt dem Applet hinzugefügt werden.

(7) Für die letzten Komponenten einer Zeile wird *gridwidth* immer die Konstante *GridBagConstraints.REMAINDER* zugewiesen.

(8) Durch *weightx* können Sie steuern, welche Elemente übriggebliebenen Platz erhalten und dadurch beispielsweise vergrößert werden, wenn das Applet vergrößert wird. Der gesamte restliche horizontale Platz wird auf alle Zellen anteilig nach diesem Gewichtungsfaktor verteilt. Weil wir *weighty* auf 0 belassen, wird der vertikale freie Platz je zur Hälfte am oberen und unteren Appletrand angeordnet. Da die Zelle für *m_notiz* hier die Gewichtung 1 erhält, wird der gesamten ersten Spalte der restliche horizontale Platz zugewiesen.

(9) Durch *fill* wird das Streckungsverfahren festgelegt, nach dem vergrößert werden soll. *BOTH* bewirkt sowohl horizontale (*HORIZONTAL*), als auch vertikale (*VERTICAL*) Vergrößerung. Wollen Sie *fill* wieder zurücksetzen, dann weisen Sie *NONE* zu.

(10) Unser Memofeld soll sich über zwei Gitterzeilen erstrecken, deshalb weisen wir *gridheight* hier den Wert 2 zu.

(11) Weil eine neue Zeile begonnen wird und dieses Element nicht das letzte der Zeile ist, wird *gridwidth* auf *RELATIVE* eingestellt. Dadurch wird das Element in die nächste Zelle gestellt.

(12) Für die nächsten Zellen müssen wir *weightx* wieder zurücksetzen.

(13) Ebenso muß auch *gridheight* wieder den Standardwert erhalten.

(14) Die erste Zelle in dieser Zeile soll frei bleiben. Darum wird *gridx* auf 1 gesetzt.

(15) Durch den Anker *WEST* erhalten wir eine linksbündige Ausrichtung der ungleich langen Optionsschaltflächen.

(16) Nur zur Demonstration setzen wir *ipadx* auf 3. Dies hat wegen der noch wirksamen *fill*-Einstellung auf *HORIZONTAL* keine Auswirkung.

(17) Durch den Wert 3 von *ipady* ist die Schaltfläche um 6 Pixel höher als die benachbarte.

Wenn Sie nun dem Applet unterschiedliche Größen zuweisen, erhalten Sie immer die gleiche Anordnung der einzelnen Komponenten. Bei Vergrößerungen werden der freie Platz oben und unten sowie die erste Spalte größer. Bei Verkleinerungen erscheint nur ein Ausschnitt.

14.3 Panel

Panel ist die Elternklasse der Applets. Sie selbst ist von der Klasse *Container* abgeleitet und kann somit Kontrollelemente aufnehmen und verwalten. Ein Applet kann mehrere *Panel*-Objekte enthalten. Dadurch ist es einerseits möglich, Komponenten zu verschachteln und gruppenweise zu verwalten, andererseits können verschiedene *Layout-Manager* für ein Applet eingesetzt werden.

Wir wollen unsere Komponenten nun auf drei *Panel*-Objekte verteilen und das Applet-Layout durch zwei verschiedene *LayoutManager* erstellen lassen. Dazu muß wieder nur *init* geändert werden.

```
public void init()
{
    Panel pw = new Panel();                              //(1)
    Panel text = new Panel();
    Panel schalter = new Panel();
    setLayout(new BorderLayout(5,5));                    //(2)
    m_vg=getForeground();
    m_currvg=getForeground();
    m_hg=getBackground();
    m_currhg=getBackground();
    m_fonts = getToolkit().getFontList();
    resize(320, 240);
    pw.add(m_beschreibung);                              //(3)
    m_eingabe.setEchoCharacter('*');
    pw.add(m_eingabe);
    for(int i=0;i<m_fonts.length;i++)
    {
        m_liste.addItem(m_fonts[i],i);
    }
    m_liste.select(0);
```

```
        text.add(m_liste);                              //(4)
        text.add(m_notiz);
        text.add(m_ohg);
        text.add(m_ovg);
        schalter.add(m_weiss);                          //(5)
        schalter.add(m_farbe);
        text.add(m_kaestchen);
        text.add(m_rot,3);                              //(6)
        text.add(m_gruen,4);
        text.add(m_blau,5);
        add("North",pw);                                //(7)
        add("South",schalter);                          //(8)
        add("Center",text);                             //(9)
        m_liste.makeVisible(0);                         //(10)
    }
```

(1) Wir erstellen drei *Panel*-Objekte, *pw* für die Paßwortelemente, *text* für die Schrift- und Farbeinstellungen und *schalter* für die Schaltflächen. Der Konstruktor benutzt keine Parameter.

(2) Für das Applet benutzen wir *BorderLayout* als *LayoutManager*. Der Konstruktor dieser Klasse kann zwei Parameter für die Größe der horizontalen und vertikalen Lücken zwischen den Komponenten benutzen. Die *Panel*-Objekte verwenden weiterhin den Standard-*LayoutManager FlowLayout*.

(3) Um die Kontrollelemente den *Panel*-Objekten zuzuordnen, wird die *add*-Methode des jeweiligen Objektes benutzt. Dies ist hier das Objekt für die Paßwortelemente.

(4) Entsprechend erhält *text* seine Komponenten.

(5) Die Schaltflächen kommen zu *schalter*.

(6) Die Nummern für die Einschiebungen müssen korrigiert werden, da die ersten beiden Elemente nicht mehr dazugehören.

(7) Das erste Objekt kommt an den oberen Rand.

(8) Die Schalter sollen an den unteren Rand.

(9) Durch *Center* wird immer der ganze restliche Platz verwendet.

(10) Erst wenn jetzt das Panel erscheint, wird auch die Liste sichtbar. Deshalb muß *makeVisible* hierhin.

Das Layoutergebnis zeigt das folgende Bild.

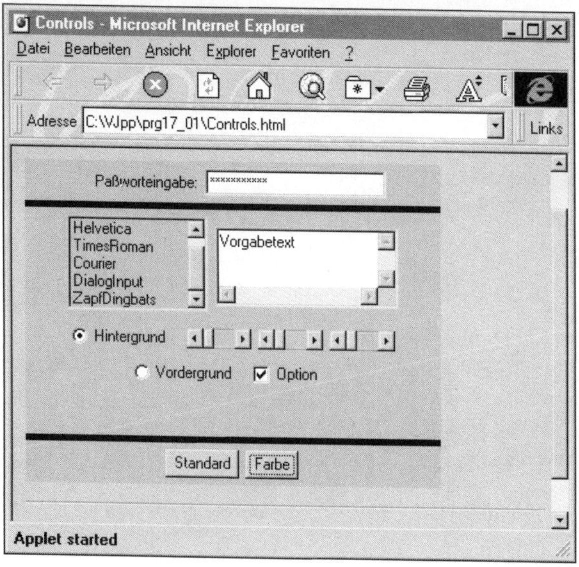

Wir haben hier bereits auf die Schaltfläche *Farbe* geklickt, wodurch der Hintergrund schwarz dargestellt wird. Sie können ihn aber nur durch die beim Layout-Konstruktor angegebenen Lücken erkennen. Im Bild erscheinen sie als schwarze Streifen.
Die Schalter verdecken übrigens bei diesem Layout die Textanzeige von *drawString*.

14.4 Fenster

Ein anderer *Container*-Typ ist *Frame*. Die Objekte dieser Klasse stellen unabhängige, frei bewegliche Fenster mit Rahmen, Titelleiste und gegebenenfalls Menü dar. Sie können ebenfalls Komponenten aufnehmen, wobei sie als Standardlayout *BorderLayout* benutzen. Das folgende Applet erzeugt ein *Frame*-Objekt mit eigener Cursorform und einer Schaltfläche.

```
//*****************************************************
// Controls2.java
import java.applet.*;
import java.awt.*;

public class Controls2 extends Applet
{
   Fenster m_fenster =
                    new Fenster("Mein Fenster");  //(1)

   public void init()
   {
      resize(320, 240);
      m_fenster.resize(400,200);                    //(2)
      m_fenster.setCursor(m_fenster.HAND_CURSOR);   //(3)
      m_fenster.add("South", new Button("OK"));     //(4)
      m_fenster.show();                             //(5)
   }
}

class Fenster extends Frame                         //(6)
{
   public Fenster(String t)                         //(7)
   {
      super(t);
   }

   public void paint(Graphics g)                    //(8)
   {
      g.drawString("Hallo Welt!",10,10);
   }
}
```

(1) Sinnvollerweise benutzt man immer eine von *Frame* abgeleitete Klasse, die wir hier *Fenster* genannt haben. Der Konstruktor von *Frame* kann einen Fenstertitel benutzen, den wir hier verwenden.

(2) Die *resize*-Methode stellt die Größe des Fensterobjekts ein.

(3) Die *Frame*-Methode *setCursor* legt das Symbol fest, in das der

Mauszeiger sich verwandelt, wenn er über unser Fenster bewegt wird. Die Klasse enthält für die verschiedenen Systemcursor vordefinierte Konstanten: CROSSHAIR_CURSOR, DEFAULT_CURSOR, E_RESIZE_CURSOR, HAND_CURSOR, MOVE_CURSOR, N_-RESIZE_CURSOR, NE_RESIZE_CURSOR, NW_RESIZE_CURSOR, S_RESIZE_CURSOR, SE_RESIZE_CURSOR, SW_RESIZE_CURSOR, TEXT_CURSOR, W_RESIZE_CURSOR und WAIT_CURSOR.

(4) Wir fügen dem Fenster nur eine Schaltfläche hinzu. Da *Frame* das Layout *BorderLayout* benutzt, verwendet *add* als ersten Parameter die Position und als zweiten die Schaltfläche.

(5) Objekte der Klasse *Frame* werden immer unsichtbar erzeugt und müssen durch *show* separat sichtbar gemacht werden.

(6) Hier wird unsere von *Frame* abgeleitete Klasse definiert.

(7) Der Konstruktor macht nichts anderes, als seinen Parameter an den Konstruktor der Elternklasse weiterzureichen. Dadurch erhält unser Fenster sofort bei der Anzeige eine Bezeichnung in der Titelleiste.

(8) Die Methode *paint* unserer Klasse gibt einen Text im Fenster aus.

Das fertige Ergebnis zeigt das folgende Bild. Im Hintergrund erkennen Sie das Applet, im Vordergrund das aktive, unabhängige Fenster mit dem eigenen Cursor. Ganz unten im Fenster sehen Sie die Schaltfläche OK.

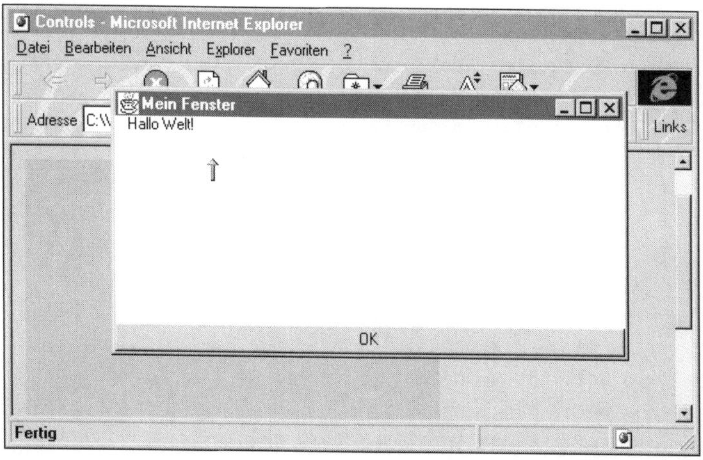

14.5 Menüs

Objekte der Klasse *Frame* können Menüs enthalten, über die Anwender die Verarbeitung steuern können. Um das Grundprinzip zu erläutern, wollen wir für unser Fenster das folgende Menü erzeugen.

Die Menüleiste enthält ein Menü mit drei Befehlen und einem Untermenü. Einer der Befehle dient als Umschalter zwischen zwei Zuständen: aktiv, durch ein Häkchen verdeutlicht, und inaktiv.

14.5.1 Menüs erzeugen

Für dieses Menü müssen wir unsere Fensterklasse erweitern, wobei das gesamte Menü im Konstruktor aufgebaut wird.

```
class Fenster extends Frame
{
   MenuBar m_menue;                                        //(1)
   Menu m_edit, m_info;                                    //(2)
   MenuItem m_zurueck, m_invers, m_about;                  //(3)
   CheckboxMenuItem m_option;                              //(4)
   String m_test;                                          //(5)

   public Fenster(String t)
   {
      super(t);
      m_menue=new MenuBar();                               //(6)
      setMenuBar(m_menue);                                 //(7)
      m_edit=new Menu("Bearbeiten");                       //(8)
      m_menue.add(m_edit);                                 //(9)
      m_zurueck=new MenuItem("Zurücksetzen");             //(10)
```

```
        m_zurueck.disable();                          //(11)
        m_edit.add(m_zurueck);                        //(12)
        m_invers = new MenuItem("Invers");
        m_edit.add(m_invers);
        m_edit.addSeparator();                        //(13)
        m_option=new CheckboxMenuItem("Option");      //(14)
        m_edit.add(m_option);
        m_option.setState(true);                      //(15)
        m_test=new String("Option an");               //(16)
        m_info=new Menu("Info");                      //(17)
        m_edit.add(m_info);                           //(18)
        m_about=new MenuItem("Über");
        m_info.add(m_about);
    }
    public void paint(Graphics g)
    {
        g.drawString("Hallo Welt!",10,10);
        g.drawString(m_test,10,20);                   //(19)
    }
}
```

(1) Wir brauchen für die Menüleiste ein Objekt der Klasse *MenuBar*.
(2) Jedes Menü und Untermenü gehört zur Klasse *Menu*.
(3) Befehle sind Objekte der Klasse *MenuItem*.
(4) Befehle mit Häkchen müssen als *CheckboxMenuItem*-Objekte erzeugt werden.
(5) Um den Zustand des Befehls *Option* anzuzeigen, benutzen wir ein *String*-Objekt.
(6) Zuerst erzeugen wir das Objekt für die gesamte Menüleiste, damit wir anschließend die Menüs eintragen können.
(7) Durch *setMenuBar* wird die im Parameter angegebene Leiste dem Fenster hinzugefügt.
(8) Hier wird das erste Menü erzeugt. Im Konstruktor wird die Menübeschriftung angegeben. Dieser Text muß in der gesamten Menüleiste eindeutig sein, da über ihn die spätere Verarbeitung gesteuert wird.
(9) Im zweiten Schritt wird das Menü der Leiste *m_menue* durch die *MenuBar*-Methode *add* hinzugefügt.

(10) Jetzt können die Menüeinträge aufgebaut werden. Im ersten Schritt wird ein Befehl erzeugt. Auch hier ist der Konstruktorparameter die Beschriftung.

(11) Jeder Befehl ist zuerst automatisch aktiv. *Zurücksetzen* soll hier aber erst möglich sein, wenn vorher *Invers* gewählt wurde, daher deaktivieren wir zunächst diesen Befehl durch seine Methode *disable*.

(12) Im zweiten Schritt werden die Befehle dem Menü *m_edit* durch die *Menu*-Methode *add* hinzugefügt.

(13) Befehle können durch Trennungsstriche in Menüs gruppiert werden. Diese werden durch *addSeparator* erzeugt.

(14) Auch die Ankreuzbefehle werden zunächst mit der Beschriftung als Konstruktorparameter erzeugt und danach dem Menü hinzugefügt.

(15) Anfangs hat ein solcher Befehl immer den Status *false*. Bei uns soll er zunächst angekreuzt sein, deshalb ändern wir mit *setState* den Zustand auf *true*.

(16) Damit wir den Zustand korrekt anzeigen, wird die Zeichenkette ebenfalls eingestellt. Diese dient in unserem Beispiel nur zur Demonstration.

(17) Das Untermenü wird erzeugt.

(18) Statt es aber der Menüleiste als weiteres Menü hinzuzufügen, tragen wir es als Untermenü in *m_edit* ein.

(19) Um den Zustand unseres Befehls *Option* anzuzeigen, wird die Zeichenkette *m_test* im Fenster ausgegeben.

Unser Fenster hat jetzt eine Menüleiste, der lediglich noch die Funktionalität fehlt. Sie können jedoch bereits das Menü öffnen, Befehle auswählen und auch schon den Status von *Option* ändern.

14.5.2 Befehle verarbeiten

Wenn ein Befehl ausgewählt oder wenn auf die Schaltfläche im Fenster geklickt wird, werden die Ereignisobjekte an die *action*-Methode übergeben. Um also jetzt unsere Menübefehle mit Aktionen auszustatten, müssen wir in unserer Fensterklasse nur diese Methode überschreiben. Sie sieht dann folgendermaßen aus:

```
public boolean action(Event evt, Object obj)
{
   String befehl = (String)obj;                         //(1)
   if (befehl.compareTo("OK")==0)                       //(2)
   {
      toBack();                                         //(3)
   }
   if (befehl.compareTo("Zurücksetzen")==0)             //(4)
   {
      setForeground(Color.black);
      setBackground(Color.white);
      m_zurueck.disable();
      m_invers.enable();
   }
   if (befehl.compareTo("Invers")==0)                   //(5)
   {
      setForeground(Color.white);
      setBackground(Color.black);
      m_invers.disable();
      m_zurueck.enable();
   }
   if (befehl.compareTo("Option")==0)
   {
      CheckboxMenuItem o =
            (CheckboxMenuItem)evt.target;               //(6)
      if (o.getState())
         m_test="Option an";                            //(7)
      else
         m_test="Option aus";
   }
   if (befehl.compareTo("Über")==0)
   {
      Dialog infodialog =
         new Dialog(this,"Info über",true);             //(8)
      infodialog.add("South",
                  new Button("Schließen"));             //(9)
      infodialog.resize(120,80);                       //(10)
      infodialog.show();                               //(11)
   }
```

```
        if (befehl.compareTo("Schließen")==0)        //(12)
        {
          Button b = (Button)evt.target;             //(13)
          b.getParent().hide();                      //(14)
        }
        repaint();
        return true;
    }
```

(1) In unserem Beispiel können die Ereignisse nur von den Menübefehlen und Schaltflächen stammen. Daher prüfen wir hier nicht, zu welcher Klasse das *target*-Objekt gehört (siehe Kapitel 14.1.2), denn alle liefern ihre Beschriftung als zweiten Parameter. Sie wird hier konvertiert und im *String*-Objekt gespeichert.

(2) Wir führen hier mit *compareTo* (siehe Kapitel 14.1.2) einen Zeichenkettenvergleich durch, um den Befehl zu identifizieren, und definieren im *if*-Zweig die gewünschte Verarbeitung.

(3) Durch *toBack* wird das Fenster in den Hintergrund gebracht. Der Fokus geht auf das nächste Fenster über.

(4) Der Befehl *Zurücksetzen* stellt für den Vordergrund schwarz und für den Hintergrund weiß ein. Dann deaktiviert er sich selbst und aktiviert den Befehl *Invers*.

(5) Der Befehl *Invers* soll genau umgekehrt arbeiten.

(6) Für den Befehl *Option* benötigen wir den Zugriff auf das Objekt selbst, um seinen Zustand zu ermitteln. Daher wird hier *target* konvertiert.

(7) Jetzt kann durch *getState* der Zustand festgestellt und zur Demonstration der richtige Text eingestellt werden. Das Umschalten des Befehls muß nicht programmiert werden; es wird automatisch bei der Selektion des Befehls vorgenommen.

(8) Der Befehl *Info* des Untermenüs soll zeigen, wie Dialogfenster geöffnet und geschlossen werden. Hier wird ein solches Fenster der Klasse *Dialog* erzeugt. Der erste Parameter ist das Elternfenster, hier unser eigenes. Der zweite gibt den Fenstertitel an, und der dritte macht das Fenster zu einem modalen Fenster. Modale Fenster erlauben nur den Wechsel zu anderen Systemprozessen; eine Arbeit mit unserem Fenster ist erst wieder möglich, wenn dieses Dialogfeld geschlossen wurde.

(9) Auch diesem Fenster fügen wir eine Schaltfläche hinzu, damit wir die Möglichkeit schaffen können, es zu schließen.
(10) Die Größe wird festgelegt.
(11) Zum Schluß wird das Dialogfenster durch *show* angezeigt.
(12) Weil wir keine eigene Klasse für unser Dialogfenster abgeleitet haben, müssen wir in der Fensterklasse auf das Ereignis der Schaltfläche *Schließen* reagieren.
(13) Damit das Fenster geschlossen werden kann, müssen wir das *Button*-Objekt abfragen, zu welchem Fenster es gehört. Deshalb wird hier *target* umgewandelt.
(14) Die *Component*-Methode *getParent* liefert die Komponente, in die die Schaltfläche eingebettet wurde, hier das Dialogfenster. Durch die Fenstermethode *hide* wird es dann geschlossen.

Durch diese zusätzliche Methode können unsere Menüleiste und die Schaltflächen nun ihre Aufgaben durchführen.

Hinweis:
Zum Zeitpunkt der Drucklegung dieses Buches hat nur der Netscape Navigator dieses Beispiel einwandfrei verarbeitet. Der Internet Explorer reagierte nicht auf *toBack*, und der Appletviewer von Sun (Version 1.02) reagierte weder auf *toBack* noch auf *hide*.

14.6 Appletanwendungen

Bisher haben wir uns reinrassige Applets angesehen, die nur von Appletviewern und Web-Browsern gestartet werden können. In diesem Kapitel zeigen wir, wie Sie ein Applet als Teil einer Java-Anwendung verwenden können. Darüber hinaus kann es ohne Änderungen weiterhin im Internet benutzt werden.
Damit das Applet als Anwendung starten kann, brauchen wir ein Objekt der *Frame*-Klasse als Ersatz für den Browser. Diese Klasse wird ähnlich wie im vorherigen Kapitel definiert, nur sind diesmal die Rollen vertauscht. Jetzt ist nicht das Fenster Teil des Applets, sondern das Applet wird dem Fenster hinzugefügt. Schauen wir uns zunächst die Fensterklasse an.

```
//*************************************************
// JanusFrame.java
import java.awt.*;

class JanusFrame extends Frame
{
   public JanusFrame(String str)
   {
      super (str);
   }

   public boolean handleEvent(Event evt)
   {
      switch (evt.id)                                //(1)
      {
         case Event.WINDOW_DESTROY:                  //(2)
            dispose();                               //(3)
            System.exit(0);                          //(4)
            return true;
         default:
            return super.handleEvent(evt);           //(5)
      }
   }
}
```

Nur die *handleEvent*-Methode enthält Neues.

(1) Die Ereignisse sind ja numerisch verschlüsselt, also kann die Variable *id* auch in einer *switch*-Anweisung benutzt werden, um für jeden Ereignistyp die jeweilige Handler-Methode aufzurufen, oder aber, um selbst darauf zu reagieren.
(2) Das Ereignis *WINDOW_DESTROY* tritt nur auf, wenn ein Objekt dieser Klasse zerstört wird, und das wird hier nur der Fall sein, wenn das Applet als Applikation läuft.
(3) Mit *dispose* wird alles freigegeben; das Fenster wird geschlossen.
(4) Durch *System.exit* wird die Java VM mit dem Status 0 normal beendet.
(5) Alle anderen Ereignisse werden an die Elternklasse weitergereicht.

Die zweite Klasse, die wir benötigen, ist wiederum unser Applet. Diesmal enthält es zusätzlich die Methode *main*. Sie dient als Startpunkt für die Applikation, während die Browser und Appletviewer bei *init* einsteigen. Der Code sieht folgendermaßen aus:

```
//*****************************************************
// Janus.java
import java.applet.*;
import java.awt.*;
import JanusFrame;                                      //(1)

public class Janus extends Applet
{
   boolean m_fStandAlone = false;                       //(2)
   private String m_p = "Standard";                     //(3)
   private final String PARAM_p = "p";                  //(4)

   String GetParameter(String strName,
                       String args[])                   //(5)
   {
      if (args == null)                                 //(6)
      {
         return getParameter(strName);
      }

      int i;                                            //(7)
      String strArg  = strName + "=";                   //(8)
      String strValue = null;                           //(9)
      for (i = 0; i < args.length; i++)                 //(10)
      {
         if (strArg.equalsIgnoreCase(
                   args[i].substring(0,
                       strArg.length())))               //(11)
         {
            strValue=args[i].substring(
                       strArg.length());                //(12)
            if (strValue.startsWith("\""))              //(13)
            {
```

```
                strValue=strValue.substring(1);          //(14)
                if (strValue.endsWith("\""))             //(15)
                   strValue=strValue.substring(
                         0,
                      strValue.length() - 1);            //(16)
             }
          }
       }
       return strValue;                                  //(17)
    }

    void GetParameters(String args[])                    //(18)
    {
       String param;
       param = GetParameter(PARAM_p, args);              //(19)
       if (param != null)
          m_p = param;
    }

    public static void main(String args[])               //(20)
    {
       JanusFrame frame =
                   new JanusFrame("Janus");              //(21)
       frame.show();                                     //(22)
       frame.hide();
       frame.resize(frame.insets().left +
                   frame.insets().right +
                   320,
                   frame.insets().top +
                   frame.insets().bottom +
                   240);                                 //(23)
       Janus applet_Janus = new Janus();                 //(24)
       frame.add("Center", applet_Janus);                //(25)
       applet_Janus.m_fStandAlone = true;                //(26)
       applet_Janus.GetParameters(args);                 //(27)
       applet_Janus.init();                              //(28)
       applet_Janus.start();                             //(29)
       frame.show();                                     //(30)
    }
```

```
    public void init()
    {
        if (!m_fStandAlone)                                      //(31)
            GetParameters(null);
        resize(320, 240);
    }

    public void paint(Graphics g)
    {
        g.drawString("Hier ist das Applet!", 10, 20);
    }
}
```

(1) Die Klasse *JanusFrame* wurde als separate Datei erstellt, daher wird sie hier importiert.

(2) Die Variable *m_fStandAlone* wird als Schalter benutzt. Sie wird mit *false* initialisiert und später nur von *main* auf *true* gesetzt. Dadurch können andere Methoden bei Bedarf erkennen, ob das Applet als Anwendung oder als Applet läuft.

(3) Da Applikationen anders als die Applets ihre Parameter übernehmen, haben wir hier einen Parameter definiert, um zu demonstrieren, wie er in beiden Fällen übernommen werden kann.

(4) Sein Name wird wieder als konstante Variable gespeichert.

(5) Die Methode *GetParameter* extrahiert den gewünschten Parameterwert. Beachten Sie die veränderte Schreibweise gegenüber der *Applet*-Methode *getParameter*. Als ersten Parameter erhält *GetParameter* den Namen des zu übernehmenden Appletparameters. Der zweite ist das Array von Zeichenketten, das *main* aus der Kommandozeile übernimmt. Wenn das Applet von einer HTML-Seite benutzt wird, steht hier *null*.

(6) Der Test auf *null* stellt also sicher, daß eine HTML-Seite zur Verfügung steht. Daher kann jetzt der Wert durch die *Applet*-Methode *getParameter* ermittelt und zurückgegeben werden.

(7) Unser Beispiel benutzt zwar nur einen Parameter, aber *GetParameter* soll universell arbeiten. Daher brauchen wir hier eine Zählvariable, wenn wir später das *String*-Array nach dem gewünschten Parameter absuchen.

(8) Das *String*-Objekt *strArg* enthält den Suchbegriff, der aus dem Parameternamen *strName* und dem Gleichheitszeichen besteht.

(9) Die Zeichenkette, die gegebenenfalls hinter dem Gleichheitszeichen als Parameterwert gefunden wird, soll in *strValue* gespeichert werden. Sie wird zunächst mit *null* belegt.

(10) In der Zählschleife werden alle Arrayelemente vom Index 0 bis zum höchsten mit unserem Suchparameter verglichen.

(11) Die Methode *equalsIgnoreCase* vergleicht den Parameter mit dem Objekt und liefert *true*, wenn beide gleich lang sind und ohne Berücksichtigung der Groß-/Kleinschreibung aus den gleichen Zeichen bestehen. Weil die Elemente des Arrays um genau den Parameterwert länger sind, wird nur mit der Teilkette von 0 bis zur Länge des Suchparameters verglichen. Diese wird durch *substring* ermittelt.

(12) Wenn die vorherige *if*-Anweisung *true* liefert, haben wir den Parameter gefunden. Da der Suchwert mit dem Gleichheitszeichen endet, gehört alles, was länger ist, zum Parameterwert. Mittels *substring* wird also die Teilkette, beginnend hinter dem letzen Zeichen des Suchwertes, extrahiert und *strValue* zugewiesen.

(13) Weil Parameter, die Leerzeichen enthalten, in der Kommandozeile in Anführungszeichen angegeben werden, müssen wir diese gegebenenfalls noch entfernen. Durch die *String*-Methode *startsWith* wird geprüft, ob der Parameter ein Präfix des Objektes ist. Das Anführungszeichen muß hier als Escapesequenz \" angegeben werden.

(14) Stimmt dies, wird nur die Teilkette ab dem Index 1, also ab dem zweiten Zeichen benutzt.

(15) Zusätzlich prüft dann *endsWith*, ob der Parameter ein Postfix des Objektes ist, ob es also mit einem Anführungszeichen endet.

(16) Trifft das zu, wird *strValue* durch *substring* um 1 Zeichen gekürzt.

(17) Die Methode *GetParameter* liefert *strValue* zurück. Das Objekt enthält entweder *null* oder den gefundenen Wert.

(18) Die Methode *GetParameters* ist *GetParameter* vorgeschaltet und wird von *main* mit dem *String*-Array und von *init* mit *null* als Parameter aufgerufen. Diese Funktion ruft für jeden benötigten Parameter *GetParameter* auf. Falls Sie mehrere benötigen, müssen Sie also diese Methode erweitern.

(19) *GetParameter* liefert immer eine Zeichenkette oder auch *null*. Deshalb muß anschließend auf *null* getestet und gegebenenfalls auch umgewandelt werden (siehe Kapitel 11.2).

(20) Hier beginnt mit *main* die Verarbeitung als Applikation. Diese

Methode muß also alles Notwendige für eine Java-Anwendung durchführen, das Applet erzeugen, es der Anwendung hinzufügen und die Standardmethoden der Applets aufrufen.

(21) Als erstes erzeugt sie ein Objekt unserer Fensterklasse *JanusFrame*. Als Fenstertitel legt der Parameter *Janus* fest, in Anlehnung an den römischen Gott mit zwei Gesichtern.

(22) Damit wir die Dimensionen des Fensterrahmens ermitteln können, lassen wir mit *show* das Fenster kurz anzeigen, verstecken es aber danach sofort wieder.

(23) Wir stellen hier die notwendige Größe des Fensters so ein, daß das Applet vollständig hineinpaßt. Die Breite muß also gleich der Appletbreite (320) zuzüglich der rechten und linken Fensterrahmenbreite sein. Entsprechendes gilt für die Höhe. Die Methode *insets* liefert ein Objekt der Klasse *Insets* mit den Variablen *left, right, bottom* und *top* (Titelleistenhöhe!).

(24) Jetzt wird das Applet erzeugt.

(25) Es wird hier dem Fenster hinzugefügt. Da Fenster den *Layout-Manager BorderLayout* verwenden, wird als erster Parameter *Center* angegeben. Dadurch kann das Applet den ganzen Fensterraum für sich in Anspruch nehmen.

(26) Die Schaltervariable wird auf *true* gesetzt, um anzuzeigen, daß das Applet als Anwendung läuft.

(27) Danach werden die Parameter übernommen.

(28) Durch *init* wird das Applet initialisiert.

(29) Eventuelle Animationen werden in *start* aktiviert. Wir haben diese Methode nicht überschrieben, also wird die Standardmethode benutzt, die gar nichts tut.

(30) Das fertige Fenster wird mit dem Applet angezeigt.

(31) Die Methode *init* holt die Parameter selbst, wenn *m_fStandAlone* den Wert *false* besitzt.

14.7 Zusammenfassung

- Applets sind *Container*, die die unterschiedlichsten Kontrollelemente aufnehmen können.
- Die Ereignisse, die für diese Komponenten auftreten, werden von der Methode *action* behandelt. Für spezielle Ereignisse muß *handleEvent* überschrieben werden.

- Der Standard-*LayoutManager* für Applets ist *FlowLayout*.
- Die Objekte der Klasse *Panel* können sowohl in Applets eingefügt werden als auch selbst Komponenten aufnehmen.
- Der Standard-*LayoutManager* für *Panel*-Objekte ist ebenfalls *FlowLayout*.
- Ein weiterer *Container* ist *Frame*. Objekte dieser Klasse realisieren Fenster mit Titelleiste, eigenem Cursor und Menü. Sie können ebenfalls Komponenten aufnehmen.
- Der Standard-*LayoutManager* für *Frame*-Objekte ist *BorderLayout*.
- Die Ereignisse für Menüs werden ebenfalls in *action* behandelt.
- Die Klasse *Dialog* benutzt ebenfalls als Standard-*LayoutManager* *BorderLayout*.
- Modale Dialogfenster müssen durch *hide* geschlossen werden, bevor im Applet weitergearbeitet werden kann.
- Applets können auch als Teil eines *Frame*-Objektes von *main* gestartet werden.

14.8 Aufgaben

Aufgabe 28

Verändern Sie unser Beispiel aus Kapitel 14.1 derart, daß die Fontliste, das Memofeld und das Optionsfeld für Fettschrift ausgeblendet werden, wenn die Option *Hintergrund* gewählt wird. Die Option *Vordergrund* soll sie wieder einblenden.

Aufgabe 29

Ändern Sie das Beispiel aus Kapitel 14.3 so, daß die Lücken verschwinden und das Applet nun die Farben der Panels einheitlich verändert.

Aufgabe 30

Was enthält der zweite Parameter von *action* bei Menüereignissen?

15 Anhang

15.1 Reservierte Wörter

Die folgende Liste besteht aus den für Java reservierten Schlüsselwörtern. Sie dürfen nicht als Variablen-, Funktions- oder Klassennamen verwendet werden:

abstract, boolean, break, byte, case, catch, char, class, const, continue, default, do, double, else, extends, final, finally, float, for, goto, if, implements, import, instanceof, int, interface, long, native, new, package, private, protected, public, return, short, static, super, switch, synchronized, this, throw, throws, transient, try, void, volatile, while

Einige Java-Literale sind ebenfalls reserviert:

false, true, null

Für JavaScript sind folgende Wörter reserviert:

abstract, boolean, break, byte, case, catch, char, class, const, continue, default, do, double, else, extends, falls, final, finally, float, for, function, goto, if, implements, import, in, instanceof, int, interface, long, native, new, null, package, private, protected, public, return, short, static, super, switch, synchronized, this, throw, throws, transient, true, try, var, void, while, with

15.2 Datentypen

Integrale Datentypen

Datentyp	Größe	Wertebereich
boolean	1 Byte	false (Standard), true
byte	1 Byte	–128 bis 127
char	2 Byte	'\u0000' bis '\uffff', d. h. 0 bis 65 535
short	2 Byte	–32 768 bis 32 767
int	4 Byte	–2 147 483 648 bis 2 147 483 647
long	8 Byte	–9 223 372 036 854 775 808 bis 9 223 372 036 854 775 807

Alle lokalen Variablen dieser Datentypen müssen unbedingt initialisiert werden, bevor sie benutzt werden, ansonsten tritt ein Compilerfehler auf.

Fließkomma-Datentypen

Datentyp	Größe	Wertebereich
float	4 Byte	1.175494351 E –38 bis 3.402823466 E +38 auf 6–7 Stellen genau
double	8 Byte	2.2250738585072014 E –308 bis 1.7976931348623158 E +308 auf 15–16 Stellen genau

Bei den Fließkommazahlen sind jeweils der kleinste und größte positive Wert angegeben. Im negativen Bereich gelten die gleichen Werte; kleinere Zahlen um null sind nicht darstellbar.

15.3 Operatoren und Rangfolge

Bei der Auswertung von Ausdrücken geht Java nach einer festen Rangfolge vor. In der Schule haben wir dies als «Punktrechnung geht vor Strichrechnung» gelernt.

In der folgenden Tabelle finden Sie in der Spalte *Operator* den Namen des Operators, in *Symb* die Operatorzeichen, in *ST* die Rangstufe und in *Grup* die Auswertungsrichtung. Die Rangstufe 1 ist dabei die höchste, sie wird also als erstes ausgewertet. Bei der Auswertungsrichtung bedeutet *L->R* von links nach rechts.

<table>
<tr><th>Operator</th><th>Symb</th><th>ST</th><th>Beispiel</th><th>Grup</th></tr>
<tr><td>Klammern
Qualifizierung
Array</td><td>()
.
[]</td><td>1
1
1</td><td>(a+b)*c
Font.PLAIN
Int[12]</td><td>L->R</td></tr>
<tr><td>Negation
Bit-Komplement
Vorzeichen
Inkrement
Dekrement
Cast</td><td>!
~
+ -
++
--
()</td><td>2
2
2
2
2
2</td><td>!true
~5
-x
a++ ++a
b-- --b
(Button) obj</td><td>R->L</td></tr>
<tr><td>Multiplikation
Division
Modulo</td><td>*
/
%</td><td>3
3
3</td><td>a*b
a/b
a%b</td><td>L->R</td></tr>
<tr><td>Addition
Subtraktion</td><td>+
-</td><td>4
4</td><td>a+b
a–b</td><td>L->R</td></tr>
<tr><td>Links-Shift
Vorzeichenloses Rechts-Shift
Rechts-Shift</td><td><<
>>>
>></td><td>5
5
5</td><td>a<<8
x>>>2
b>>4</td><td>L->R</td></tr>
<tr><td>Kleiner
Kleiner-Gleich
Größer-Gleich
Größer
Typvergleich</td><td><
<=
>=
>
instanceof</td><td>6
6
6
6
6</td><td>a<b
a<=b
a>=b
a>b
e instanceof p</td><td>L->R</td></tr>
<tr><td>Gleichheit
Ungleichheit</td><td>==
!=</td><td>7
7</td><td>b==x
b!=x</td><td>L->R</td></tr>
<tr><td>Bitweise-UND</td><td>&</td><td>8</td><td>a&\x80</td><td>L->R</td></tr>
<tr><td>Bitweise-XOR</td><td>^</td><td>9</td><td>1^1</td><td>L->R</td></tr>
<tr><td>Bitweise-ODER</td><td>|</td><td>10</td><td>a|\x20</td><td>L->R</td></tr>
<tr><td>UND</td><td>&&</td><td>11</td><td>a && b</td><td>L->R</td></tr>
<tr><td>ODER</td><td>||</td><td>12</td><td>a || b</td><td>L->R</td></tr>
<tr><td>Bedingung</td><td>?:</td><td>13</td><td>a?b:c</td><td>R->L</td></tr>
<tr><td>Zuweisung</td><td>=</td><td>14</td><td>a='s'</td><td></td></tr>
</table>

Operator	Symb	ST	Beispiel	Grup
Additionszuweisung	+=	14	a+=3	
Subtraktionszuweisung	-=	14	a-=5	
Divisionszuweisung	/=	14	a/=2	
Multiplikationszuweisung	*=	14	a*=10	
Modulozuweisung	%=	14	a%=7	R->L
Links-Shift-Zuweisung	<<=	14	a<<=3	
Rechts-Shift-Zuweisung	>>=	14	b>>=4	
Vorzeichenl. Rechts-Shift-Zuw.	>>>=	14	c >>>=2	
Bitweise-UND-Zuweisung	&=	14	c&=\x80	
Bitweise-XOR-Zuweisung	^=	14	c^=\x80	
Bitweise-ODER-Zuweisung	|=	14	c|=\x20	

15.4 Namenskonventionen

Die Java-Systemklassen halten sich soweit wie möglich an die Namenskonventionen, die in diesem Kapitel vorgestellt werden. Sie sollten versuchen, diese Vorschläge auch in Ihren Programmen zu beherzigen.

15.4.1 Paketnamen

Namen für Pakete, die mehr oder minder weltweit eingesetzt werden, sollten so gebildet werden, daß sie auf jeden Fall eindeutig sind. Die ersten zwei oder drei Buchstaben stellen eine Internet-Domäne wie zum Beispiel COM, EDU oder DE dar. Beispiele für ein solches Paket könnten wie folgt aussehen:

DE.Rowohlt.Grundkurs.text
COM.Java.jag.Oak
EDU.acc.city.test

Pakete, die nur lokal verwendet werden, sollten mit einem Kleinbuchstaben beginnen. Allerdings darf das Wort *java* nicht verwendet werden, da es für die Standard-Java-Pakete reserviert ist.

15.4.2 Klassen- und Interface-Namen

Klassennamen sollten beschreibende Substantive sein, die in einer gemischten Schreibweise geschrieben werden. Jeder Wortbestandteil sollte mit einem großen Buchstaben anfangen:
MeinErstes
BankKonto
BufferedInputStream

15.4.3 Methodennamen

Methodennamen sollten Verben oder Verben plus Substantive sein. Der erste Buchstabe sollte klein geschrieben werden, alle folgenden Wortanfänge groß:
getCelsius
setPriority
toLocaleString

Methodennamen sollten konsistent sein, das heißt, sie sollten gleiche Aufgaben auch gleich bezeichnen.

15.4.4 Namen für Datenfelder

Datenfelder sollten mit einem Kleinbuchstaben beginnen und alle weiteren Namensbestandteile mit einem großen Buchstaben:
buf
celsius
count

15.4.5 Namen von Konstanten

Die Namen von Konstanten sollten beschreibend sein und vollständig aus Großbuchstaben bestehen:
MIN_VALUE
MAX_VALUE
ANZAHL
STATUS_BEENDET

15.4.6 Lokale Variablen und Parameternamen

Lokale Variablen und Parameter sollten kurz, aber aussagekräftig sein:

grad
kg
buf

Variablen mit nur einem Buchstaben sollte man vermeiden, mit Ausnahme von temporären oder Schleifenvariablen, wie zum Beispiel i, j, und k für integer.

15.5 Java-API-Hierarchie

Die Hierarchie der Java-Klassen, der Interfaces und ihre Zugehörigkeit zu Packages ist sehr umfangreich und eigentlich nur auf Plakaten übersichtlich darstellbar. Wir haben aber dennoch versucht, für dieses Buch eine Form zu finden, die übersichtlich ist und die Zusammenhänge erkennen läßt.

Ausgehend von der Klasse *Object* finden Sie die Äste der einzelnen *Packages* auf den darunter aufgeführten Seiten. Klassen und Interfaces der Hierarchien, die zu anderen *Packages* gehören, sind gekennzeichnet.

Object

java.lang	Seite 271–273
java.util	Seite 274 oben
java.net	Seite 274 unten
java.io	Seite 275
java.awt	Seite 276–278
java.applet	Seite 276 und 277
java.awt.image	Seite 277

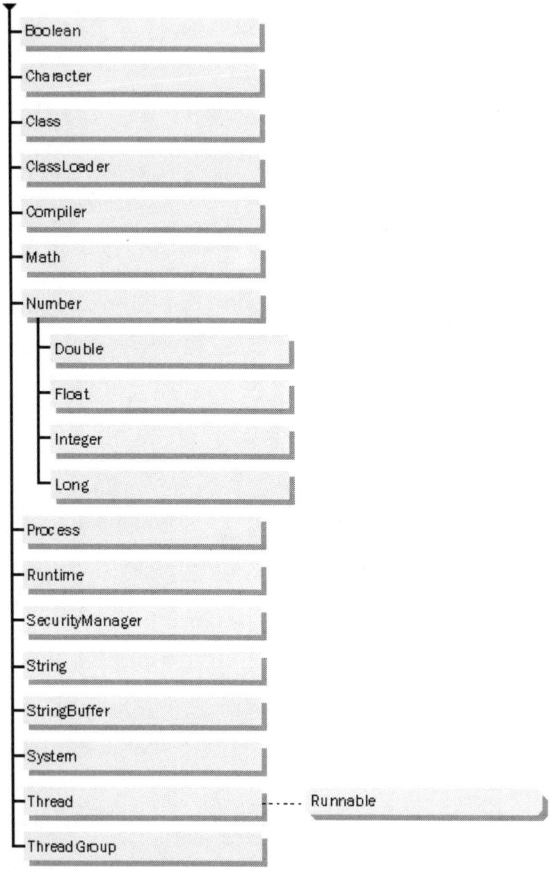

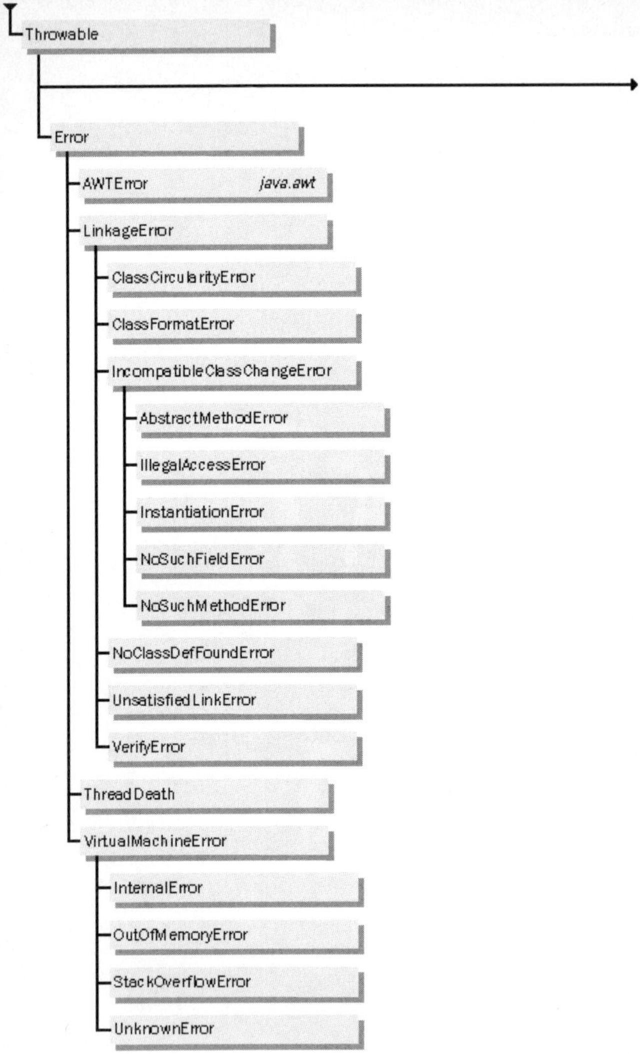
Throwable
Error
AWTError java.awt
LinkageError
ClassCircularityError
ClassFormatError
IncompatibleClassChangeError
AbstractMethodError
IllegalAccessError
InstantiationError
NoSuchFieldError
NoSuchMethodError
NoClassDefFoundError
UnsatisfiedLinkError
VerifyError
ThreadDeath
VirtualMachineError
InternalError
OutOfMemoryError
StackOverflowError
UnknownError

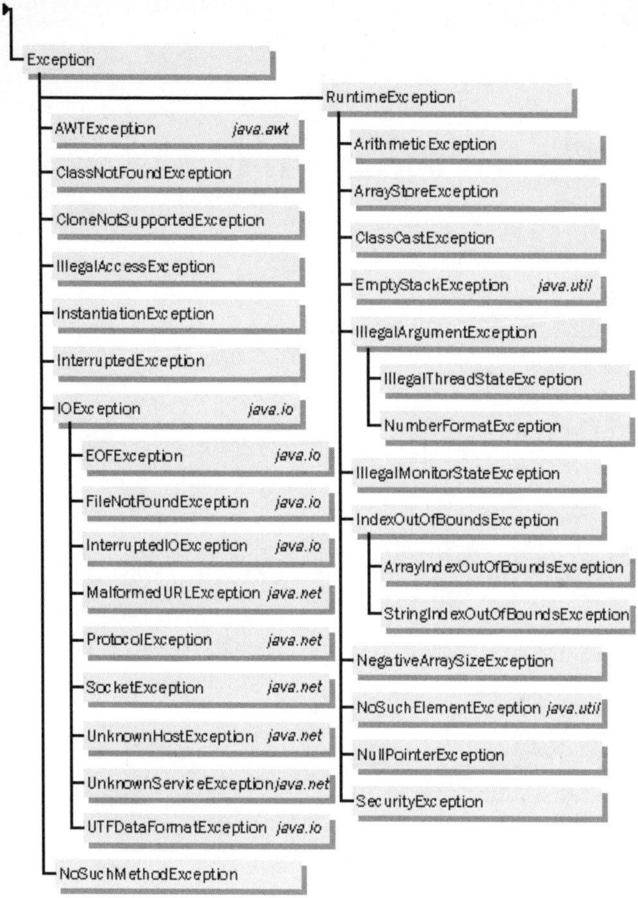
Exception
RuntimeException
AWTException java.awt
ClassNotFoundException
CloneNotSupportedException
IllegalAccessException
InstantiationException
InterruptedException
IOException java.io
EOFException java.io
FileNotFoundException java.io
InterruptedIOException java.io
MalformedURLException java.net
ProtocolException java.net
SocketException java.net
UnknownHostException java.net
UnknownServiceException java.net
UTFDataFormatException java.io
NoSuchMethodException
ArithmeticException
ArrayStoreException
ClassCastException
EmptyStackException java.util
IllegalArgumentException
IllegalThreadStateException
NumberFormatException
IllegalMonitorStateException
IndexOutOfBoundsException
ArrayIndexOutOfBoundsException
StringIndexOutOfBoundsException
NegativeArraySizeException
NoSuchElementException java.util
NullPointerException
SecurityException

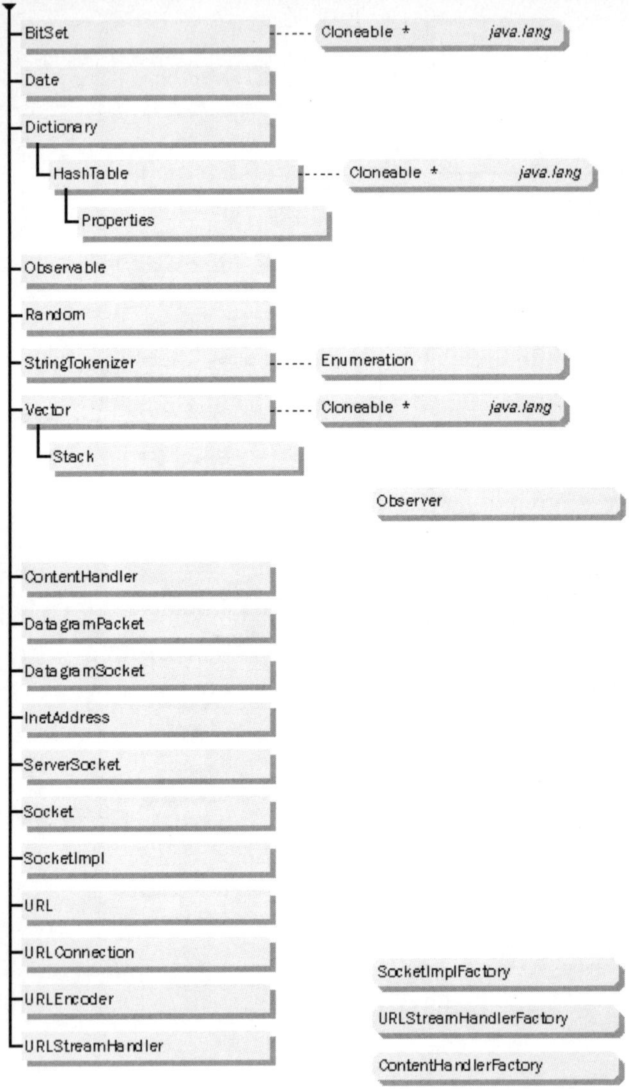
BitSet
Cloneable * java.lang
Date
Dictionary
HashTable
Cloneable * java.lang
Properties
Observable
Random
StringTokenizer
Enumeration
Vector
Cloneable * java.lang
Stack
Observer
ContentHandler
DatagramPacket
DatagramSocket
InetAddress
ServerSocket
Socket
SocketImpl
URL
URLConnection
URLEncoder
URLStreamHandler
SocketImplFactory
URLStreamHandlerFactory
ContentHandlerFactory

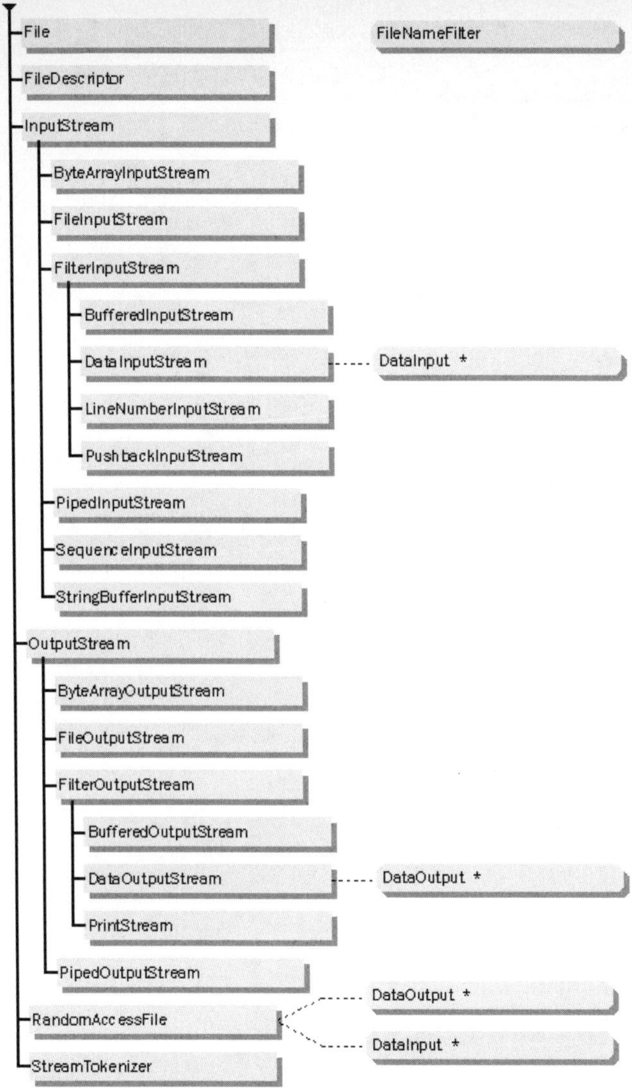
File
FileNameFilter
FileDescriptor
InputStream
ByteArrayInputStream
FileInputStream
FilterInputStream
BufferedInputStream
DataInputStream
DataInput *
LineNumberInputStream
PushbackInputStream
PipedInputStream
SequenceInputStream
StringBufferInputStream
OutputStream
ByteArrayOutputStream
FileOutputStream
FilterOutputStream
BufferedOutputStream
DataOutputStream
DataOutput *
PrintStream
PipedOutputStream
RandomAccessFile
DataOutput *
DataInput *
StreamTokenizer

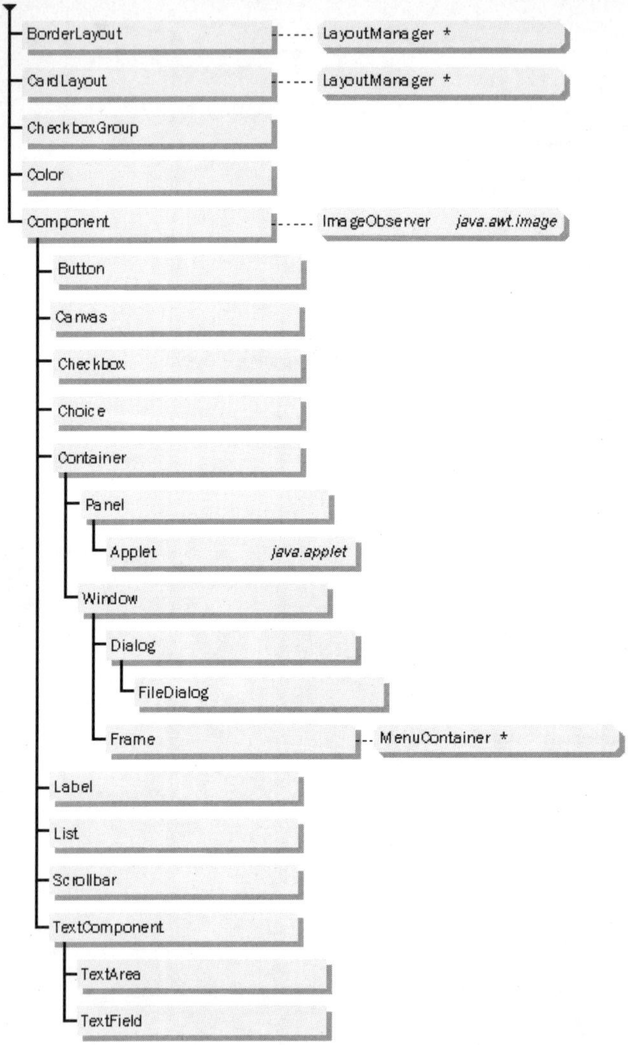
BorderLayout
LayoutManager *
CardLayout
LayoutManager *
CheckboxGroup
Color
Component
ImageObserver *java.awt.image*
Button
Canvas
Checkbox
Choice
Container
Panel
Applet *java.applet*
Window
Dialog
FileDialog
Frame
MenuContainer *
Label
List
Scrollbar
TextComponent
TextArea
TextField

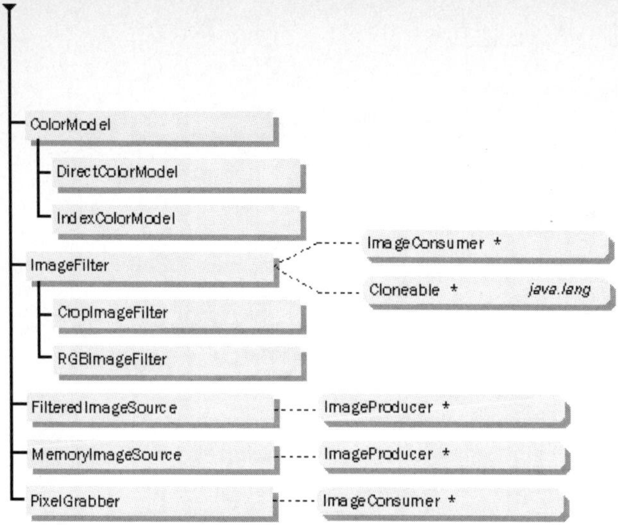
ColorModel
DirectColorModel
IndexColorModel
ImageFilter
ImageConsumer *
Cloneable * java.lang
CropImageFilter
RGBImageFilter
FilteredImageSource
ImageProducer *
MemoryImageSource
ImageProducer *
PixelGrabber
ImageConsumer *

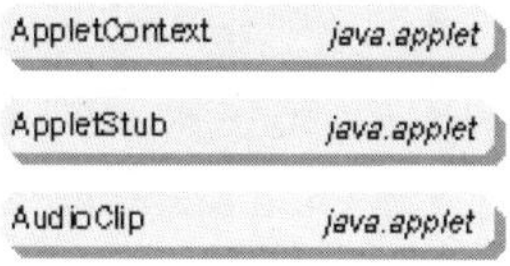
AppletContext java.applet
AppletStub java.applet
AudioClip java.applet

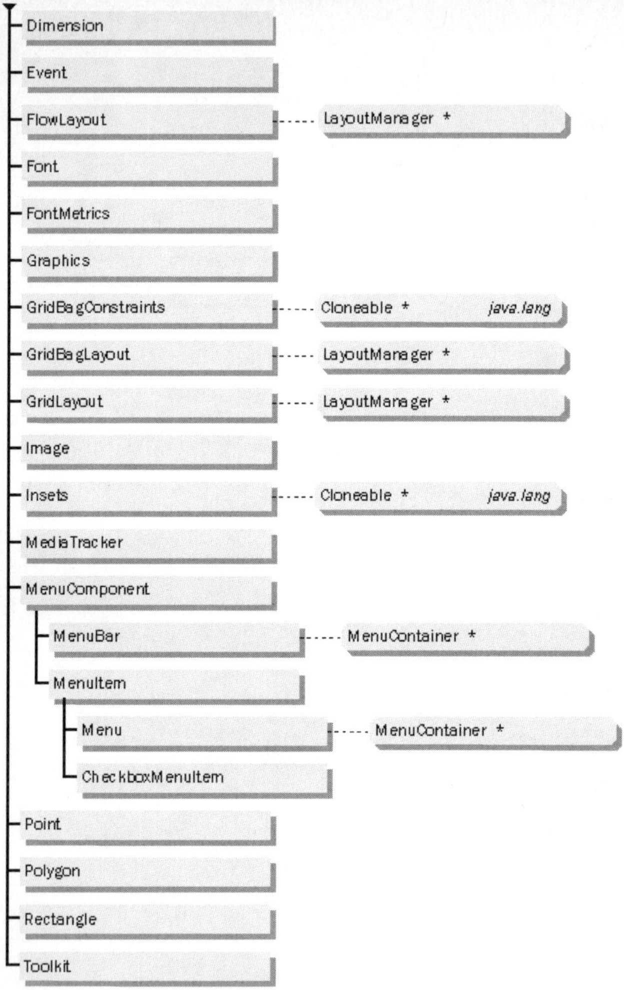
Dimension
Event
FlowLayout
LayoutManager *
Font
FontMetrics
Graphics
GridBagConstraints
Cloneable *
java.lang
GridBagLayout
LayoutManager *
GridLayout
LayoutManager *
Image
Insets
Cloneable *
java.lang
MediaTracker
MenuComponent
MenuBar
MenuContainer *
MenuItem
Menu
MenuContainer *
CheckboxMenuItem
Point
Polygon
Rectangle
Toolkit

java.awt.peer

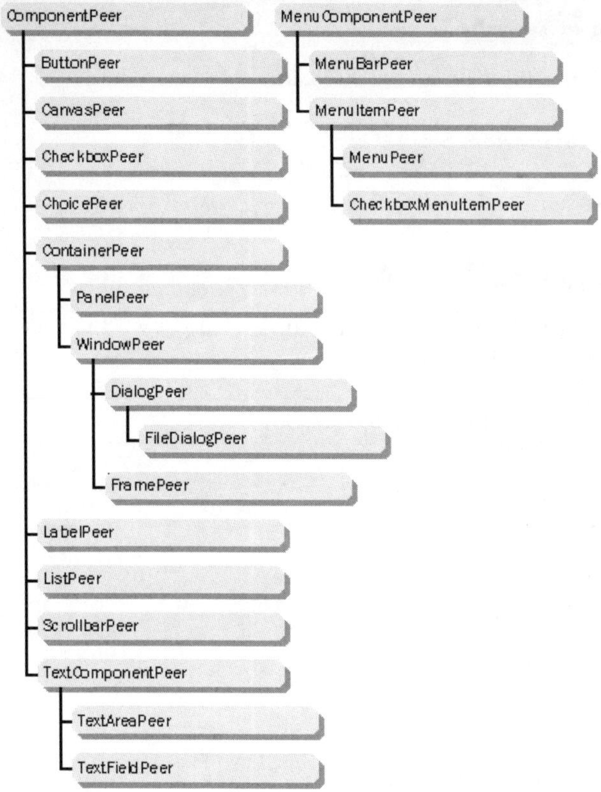

15.6 Lösungen zu den Aufgaben

Lösung zu Aufgabe 1

Die Funktion heißt **main** und nicht **Main**.

```
public static void main(String args[])
```

Java ist case-sensitive!

Lösung zu Aufgabe 2

Durch Einfügen der Escape-Sequenz \b (Backspace) wird das jeweils vorherige Zeichen überdruckt.

```
System.out.println("ab\bcd\bef\bg");
```

Lösung zu Aufgabe 3

```
class auf02_03
{
  public static void main(String args[])
  {
    System.out.
      print(MalNehmen(11,22));
  }

  public static int MalNehmen(int x, int y)
  {
    return x * y;
  }
}
```

Lösung zu Aufgabe 4

a) wahr!
b) wahr!
c) wahr!
d) falsch!
e) wahr!

Lösung zu Aufgabe 5

```
class auf02_05
{
  public static void main(String args[])
  {
    Temperatur tagestemp;
    tagestemp = new Temperatur();

    tagestemp.setCelsius(37.7);
    System.out.println(tagestemp.getCelsius());
    System.out.println(tagestemp.getFahrenheit());
  }
}

class Temperatur
{
  private double celsius;

  public void setCelsius(double grad)
  {
    if (grad < -90)
    {
      grad = -90;
    }
    if (grad > 65)
      grad = 65;

    celsius = grad;
  }

  public double getCelsius()
  {
    return celsius;
  }

  public double getFahrenheit()
  {
    return 9.0/5.0 * celsius + 32.0;
  }
}
```

Achten Sie darauf, daß Sie bei der Division nicht 9/5 schreiben, da in diesem Fall eine Integer-Division durchgeführt wird, die 1 ergibt und nicht die gewünschte Fließkommazahl!

Lösung zu Aufgabe 6

```
class auf02_06
{
  public static void main(String args[])
  {
    for(int x=1; x<=10; x++)
    {
      for(int y=1; y<= 5; y++)
      {
        System.out.print(x*y + "\t");
      }
      System.out.println();
    }
  }
}
```

Lösung zu Aufgabe 7

```
class auf02_07
{
  public static void main(String args[])
  {
    int n, summe=0;

    n = Integer.parseInt(args[0]);

    for(int x=1; x<=n; x=x+2)
    {
      summe=summe+x;
    }
    System.out.print(summe);
  }
}
```

Lösung zu Aufgabe 8

```
class auf02_08
{
  public static void main(String args[])
  {
    int n;
    double produkt=1;

    n = Integer.parseInt(args[0]);

    for(int x=1; x<=n; x++)
    {
      produkt = produkt * x;
    }
    System.out.print(produkt);
  }
}
```

Der größte Wert, der berechnet werden kann, ist 170. Darüber tritt ein Überlauf ein.

Lösung zu Aufgabe 9

```
class auf02_09
{
  public static void main(String args[])
  {
    int n;

    n = Integer.parseInt(args[0]);

    for(int x=1; x<=100; x++)
    {
      System.out.print("*");
      if(x % n == 0)
      {
        System.out.println();
```

```
        }
      }
    }
  }
```

Lösung zu Aufgabe 10

Der Text wird 2mal gedruckt.

Lösung zu Aufgabe 11

a) while(summe != 24)
b) while(zahl >= x)
c) while(x-y != 234)
d) while(a % b !=0)

Lösung zu Aufgabe 12

```
class auf03_02
{
  public static void main(String args[])
  {

    int monat = Integer.parseInt(args[0]);
    int jahr = Integer.parseInt(args[1]);
    int tage = 0;

    if(monat < 1 || monat >12)
    {
      System.out.println("Ungültiger Monat!");
      return;
    }

    switch(monat)
    {
      case 4: case 6: case 9: case 11:
        tage = 30;
```

```
        break;
      case 2:
        if(jahr % 4 ==0 &&
           (jahr % 100 !=0 ||
           jahr % 400 ==0))
        {
          tage = 29;
        }
        else
        {
          tage = 28;
        }
        break;
      default:
        tage = 31;
    }
    System.out.println
      ("Der Monat "+monat+" hat "+tage+" Tage.");
  }
}
```

Lösung zu Aufgabe 13

```
class auf04_01
{
  public static void main(String args[])
  {
    char vokal = ' ';                              //(1)
    int anzahl = 0;
    String eingabe = args[0];

    for(int x=0; x<eingabe.length(); x++)
    {
      vokal = eingabe.charAt(x);
      switch(vokal)
      {
        case 'a': case 'A':
```

```
        case 'e': case 'E':
        case 'i': case 'I':
        case 'o': case 'O':
        case 'u': case 'U':
          anzahl++;
      }
    }
    System.out.println
      ("Dieser Satz hat "+anzahl+" Vokale.");
  }
}
```

Lösung zu Aufgabe 14

```
class auf05_01
{
  public static void main(String args[])
  {
    Konto.setZinssatz(2.5);

    Konto meinKonto = new Konto();
    Konto deinKonto = new Konto();

    meinKonto.Einzahlung(2500.0);
    meinKonto.HabenZinsen();

    deinKonto.Einzahlung(1200.0);
    deinKonto.HabenZinsen();

    System.out.println(meinKonto.Kontostand());
    System.out.println(deinKonto.Kontostand());
  }
}

class Konto
{
  protected static double zinssatz;
```

```
  protected double kontostand;

  public double Kontostand()
  {
    return kontostand;
  }

  public void Einzahlung(double betrag)
  {
    kontostand = kontostand + betrag;
  }

  public double Auszahlung(double betrag)
  {
    if(betrag > kontostand)
    {
      return 0;
    }
    else
    {
      kontostand = kontostand - betrag;
      return betrag;
    }
  }

  public static void setZinssatz(double wert)
  {
    if(wert > 0.0 && wert <15.0)
    {
      zinssatz = wert;
    }
  }

  public void HabenZinsen()
  {
    kontostand += kontostand * (zinssatz/100);
  }
}
```

Lösung zu Aufgabe 15

Genaugenommen benötigen wir für das kleine Beispiel nur folgende zwei Importanweisungen:

import java.applet.Applet;	für ... *extends Applet*
import java.awt.Graphics;	für *drawString*

Da aber Applets viele Methoden der Abstract Window Tools benutzen, werden meistens java.awt.* importiert.

Lösung zu Aufgabe 16

Der Java-Code:

```
import java.applet.*;
import java.awt.*;

public class ueb7 extends Applet
{
   public void paint(Graphics g)
   {
      g.drawString("Hier bin ich", 100, 52);
   }
}
```

Der Mittelpunkt wäre x=125 und y=50. Wir müssen jedoch die halbe Schrifthöhe dazu- und die halbe Schriftlänge abrechnen. Daher die Schätzwerte x=100 und y=25.

Die HTML-Seite:

```
<html>
<head>
<title>ueb7</title>
</head>
<body>
<applet
```

```
    code=ueb7.class
    width=250
    height=100
</applet>
</body>
</html>
```

Mit den beiden Angaben *width* und *height* werden die Fensterabmessungen festgelegt.

Lösung zu Aufgabe 17

Sie ändern nur den Text zwischen den Titel-Marken:

```
<title>Übungsapplet</title>
```

Lösung zu Aufgabe 18

```
import java.applet.Applet;
import java.awt.Graphics;

/** Dies ist ein Übungsbeispiel für das rororo-Buch
*** Java
*** @author  H.Erlenk&ouml;tter
*** @version Febr. 1997
*** @see  class Applet
*/
public class ueb7 extends Applet
{
   /** Die Methode paint ist überschrieben worden und
   *** gibt einen Text in der Applet-Mitte aus.
   *** @param  Graphics einen Grafikkontext
   *** @see class Graphics
   *** @see Graphics.drawString
   */
   public void paint(Graphics g)
   {
      g.drawString("Hier bin ich", 100, 52);
```

```
    }
}
```

Lösung zu Aufgabe 19

```
<html>
<head>
<title>Ampel2</title>
<script language="JavaScript">
<!--
function Ampel(LampenNr)
{
   document.A1.setLampe(LampenNr);
}
// -->
</script>
</head>
<body>
<hr>
<applet
    code=Ampel.class
    name=A1
    width=50
    height=150 >
</applet>
<hr>
<a href="Ampel.java" onMouseOver="Ampel(1)">Rot</a>
<p>
<a href="Ampel.java" onMouseOver="Ampel(2)">Gelb</a>
<p>
<a href="Ampel.java" onMouseOver="Ampel(3)">Gr&uuml;n
</a>
</body>
</html>
```

Lösung zu Aufgabe 20

Die erfolgreiche Nutzung der Applets hängt unter anderem davon ab, ob HTML-Autoren die Namen, Typen und Funktionen der Parameter genau kennen. Deshalb muß sichergestellt sein, daß die Dokumentationsfunktion *getParameterInfo* diese Informationen genauso ausgibt, wie sie vom Applet benutzt werden. Dies wird dadurch garantiert, daß es im Programm nur eine Stelle gibt, an der die Angaben eingetragen werden.

Lösung zu Aufgabe 21

Der Appletcode:

```
//**************************************************
// Standardmethoden.java:  Applet
import java.applet.*;
import java.awt.*;

public class Standardmethoden extends Applet
{
   private String m_text;
   private int m_appletfarbe;
   private int m_textfarbe;
   private int m_hoehe;
   private int m_breite;

   private Color m_ctext;
   private Color m_cpanel;
   private int m_count;
   private String m_msg;

   private final String PARAM_text = "text";
   private final String PARAM_appletfarbe =
                        "appletfarbe";
   private final String PARAM_textfarbe =
                        "textfarbe";
   private final String PARAM_hoehe = "hoehe";
```

```
    private final String PARAM_breite = "breite";

    public Standardmethoden()
    {
        m_text = "Hier erscheint Text.";
        m_appletfarbe = 16777215;
        m_textfarbe = 0;
        m_hoehe = 240;
        m_breite = 320;
        m_count=0;
        m_msg=null;
    }

    public String[][] getParameterInfo()
    {
        String[][] info =
        {
            {PARAM_text,"String","Anzuzeigender Text"},
            {PARAM_appletfarbe,"int","Hintergrundfarbe"},
            {PARAM_textfarbe, "int", "Farbe für Text"},
            {PARAM_hoehe, "int", "Applethöhe" },
            {PARAM_breite, "int", "Aplletbreite" }
        };
        return info;
    }

    public void init()
    {
        String param;
        param = getParameter(PARAM_text);
        if (param != null)
            m_text = param;

        param = getParameter(PARAM_appletfarbe);
        if (param != null)
            m_appletfarbe = Integer.parseInt(param);

        param = getParameter(PARAM_textfarbe);
        if (param != null)
```

```
            m_textfarbe = Integer.parseInt(param,16);

        param = getParameter(PARAM_hoehe);
        if (param != null)
            m_hoehe = Integer.parseInt(param);

        param = getParameter(PARAM_breite);
        if (param != null)
            m_breite = Integer.parseInt(param);

        resize(m_breite, m_hoehe);

        m_ctext = new Color(m_textfarbe);
        m_cpanel = new Color(m_appletfarbe);
        setBackground(m_cpanel);
        setForeground(m_ctext);
    }

    public void paint(Graphics g)
    {
        g.drawString(m_text, 10, 20);
        g.drawString(m_msg,10,35);
    }
}
```

Die Applet-Marke in der HTML-Datei:

```
<applet
    code=Standardmethoden.class
    id=Std
    width=320
    height=240 >
    <param name=text
      value="Dieser Text kommt von der HTML-Datei.">
    <param name=appletfarbe value=15600000>
    <param name=textfarbe value=00FF00>
    <param name=hoehe value=160>
    <param name=breite value=480>
</applet>
```

Die *resize*-Funktion wird in der *init*-Methode aufgerufen, damit die Größe vor der Anzeige eingestellt wird.

Hinweis:
Eigentlich sind die Angaben *height*= und *width*= in der *APPLET*-Marke zwingend und überlagern bei den Browsern die *resize*-Methode. Der Netscape Navigator (Gold) zeigt jedoch das Applet auch bei fehlenden HTML-Größenangaben an, der Internet Explorer nicht. Der Sun Appletviewer benutzt nur die *resize*-Methode. Ob dieses Beispiel also vollständig funktioniert, hängt nur von Ihrer Entwicklungsumgebung ab.

Lösung zu Aufgabe 22

```
//**************************************************
// Standardmethoden.java:  Applet
import java.applet.*;
import java.awt.*;

public class Standardmethoden extends Applet
{
   private String m_text;
   private int m_appletfarbe;
   private int m_textfarbe;
   private int m_hoehe;
   private int m_breite;

   private Color m_ctext;
   private Color m_cpanel;
   private int m_count;
1  private int m_cinit;
   private int m_cstart;
   private int m_cdestroy;
   private String m_msg;

   private final String PARAM_text = "text";
   private final String PARAM_appletfarbe =
                        "appletfarbe";
```

```
private final String PARAM_textfarbe =
                  "textfarbe";
private final String PARAM_hoehe = "hoehe";
private final String PARAM_breite = "breite";

public Standardmethoden()
{
   m_text = "Hier erscheint Text.";
   m_appletfarbe = 16777215;
   m_textfarbe = 0;
   m_hoehe = 240;
   m_breite = 320;
   m_count=0;
   m_cinit=0;
   m_cstart=0;
   m_cdestroy=0;
   m_msg=null;
}

public String[][] getParameterInfo()
{
   String[][] info =
   {
      {PARAM_text,"String","Anzuzeigender Text"},
      {PARAM_appletfarbe,"int","Hintergrundfarbe"},
      {PARAM_textfarbe, "int", "Farbe für Text"},
      {PARAM_hoehe, "int", "Applethöhe" },
      {PARAM_breite, "int", "Aplletbreite" }
   };
   return info;
}

public void init()
{
   String param;
   param = getParameter(PARAM_text);
   if (param != null)
      m_text = param;
```

```
    param = getParameter(PARAM_appletfarbe);
    if (param != null)
       m_appletfarbe = Integer.parseInt(param);

    param = getParameter(PARAM_textfarbe);
    if (param != null)
       m_textfarbe = Integer.parseInt(param,16);

    param = getParameter(PARAM_hoehe);
    if (param != null)
       m_hoehe = Integer.parseInt(param);

    param = getParameter(PARAM_breite);
    if (param != null)
       m_breite = Integer.parseInt(param);

    resize(m_breite, m_hoehe);

    m_ctext = new Color(m_textfarbe);
    m_cpanel = new Color(m_appletfarbe);
    setBackground(m_cpanel);
    setForeground(m_ctext);
    m_cinit++;
 }

 public void destroy()
 {
    m_cdestroy++;
 }

 public void paint(Graphics g)
 {
    g.drawString(m_text, 10, 20);
    g.drawString(m_msg,10,35);
    g.drawString("Initzähler: "+m_cinit,10,50);
    g.drawString("Startzähler: "+m_cstart,10,65);
    g.drawString("Destroyzähler: "+
                      m_cdestroy,10,80);
 }
```

```
   public void start()
   {
      if (m_count==0)
         m_msg="Sie sind neu hier.";
      else
         m_msg="Sie waren "+m_count+"mal weg.";
      m_cstart++;
   }

   public void stop()
   {
      m_count++;
   }
}
```

Nach der sechsten Rückkehr zeigt das Applet folgendes an:

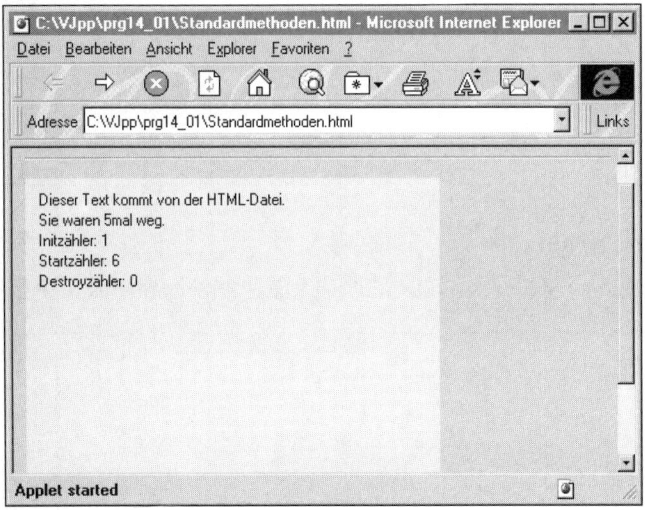

Lösung zu Aufgabe 23

```
import java.applet.*;
import java.awt.*;

public class Gruss extends Applet
{
   public void paint(Graphics g)
   {
   g.drawString("Achten Sie auf die Statuszeile",
                      10, 20);
   }
   public boolean mouseEnter(Event evt, int x, int y)
   {
   showStatus("Herzlich willkommen! Bitte klicken Sie
   hier.");
      return true;
   }
   public boolean mouseExit(Event evt, int x, int y)
   {
      showStatus("");
      return true;
   }
}
```

Lösung zu Aufgabe 24

Die folgende Ereignis-Methode muß der Klasse hinzugefügt werden.

```
   public boolean mouseDown(Event evt, int x, int y)
   {
      if (evt.clickCount > 1)
         m_text="";
      repaint();
      return true;
   }
```

Lösung zu Aufgabe 25

Wenn ein Thread eine *synchronized*-Methode durchläuft, werden alle anderen *synchronized*-Methoden eines Objektes für alle anderen Threads gesperrt.

Lösung zu Aufgabe 26

Zu Beginn der Klasse definieren Sie eine *int*-Variable:

```
int m_richtung=1;
```

Wir verzichten hier auf *getParameterInfo*.
In der Methode *init* übernehmen Sie den Parameter:

```
String param=getParameter("RICHTUNG");
if (param != null)
   m_richtung=Integer.parseInt(param);
```

In *run* verändern Sie die Winkelanpassung folgendermaßen:

```
m_start-=5*m_richtung;
```

Die HTML-Datei enthält zwei APPLET-Marken für den gleichen Code:

```
<applet
    code=Spektrum.class
    id=Spektrum
    width=240
    height=240 >
<param name="RICHTUNG" value=1>
</applet>
<applet
    code=Spektrum.class
    id=Spektrum
    width=240
    height=240 >
<param name="RICHTUNG" value=-1>
</applet>
```

Lösung zu Aufgabe 27

```
import java.applet.*;
import java.awt.*;

public class Audio extends Applet implements Runnable
{
   Thread    m_Audio = null;

   private String m_auStart = "";
   private String m_auEnde = "";

   private final String PARAM_auStart = "auStart";
   private final String PARAM_auEnde = "auEnde";

   public String[][] getParameterInfo()
   {
      String[][] info =
      {
         {PARAM_auStart,"String","Begrüßungsaudio"},
         {PARAM_auEnde,"String","Abschiedsaudio"},
      };
      return info;
   }

   public void init()
   {
      String param;

      param = getParameter(PARAM_auStart);
      if (param != null)
         m_auStart = param;

      param = getParameter(PARAM_auEnde);
      if (param != null)
         m_auEnde = param;
      resize(320, 240);
   }

   public void paint(Graphics g)
```

```
   {
      g.drawString("Hallo Leute", 10, 20);
   }

   public void start()
   {
      if (m_Audio == null)
      {
         m_Audio = new Thread(this);
         m_Audio.start();
      }
   }

   public void stop()
   {
      if (m_Audio != null)
      {
         m_Audio.stop();
         play(getCodeBase(),m_auEnde);                     //(1)
         m_Audio = null;
      }
   }

   public void run()
   {
      play(getCodeBase(),m_auStart);                       //(2)
      while (true)
      {
         try
         {
            repaint();
            Thread.sleep(50);
         }
         catch (InterruptedException e)
         {
            stop();
         }
      }
   }
}
```

(1) Die Verabschiedung erfolgt in *stop*, weil der zweite Thread immer abrupt beendet wird und somit vor seinem Ende nichts Besonderes mehr spielen kann.
(2) In *run* erfolgt vor der Schleife das Abspielen der Melodie, entweder wie hier einmal oder wie in Kapitel 10.7 als Hintergrundmusik.

Die HTML-Datei enthält zum Beispiel folgende Marke:

```
<applet
    code=Audio.class
    id=Audio
    width=320
    height=240 >
    <param name=auStart value="jamba.au">
    <param name=auEnde value="geogoril.au">
</applet>
```

Lösung zu Aufgabe 28

Fügen Sie folgenden Block in die Methode *action* ein.

```
       if (ctrl instanceof Checkbox)
       {
          if (m_ovg.getState())
          {
             m_liste.show();
             m_notiz.show(true);
             m_kaestchen.show();
          }
          else
          {
             m_liste.hide();
             m_notiz.show(false);
             m_kaestchen.hide();
          }
```

Zu Beginn sind allerdings noch alle Komponenten sichtbar, obwohl die Option Hintergrund eingestellt ist. Dies können Sie ändern, indem Sie die logischen Parameter bei den Konstruktoren der beiden *Checkbox*-Elemente vertauschen.

Lösung zu Aufgabe 29

Fügen Sie am Anfang der Klasse folgende Deklaration ein:

```
private Panel pw,text,schalter;                         //(1)
```

Die Methode *init* sieht so aus:

```
public void init()
{
   pw = new Panel();                                    //(2)
   text = new Panel();
   schalter = new Panel();
   setLayout(new BorderLayout(0,0));                    //(3)
   m_vg=getForeground();                                //(4)
   m_currvg=getForeground();
   m_hg=getBackground();
   m_currhg=getBackground();
   m_fonts = getToolkit().getFontList();
   resize(320, 240);
   pw.add(m_beschreibung);
   m_eingabe.setEchoCharacter('*');
   pw.add(m_eingabe);
   for(int i=0;i<m_fonts.length;i++)
   {
      m_liste.addItem(m_fonts[i],i);
   }
   m_liste.select(0);
   text.add(m_liste);
   text.add(m_notiz);
   text.add(m_ohg);
   text.add(m_ovg);
   schalter.add(m_weiss);
   schalter.add(m_farbe);
   text.add(m_kaestchen);
```

```
    text.add(m_rot,3);
    text.add(m_gruen,4);
    text.add(m_blau,5);
    add("North",pw);
    add("South",schalter);
    add("Center",text);
    m_liste.makeVisible(0);
 }
```

Die *action*-Methode muß auch geändert werden:

```
 public boolean action(Event evt, Object obj)
 {
    Object ctrl=evt.target;
    if (ctrl instanceof Button)
    {
       String s=(String)obj;
       if (s.compareTo("Standard")==0)
       {
          m_currvg=m_vg;
          m_currhg=m_hg;
       }
       else
       {
          if (m_ovg.getState())
          {
             m_currvg=new Color(m_rot.getValue(),
                      m_gruen.getValue(),
                      m_blau.getValue());
          }
          else
          {
             m_currhg=new Color(m_rot.getValue(),
                      m_gruen.getValue(),
                      m_blau.getValue());
          }
       }
    }
```

```
        pw.setForeground(m_currvg);                        //(5)
        pw.setBackground(m_currhg);
        text.setForeground(m_currvg);
        text.setBackground(m_currhg);
        schalter.setForeground(m_currvg);
        schalter.setBackground(m_currhg);
        repaint();
        pw.repaint();                                      //(6)
        text.repaint();
        schalter.repaint();
        return true;
    }
```

(1) Die Deklaration muß erfolgen, weil die *Panel*-Objekte nicht mehr nur lokal, sondern von mindestens zwei Methoden angesprochen werden.
(2) Aus diesem Grund ändern sich diese drei Anweisungen in *init*.
(3) Wenn Sie die Parameter von *BorderLayout* auf 0 setzen, sind die Lücken geschlossen.
(4) Anfangs haben die Panels die gleiche Farbe wie das Applet, deshalb kann die Initialisierung der Farbvariablen so bleiben.
(5) Vorder- und Hintergrund werden nicht mehr für das Applet, sondern für jedes *Panel*-Objekt eingestellt.
(6) Eine kleine Falle: Sie müssen die Panels aktualisieren, damit sie neu gezeichnet werden. Der Netscape Navigator aktualisiert allerdings auch ohne diese speziellen *repaint*-Aufrufe.

Lösung zu Aufgabe 30

Bei Menüereignissen wird der Methode *action* im zweiten Parameter ein *String*-Objekt übergeben, das die Beschriftung enthält.

15.7 Glossar

.AU	Audiodatei im Internet; für Java geeignet
.BMP	Bitmap File
.C	C-Quellcode
.CLASS	Datei mit ausführbarem Java-Byte-Code
.CPP	C++-Quellcode
.CXX	C++-Quellcode
.EXE	Executable File
.GIF	Graphic Interchange File; Bilddatei im häufig verwendeten Grafikformat
.H	Header File für C
.HPP	Header File für C++
.HTM	HTML-Datei im 8.3-Namensformat
.HTML	Hypertext-Markup-Language-Datei fürs WWW
.HXX	Header File für C++
.INI	Initialization File; Informationen einer Anwendung, die beim nächsten Start benötigt werden
.JAVA	Java-Quellcode-Datei
.JPEG	Joint Photographic Experts Group; Bilddateiformat für hohe Qualitäten
.JPG	JPEG-Datei im 8.3-Format
.MAK	Make File; enthält Informationen, wie das Programm erstellt werden soll
.MDP	Microsoft Developer Studio Project; enthält Arbeitsumgebung, Breakpoints etc.
.NCB	Microsoft C/C++ Program Database; Hilfsdatei für Developer Studio (Java und C/C++)
.OCX	OLE Control File; eine DLL, die OLE-Server ohne Verknüpfung implementiert
.ODL	Object Definition Library; OLE-spezifische Textinformationen zur Anwendungsschnittstelle
.OLB	Object Library; eine DLL mit Type-Library-Ressourcen
.RC	Eingabedatei für Resource Compiler; wird vom Application Studio bearbeitet
.RCT	Resource Compiler Template; Datei mit Ressourcenvorlagen
.REG	Datei mit Informationen für die Registrierungsdatenbank (REGEDIT)

.RES	Resource File; enthält Binärinformationen zu Ressourcen für den Linker; wird vom Resource Compiler RC erzeugt
.RTF	Rich Text Format; Format der Eingabetextdateien für den Helpcompiler
.TLB	Type Library; wird von MKTYPLIB aus .ODL erzeugt
.VBX	Visual Basic Control File
.WAV	einfaches Audiodateiformat; liefert große Dateien
ANSI	American National Standards Institute
API	Application Programming Interface
ASCII	American Standard Code for Information Interchange
AVI	Audio Video Interleaved
BLOB	Binary Large Objects
CGI	Common Gateway Interface; Scriptsprache
CLSID	Class Identifier; eine eindeutige Identifikation für OLE-Objekte in der Registrierungsdatenbank
CMYK	Cyan Magenta Yellow Black; Methode der Farbdarstellung aus Pigmenten der vier Farben z. B. für Drucker
COFF	Common Object File Format; ein plattformübergreifendes Dateiformat für binäre Daten in der 32-Bit-Programmierung. Die Microsoft-Version ist von der UNIX-COFF-Definition abgeleitet
COM	Component Object Model; eine von DEC und Microsoft entwickelte Architektur für plattformübergreifende Client-Server-Anwendungsentwicklung
CRC	Cyclic Redundancy Check; Methode, Dateifehler festzustellen
CUA	Common User Access; Richtlinien für den standardisierten Aufbau von Benutzeroberflächen
DBCS	Double Byte Character Set; Zeichensatz z. B. für China
DBMS	Database Management System
DDE	Dynamic Data Exchange; Datenaustausch zwischen Anwendungen; wird von OLE abgelöst
DPI	Dots Per Inch; Maßeinheit für Bildschirm- und Druckerauflösung in Punkten pro Zoll
DSN	Data Source Name; Name für den ODBC-Zugriff einer Anwendung
DTD	Document Type Definition; formale Definition einer Markup Language
FIFO	First In, First Out

FTP	File Transfer Protocol
GOPHER	Dienst im Internet; dient als Server für ASCII-Texte
GUI	Graphical User Interface (grafische Benutzerschnittstelle)
GUID	Globally Unique Identifier; siehe UUID
HEAP	Freier Speicher, der von Programmen nach Bedarf angefordert und freigegeben wird
HTML	Hypertext Markup Language; plattformunabhängige Sprache für Textformatierung; wurde von Tim Berners-Lee am CERN in Genf entwickelt
HTTP	HyperText Transfer Protocol
IDE	Integrated Developement Environment
IDL	Interface Definition Language
Kapselung	Daten werden in Klassen als *private* definiert und können nur über als *public* definierte Methoden gelesen und verändert werden
Klasse	Klassen sind eine Abstraktion von Objekten. Eine Klasse definiert die Eigenschaften einer Gruppe gleichartiger Objekte
Konstruktor	Ein Konstruktor ist eine Methode zur Initialisierung eines Objektes
LIFO	Last In, First Out
LUID	Locally Unique Identifier
MBCS	Multibyte Character Set; Zeichensatz z. B. für China
Methode	Eine Methode ist eine Mitgliedsfunktion einer Klasse, die als *public* definiert wurde. Methoden bilden die Schnittstelle einer Klasse zur Umwelt
MIME	Multipurpose Internet Mail Extensions;
Modal	Restriktive, begrenzte Methode z. B. für Dialogfelder
NEWS	Eine Art elektronische Zeitung für jedermann im Internet; zum Lesen und Schreiben von Artikeln zu Themengebieten
Objekt	Ein Objekt ist eine Instanz einer Klasse
ODBC	Open Database Connectivity; neutrale Datenbankschnittstelle für Programme
OLE	Object Linking and Embedding (Verknüpfen und Einbetten von Objekten)
OMF	Object Module Format; beschreibt die Struktur von binären Dateien (.OBJ)

OOP	Object-Oriented Programming (objektorientiertes Programmieren)
OOS	Object-Oriented Software (objektorientierte Software)
PE	Portable Executable (siehe COFF)
Polymorphie	Funktionen werden in abgeleiteten Klassen redefiniert und können über einen einzigen Aufruf benutzt werden. Für jedes Objekt wird die zugehörige Funktion gestartet
RGB	Red Green Blue; Methode, Farben auf Monitoren als Mischung der drei Grundfarben zu definieren; besteht aus drei 8-Bit-Werten von schwarz (0,0,0) bis weiß (255,255,255)
RGBA	Red Green Blue Alpha; wie RGB, jedoch wird durch die vierte Komponente Alpha die Farbmischung dargestellt: von transparent (0.0) bis undurchsichtig (1.0)
RLE8	Ein Komprimierungsverfahren für DIB-Bilder
SDK	Software Development Kit
SGML	Standard Generalized Markup Language; ein Standard zur Beschreibung von Markup Languages
Socket	Ein Objekt, über das eine Anwendung Datenpakete via Netzwerke sendet und empfängt
Stack	Speicherbereich für Funktionsparameter und lokale Variablen; wird automatisch freigegeben, wenn die Funktion endet
TCP/IP	Transmission Control Protocol/Internet Protocol
TELNET	Terminalemulation für Remote-Verbindungen übers Internet
TLS	Thread Local Storage
Überladen	Für eine Klasse werden mehrere Funktionen mit unterschiedlichen Parametern und gleichem Namen definiert. Beim Aufruf wird anhand der Parameter die passende Funktion gestartet
UDP	User Datagram Protocol, wie IP, jedoch mit User-Interface
UDT	Uniform Data Transfer; OLE-Datentransfermethode
URL	Uniform Resource Locator; Adresse im WWW für Dateien mit dem Aufbau *service://host/pfad*
UUID	Universally Unique Identifier; 128-Bit-Wert, der Objekte eindeutig identifiziert

VBX	Visual Basic Controls; 16-Bit-Controls, werden nicht in 32-Bit-Umgebung unterstützt
Vererbung	Objekte einer abgeleiteten Klasse besitzen alle Daten und Funktionen der Basisklasse.
WAIS	Wide Area Information Servers
WOSA	Windows Open Services Architecture
WWW	World Wide Web
WYSIWYG	What You See Is What You Get

15.8 ANSI-Zeichensatztabelle

ANSI-Zeichensatz

								RS	TAB				CR						
0	1	2	3	4	5	6	7	8	9	10	11	12	13	14	15	16	17	18	19
												BLANK	!	"	#	$	%	&	'
20	21	22	23	24	25	26	27	28	29	30	31	32	33	34	35	36	37	38	39
(	)	*	+	,	–	.	/	0	1	2	3	4	5	6	7	8	9	:	;
40	41	42	43	44	45	46	47	48	49	50	51	52	53	54	55	56	57	58	59
<	=	>	?	@	A	B	C	D	E	F	G	H	I	J	K	L	M	N	O
60	61	62	63	64	65	66	67	68	69	70	71	72	73	74	75	76	77	78	79
P	Q	R	S	T	U	V	W	X	Y	Z	[	\	]	^	_	`	a	b	c
80	81	82	83	84	85	86	87	88	89	90	91	92	93	94	95	96	97	98	99
d	e	f	g	h	i	j	k	l	m	n	o	p	q	r	s	t	u	v	w
100	101	102	103	104	105	106	107	108	109	110	111	112	113	114	115	116	117	118	119
x	y	z	{	|	}	~													
120	121	122	123	124	125	126	127	128	129	130	131	132	133	134	135	136	137	138	139
140	141	142	143	144	145	146	147	148	149	150	151	152	153	154	155	156	157	158	159
BLANK	¡	¢	£	¤	¥	¦	§	¨	©	ª	«	¬	–	®	¯	°	±	²	³
160	161	162	163	164	165	166	167	168	169	170	171	172	173	174	175	176	177	178	179
´	µ	¶	-	¸	¹	º	»	¼	½	¾	¿	À	Á	Â	Ã	Ä	Å	Æ	Ç
180	181	182	183	184	185	186	187	188	189	190	191	192	193	194	195	196	197	198	199
È	É	Ê	Ë	Ì	Í	Î	Ï	Ð	Ñ	Ò	Ó	Ô	Õ	Ö		Ø	Ù	Ú	Û
200	201	202	203	204	205	206	207	208	209	210	211	212	213	214	215	216	217	218	219
Ü	Ý	Þ	ß	à	á	â	ã	ä	å	æ	ç	è	é	ê	ë	ì	í	î	ï
220	221	222	223	224	225	226	227	228	229	230	231	232	233	234	235	236	237	238	239
ð	ñ	ò	ó	ô	õ	ö		ø	ù	ú	û	ü	ý	þ	ÿ				
240	241	242	243	244	245	246	247	248	249	250	251	252	253	254	255				

RS	RÜCKSCHRITT	= löscht das Zeichen links von der Cursorposition.
TAB	TABULATOR	= springt zur nächsten Bildschirmtabulatorposition.
CR	CARRIAGE RETURN	= neue Zeile am linken Bildschirmrand beginnen.

Wegen der besseren Übersicht sind die Führungsnullen bei den oben aufgeführten Ziffernfolgen nicht dargestellt.

Bei der Erstellung eines ANSI-Zeichens **müssen** Sie die Führungsnullen mit eingeben!

ANSI-Zeichen werden **immer** mit vier Ziffern erzeugt.

15.9 Literaturverzeichnis

Helmut Erlenkötter, Volker Reher: *Programmiersprache C*, Rowohlt Taschenbuch Verlag, Reinbek
Helmut Erlenkötter, Volker Reher: *Ojektorientiertes Programmieren in C++*, Rowohlt Taschenbuch Verlag, Reinbek
Helmut Erlenkötter, Volker Reher: *C für Windows*, Rowohlt Taschenbuch Verlag, Reinbek
Helmut Erlenkötter, Volker Reher: *C++ für Windows 95/NT*, Rowohlt Taschenbuch Verlag, Reinbek
Stephen R. Davis, *Learn Java Now*, Microsoft Press
Microsoft Developer Network CD, monatliche Ausgabe
Paul Klimsa, *Multimedia*, rororo 1995

Internet-Adressen

http://www.javasoft.com
http://www.java.sun.com
http://www.java.pages.de
http://www.microsoft.com/visualj
http://www.gamelan.com
news://comp.lang.java

Hinweis

Autoren, Herausgeber und Verlag haben sämtliche Angaben, Hinweise und Beispiele, die in diesem Buch aufgeführt sind, sorgfältig geprüft. Dennoch können Fehler nicht vollständig ausgeschlossen werden. Autoren, Herausgeber und Verlag können deshalb keine Gewährleistung für die einwandfreie Funktion aller Angaben, Hinweise und Beispiele übernehmen. Für etwaige Folgeschäden an Geräten und Programmen, die durch die Benutzung der Inhalte dieses Buches entstehen können, wird keine Haftung übernommen.

Für Hinweise auf Fehler und Verbesserungsvorschläge sind wir sehr dankbar.

15.10 Sachwortregister

- 31
-- 50
! 39
!= 37
" 27
123
% 31
&& 39
Ä 117
© 137
Ö 117
® 137
ß 117
™ 137
Ü 117
* 31
*/ 28
/ 31
/* 28
/** 28, 149
//-> 162
@author 151
@exception 152
@param 151
@return 152
@see 152
@version 151
|| 39
+ 31
++ 50
+= 77
< 37
</applet> 108
<= 37
Alt-Taste 202
<APPLET> 172
<H1> 150
<HR> 150
<PARAM> 173
<script> 161
<title> 111
== 37
> 37
>= 37

A 119
About-Dialog 171
action 184, 235, 254
ACTION_EVENT 239
activeCount 212
add 234, 253
addElement 194
addImage 224
addItem 234
Addition 31
Additionszuweisungsoperator 77
addSeparator 254
ADDRESS 127
Aktualisieren 180
alert 30162
ALIGN 110, 117, 140, 145
ALINK 141
ALT 110, 139
anchor 243, 245
Anfangskapazität 193
Animationen 178, 180, 204
Ankermarken 119
Ankermöglichkeiten 246
anonymous 112
ANSI 307
ANSI-Zeichensatz 311
Anzeigegeschwindigkeit 215
API 307
appCodeName 162
append 83
Applet 18, 106
Appletanwendungen 257
Applet-Schriftarten 232
Appletviewer 170
Application 18
AREA 147
arg 183
args 25
array 73

Array 172
ASCII 307, 311
AU 226
AudioClip 226
Audiodateien 226
Aufrufreihenfolge 178
Ausrichtung 126, 246
Auswertungsrichtung 267
author 153
Autorepeat 226
AVI 307
AWT 229

B 134
BACKGROUND 141
backslash 27
Beenden 180
Befehle verarbeiten 254
Beschriftungen 233
Bewegen 189
Bewegungseffekt 210
Bezeichner 31
BGCOLOR 140, 145
Bildanimationen 215
Bilder 134, 146
binäre Null 83
BLOB 307
Block 25
BLOCKQUOTE 128
BMP 306
BODY 116, 140
Boolean.TRUE 237
booleanValue 81
Boolesche Werte 40
BORDER 144
BorderLayout 240, 248, 249, 263
BOTH 246
BR 127
break 62, 65
BS 27
Button 232
byte 30
Byte Code 16, 53

C 306
CAPTION 145
CardLayout 240
Cast 30, 77, 194, 202
catch 211
CELLPADDING 144
CELLSPACING 144
CGI-Script 157
char 30, 32
Checkbox 233
CheckboxGroup 233
CheckboxMenuItem 253
Checkbuttons 233
CIRCLE 147
CITE 136
class 25
classpath 153
clickCount 183, 198
CLSID 307
CMYK 307
code 108, 136
CODEBASE 109
COFF 307
COLOR 137, 175
Color.white 165
COLSPAN 145
COM 307
COMPACT 133
compareTo 237, 256
Component 107, 183
concat 79, 202
Container 240
CONTENT 125
continue 65, 68
controlDown 183
COORDS 147
CPP 306
CR 27
CRC 307
CUA 307
Cursorform 249
CXX 306

Datenkapselung 48, 308

Datentypen 266
DBCS 307
DBMS 307
DDE 307
default 62
Dekrementoperator 50
destroy 180
DFN 136
Dialogfenster 256
Diavorführungen 225
DIR 133
disable 254
dispose 258
Division 31
DL 131
do 60
doctype 153
document 162
Dokumentationen 149
Dokumentationskommentare 149
Dokumentationstool 151
Doppelklick 183, 198
double 30, 80
doubleValue 59
DPI 307
drawImage 222
drawLine 188, 194
drawString 107
DSN 307
DT 133

Eigenschaften 176
Eingabefelder 229
Electronic Mail 124
elementAt 194
elementCount 194
Elternklasse 86
EM 136
endsWith 262
equalsIgnoreCase 262
Ereignisfolge 200
Ereignishandler 163, 183, 235
Ereignisse 182, 235, 238, 256
Ereignisverarbeitung 183
Escapesequenz 27, 170, 262
Event 182
evt 183
Exception 210
EXE 306
extends 87

FACE 137
Farbeinstellungen 232
Farben 175
Feld 73
Feldgrenzen 74
Feldgröße 234
Feldhöhe 234
Fenster 249
Fensterrahmenbreite 263
FF 27
FIFO 308
fill 243, 246
fillArc 209
fillOval 165, 188
final 75, 96, 171
Finalizer 98
Flackern 212
float 30
FlowLayout 240
flush 53
Fokus 184, 191
FONT 137
Font.PLAIN 235
Fontnamen 234
Fonts 232
Formatierungen 125
Frame 249
Freihandobjekte 189
ftp 112, 308
Funktionen 35

Ganzzahlen 32
Garbage Collection 98
getAppletInfo 169
getClipRect 222
getCodeBase 224
getDocumentBase 223

getFontList 234
getGraphics 223
getParameter 173, 261
getParameterInfo 172, 175, 221
getParent 257
getSelectedItem 235
getState 235, 256
getToolkit 234
getValue 237
getWidth 224
Gewichtungsfaktor 246
GIF 139, 215
Gitterzelle 241
Gleichheitsoperator 37
Gleitkommazahlen 32
Glossar 306
GOT_FOCUS 238
gotFocus 184
goto 66, 70
GridBagConstraints 242, 245
GridBagLayout 240, 245
gridheight 242, 246
GridLayout 240
gridwidth 242, 246
gridx 242
gridy 242
Großschreibung 77
GUI 308
GUID 308

H 306
H1 116
handleEvent 183, 239
Handler 184
Handlerfunktionen 162, 184
HEAD 116
HEAP 308
height 109, 140, 145
hide 257
Hintergrund 140
Hintergrundfarbe 175, 186, 213
Hintergrundmusik 226
HORIZONTAL 233, 246
HPP 306
HR 138
HREF 119
HSPACE 110
HT 27
HTM 116
HTML 13, 108, 114
HTML-Kommentar 161
Hüllklasse 59, 80
HXX 306
Hyperlinks 118

I 134
ID 110, 182
IDE 308
Identifier 31
IDL 308
if 210
if-then-else-Anweisungen 235
Image 221
ImageObserver 222
IMG 139
import 102
INI 306
init 176, 177
initialisieren 98
Initialisierungen 177
Inkrementoperator 50
insert 83
insets 242, 245, 263
instanceof 37, 237
Instanz 43, 44
int 30
Integer 176
Internet 12
Internet-Adressen 312
InterruptedException 211
ipadx 243, 246
ipady 243, 246
IsErrorAny 224
ITALIC 235

J++ 20
Java Packages 102
Java Virtual Machine 16

java.applet 107
java.awt 107, 229
java.lang 103
java.util 192
Java-Anwendung 257
Javadoc 152
JavaScript 157, 159
JavaScript-Code 161
JavaScript-Dokumentation 167
JDK 20
JIT 17
JPEG 139, 215
JVM 16, 53

KBD 136
key 183
KEY_ACTION 202
KEY_ACTION_RELEASE 202
KEY_PRESS 202, 238
KEY_RELEASE 202, 238
keyDown 184, 200
keyUp 184, 200
Kindklasse 86
Klasse 25, 43, 44, 308
Kleinschreibung 27
Klickanzahl 183
Klicken 195
Kollisionen 214
Kommandozeilenparameter 25, 53
Kommentar 28, 116
Konstante 75
Konstruktor 97, 177, 308
Kontextformate 134
Kontrollelemente 229
Kontrollfelder 229
Koordinatensystem 107

Label 66, 233
Laden 180
Ladezustand 221
language 161
lastModified 162
LayoutManager 240
Layoutregeln 246
Layoutvarianten 240
Leerstring 79
length 65, 75, 79, 234
LF 27
LI 130
LIFO 308
LINK 141
List 233
LIST_DESELECT 239
LIST_SELECT 239
Listen 129
Literatur 312
Logische Operatoren 39
long 30
loop 226
LOST_FOCUS 238
lostFocus 184, 186
Lösungen 280
Lücken 248
LUID 308

mailto: 124
main 25, 53, 177, 259
MAK 306
makeVisible 235
Malen 188
Maltechniken 188
MAP 147
Mausereignisse 198
MBCS 308
MediaTracker 223
Memofelder 234
MENU 133, 252
MenuBar 253
MenuItem 253
Menüleiste 253
Menüs 133, 252
META 125
metaDown 183, 197
Methode 35, 44, 308
Modal 308
modifiers 183
Modifiziertasten 202
Modulo 31

mouseDown 184, 197, 211, 239
mouseDrag 184, 190, 197
mouseEnter 184, 188, 239
mouseExit 184, 186, 188
mouseMove 184, 190
mouseUp 184, 197
move 188
Mozilla 162
Multiplikation 31
Multiprocessing 204
Multitasking 204
Multithreading 204
Musikstück 226

NAME 110, 120, 173
navigator 162
new 47, 76, 202
NICHT-Operator 39
noindex 153
NONE 246
notree 153

Object 103
Objekt 43, 44, 308
OCX 306
ODBC 308
ODL 306
OL 130
OLB 306
OLE 308
OMF 308
onClick 163
onLoad 162
onMouseover 163, 166
onUnload 163
OODBMS 43
OOP 309
OOS 309
Operator 37, 266
Optionsschaltflächen 233
overloading 91
Overrides 155
overriding 89

P 117
package 101
paint 107, 163
Paket 101, 268
Panel 247
PARAM 110
Parameter 172
Parameter übernehmen 261
parseInt 82, 176
parseShort 82
Paßworteingaben 234
PE 309
play 227
Point 187
POLYGON 147
Polymorphismus 309
Postfix 51
Präfix 51
PRE 126
private 44
Programmdokumentation 149
protected 44, 88, 194
Prozeß 204
public 25, 44, 165
Punktkoordinaten 187
Punktobjekt 188

Radiobuttons 233
Rangfolge 266
RC 306
Rechte Maustaste 197
RECT 147
Referenz 47, 99
REG 306
Regelbereich 233
RELATIVE 246
REMAINDER 246
removeAllElements 195
repaint 165, 197, 205
RES 307
resize 250
resume 211
RGB 176, 309
RGBA 309

RGB-Komponenten 233
RLE8 309
ROWSPAN 145
RTF 307
Rückgabewert 34, 183
Rückkehr 180
run 209
Runnable 209

SAMP 136
Schlüsselwörter 265
Schriftarten 137, 232
SCROLL_ABSOLUTE 238
SCROLL_LINE_DOWN 238
SCROLL_LINE_UP 238
SCROLL_PAGE_DOWN 238
SCROLL_PAGE_UP 238
Scrollbar 233
SDK 309
select 234
setBackground 176, 237
setColor 165
setConstraints 246
setCursor 250
setEchoCharacter 234
setForeground 176, 237
setMenuBar 253
setState 254
SHAPE 147
shiftDown 183
short 30
showStatus 190, 199
SIZE 137, 194, 209
Skripte 157
Skriptsprache 157
sleep 211, 225
Socket 309
Sondertaste 182
Sonderzeichen 137
sourcepath 153
Speicherform 191
Sprachunterschiede 160
Sprungbefehl 66
SRC 139
Stack 309
start 178, 205
startsWith 262
static 25, 92
statische Variablen initialisieren 98
status 162
Statuszeile 189
Statuszeilenanzeige 212
stop 178, 205, 226
Streckungsverfahren 246
String 78
StringBuffer 78
STRONG 136
substring 262
Subtraktion 31
Suchmaschinen 157
suspend 211
switch 62, 209, 258
Synchronisierung 213
synchronized 214
System.exit 258
System.out.println 27

TABLE 143
target 182, 237, 256
Tastatur 200
Tastaturereignisse 183
Tastencode 183
TCP 309
TD 145
TEXT 141
TextArea 234
TextField 234
Textlänge 234
TH 145
Thread 180, 209
Titelleistenhöhe 263
TITLE 116
TLB 307
TLS 309
toBack 256
Toolkit 234
toString 104
TR 145

Trennlinien 138
try 210
TT 134
Typdeklarationen 162

U 134
Überladen 91, 309
Überschreiben von Methoden 89
UDP 309
UDT 309
UL 130
Unicode 31
Unicodewert 201
unnamed package 102
Untermenü 253
update 212
URL 122, 158
USEMAP 147
UUID 309

VALIGN 145
VALUE 173
valueOf 81, 176
VAR 136
Variable 29
Variablennamen 31
VBScript 157, 159
VBX 307, 310
Vector 192
Vererbung 85, 310
Vergleichsoperator 37
Verknüpfungen 118
version 153
VERTICAL 233, 246
Verzeichnislisten 133
VLINK 141
void 25
Vordergrundfarbe 213
VSPACE 110

Wahrheitswert 40
waitForAll 224
waitForID 224
WAV 226
Wechseln 180
weightx 243, 246
weighty 243, 246
when 182
while 57
width 109, 140, 145
window 162
WINDOW_DESTROY 258
Winkelangaben 209
World Wide Web 12, 106
WOSA 310
wrapper class 59, 80
WWW 12, 106
WWWROOT 112

x-Koordinate 183

y-Koordinate 183

Zahlensystem 176
Zählschleife 223
Zeichenarray 202
Zeichenkette 32
Zeichenketten umwandeln 79
Zeichenwiederholungen 200
Zeitanzeige 205
zentrieren 221
Ziehen 189
Zielobjekte 238
Zugriffsmodifikator 47